Christian Heugl

Salzburg gehmütlich

Impressum

Bibliografische Information der Deutschen Nationalbibliothek
Die Deutsche Nationalbibliothek verzeichnet diese Publikation in der Deutschen Nationalbibliografie; detaillierte bibliografische Daten sind im Internet über http://dnb.d-nb.de abrufbar.

5020 Salzburg, Bergstraße 12

Fotografien: Christian Heugl
Lektorat: Beatrix Binder
Grafik und Produktion: Nadine Kaschnig-Löbel
Karten: Arge-Kartografie

gedruckt in der EU
ISBN 978-3-7025-0891-3

www.pustet.at

Christian Heugl

Salzburg gehmütlich

Grenzenlos wandern zwischen Rupertiwinkel und Salzkammergut

VERLAG ANTON PUSTET

Inhalt

Das Salzachbecken bis zum Pass Lueg

Großgmain, Berchtesgaden, Bad Reichenhall und Rupertiwinkel

Vorwort

Das ge*h*mütliche Wandergebiet umfasst fünf Bereiche rund um den Salzburger Zentralraum:

- die Stadt Salzburg mit dem Gaisberg,
- den nördlichen Flachgau,
- das nordwestliche Salzkammergut,
- das Salzachbecken bis zum Pass Lueg,
- Großgmain, Berchtesgaden, Bad Reichenhall und den Rupertiwinkel.

Der weite Bogen, der sich über diesen Wanderkreis spannt, ist ebenso ein Garant für abwechslungsreiche Landschaftserlebnisse wie für spannende Begegnungen mit der Geschichte Salzburgs. Obwohl sich etliche der vorgeschlagenen Streifzüge heute außerhalb der Salzburger Landesgrenzen befinden, stoßen wir auch dort auf viele Spuren der ehemaligen Landesherren aus dem Erzbistum.

Ein weiterer roter Faden, der sich durch das Buch, das Land und die Salzburger Vergangenheit zieht, ist das Salz. Die meisten der 40 Touren stehen in direktem oder indirektem

Zusammenhang mit dem weißen Gold. Wir folgen den sonnigen Soleleitungswegen zwischen Berchtesgaden und Bad Reichenhall, wir stoßen auf verfallene Salzburgen beim Thumsee und machen auch Ausflüge in die „Schatzkammer" der Habsburger, in das Salzkammergut.

Weil wandern hungrig macht, sind die vorgestellten Spaziergänge auch mit kulinarischen Tipps gewürzt. Die Dichte an guten und originellen Einkehrmöglichkeiten entlang der Wege ist erstaunlich und birgt die Gefahr in sich, dass dann mancher Ausflug eine andere Wendung nimmt als ursprünglich geplant.

Aber das Sich-treiben-Lassen, das Sicheinlassen auf neue Orte und Erfahrungen und das unmerkliche Überschreiten der Landesgrenzen ist ja auch die Absicht der grenzenlos ge*h*mütlichen Wanderungen.

Viel Vergnügen
wünscht Christian Heugl

Die fünf geh*m*ütlichen Wanderregionen

Die Stadt Salzburg und der Gaisberg

Die Stadt Salzburg ist in einer glücklichen Lage. Gleich vier Berge stehen für das zentrumsnahe Wandern inmitten der Stadt zur Auswahl. Der Mönchsberg und der anschließende Festungsberg sind die noble Adresse der Salzburger Stadtberge, hier in der Beletage steht eine Reihe herrschaftlicher Häuser und Anwesen. Die Wege sind entsprechend gepflegt und gut ausgebaut. Der Kapuzinerberg auf der gegenüberliegenden Salzachseite ist das alpine Gegenstück, auf dem sich sogar seit Jahrzehnten eine kleine Gamswildkolonie halten kann. Urvater dieser innerstädtischen Attraktion ist ein 1948 zugewanderter Gamsbock vom Untersberg. Woher die paarungswillige Geiß aber kam, ist schon nicht mehr so gewiss. Der Kühberg und der Gaisberg gehören ja eigentlich zusammen, sie sind auch eine geologische Einheit. In der Wahrnehmung der Gnigler ist jedoch der 702 Meter hohe Kühberg ihr Hausberg.

Eine Sonderstellung nimmt der Gaisberg (1 287 m) ein, der da so unerhört einladend im östlichen Weichbild der Stadt auf sich aufmerksam macht. Im naturschwelgerischen Zeitalter der Romantik stand ein Gaisberg-Besuch auf dem Pflichtprogramm der Städtereisenden. Oder wenigstens im Naturpark Aigen am Fuß des Gaisbergs sollte man gewesen sein. Bis in die 1970er-Jahre erfreute sich der Gaisberg auch unter den Wintertouristen größter Beliebtheit. Auf der Zistel gab es Lifte, bei der Gersbergalm und beim Mitteregg wurden Sprungschanzen errichtet, und Rodelbahnen führten in die Stadtteile Parsch und Gnigl.

Die Beliebtheit der Salzburger Hausberge ist ungebrochen, zum Glück für die Gäste und Bewohner gibt es ja für jeden Anlass und Zeitpunkt das richtige Ziel. Noch ein Vorteil: Alle genannten Bergziele sind von städtischen Obushaltestellen leicht erreichbar.

Der Blick vom Mönchsberg auf die Stadtberge Gaisberg und Kapuzinerberg (li.).

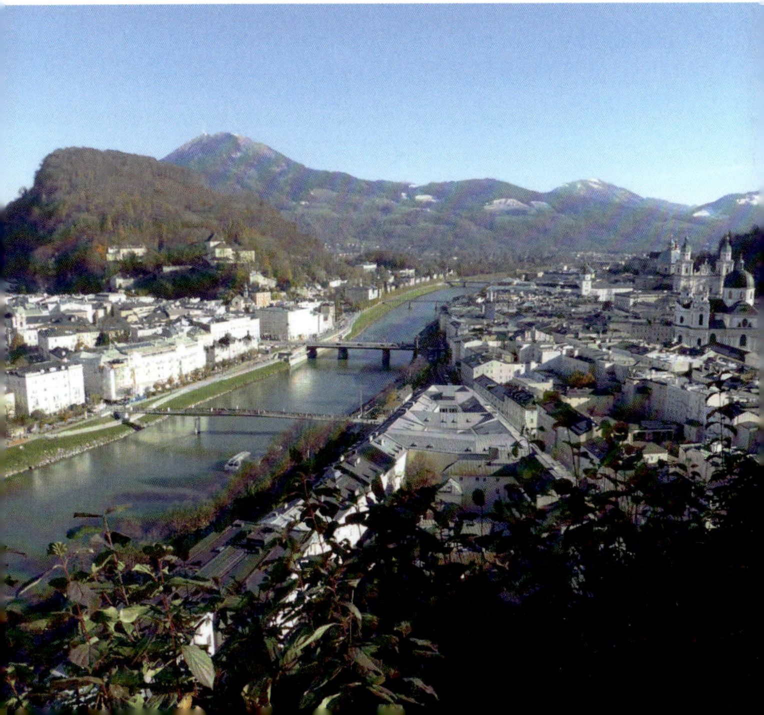

Der nördliche Flachgau

Der etwas über 1000 Quadratkilometer große Flachgau nimmt sowohl in der Wirtschaftsstatistik als auch beim Bevölkerungswachstum einen Spitzenwert im Salzburger Land ein. Die hohe Lebensqualität im Vorgarten der Stadt schätzten auch schon die römischen Siedler. Zahlreiche von den Archäologen entdeckte römische Prachtvillen vom Plain- bis zum Tannberg unterstreichen den hohen Stellenwert dieser sanft hügeligen Landschaft. Aber die letzten Gletscherströme

Die hügelige Endmoränenlandschaft dominiert den Flachgau.

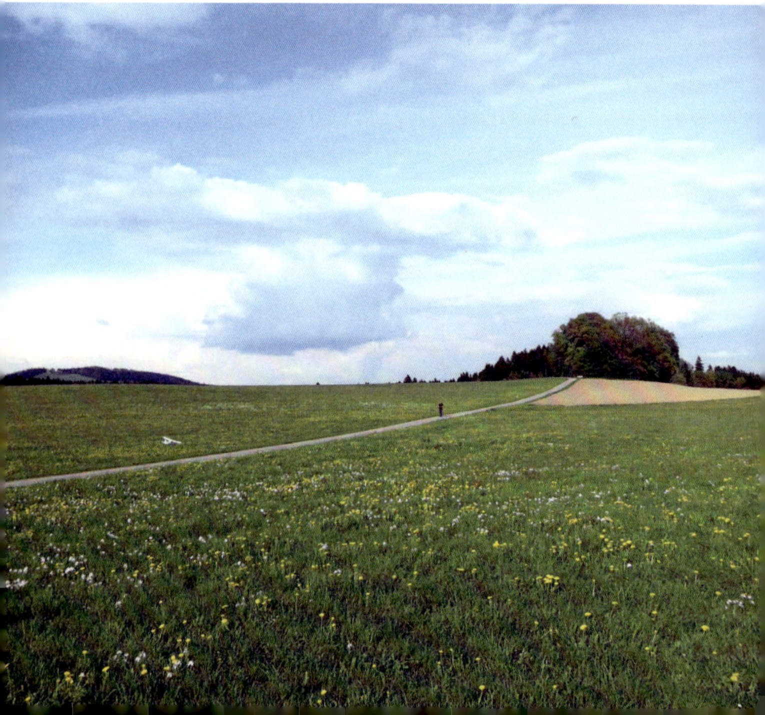

aus der Würmeiszeit haben hier auch wirklich ganze Arbeit geleistet. Zwischen den Wällen der Endmoränen bildeten sich allmählich jene Seen heraus, die wir heute als Erholungslandschaft so sehr schätzen. Dabei kommt es auch zu erstaunlichen Entwicklungen. Die drei beliebten Trumer Seen etwa waren ursprünglich in einem Ursee vereint, bevor sie sich, vor noch gar nicht so langer Zeit, in den Obertrumer See, den Mattsee und den Grabensee teilten. In den ältesten Landkarten ist dieser Ursee sogar noch eingezeichnet.

Zwischendurch gibt es aber trotz aller landschaftlichen Sanftheit immer wieder kantige geologische Überraschungen. Zwischen Grabensee und Mattsee etwa ragt der letzte Ausläufer der Alpen in die Höhe. Der Mattseer Milleniumsweg führt auf diesen Aussichtsplatz bei der Wartsteinkapelle. Und etwas weiter westlich stehen die Wanderer staunend vor dem Wildkarwasserfall im Teufelsgraben, der sich inmitten der romantischen Seenlandschaft an einer harten Geländestufe gebildet hat.

Entlang der Wege gibt es von römischen Landvillen bis zur Kugelmühle im Teufelsgraben viel zu entdecken. Als Draufgabe öffnet sich dann von den meisten wahrlich erhabenen Plätzen ein geradezu unglaublicher Fernblick Richtung Süden auf die schneebedeckten Gipfel des Alpenhauptkamms. Also auf jene Berge, von denen die Gletscher der Eiszeit das Rohmaterial Schotter, auf dem wir nun stehen, wie auf einem Förderband hierher transportierten.

Das Salzkammergut

Für viele Besucher ist das Salzkammergut weniger ein Landschafts- als ein Kulturbegriff. Vielleicht am ehesten eine Kulturlandschaft mit fließenden Grenzen. Die Altauseer, die Ebenseer oder die Bad Ischler werden vielleicht den Kopf schütteln, aber das Salzkammergut hat sich von einer geografischen oder räumlichen Größe zu einem Lebensgefühl entwickelt. Die klassische Kombination Sommerfrische und Salzkammergut lässt sich mit keinem bestimmten Ort verknüpfen. Wesentlich sind der glasklare See, in dem sich der kerngesunde Wald spiegelt, die gute Luft, die spätestens im Herbstlicht zum Greifen ist, und dann auch die Musik, die nicht von irgendwoher herkommt, sondern genau von dem Wirt da drüben, der den besten Fisch anbietet. Das Gefühl, das sich nun einstellt, beschreibt das Salzkammergut. Es kann genauso am Fuschlsee wie auch am Attersee oder sogar hoch droben über dem Wolfgangsee entstehen. Es bedeutet Eintauchen und Loslassen.

Geschichtlich betrachtet, war das Innere Salzkammergut ursprünglich jener habsburgische Privatbesitz um Bad Ischl und Hallstatt, der von Gmunden aus verwaltet wurde. Geografisch gesehen hat das Salzkammergut wegen seiner Alpenrandlage Anteil an diesen drei abgestuften Landschaftstypen: dem *Alpenvorland* im Norden, dem *Mittelgebirge* der *Flyschzone* und den *Nördlichen Kalkalpen* im alpinen Bereich. Alle drei bieten beste Voraussetzungen für abwechslungsreiche Wanderungen zu jeder Jahreszeit.

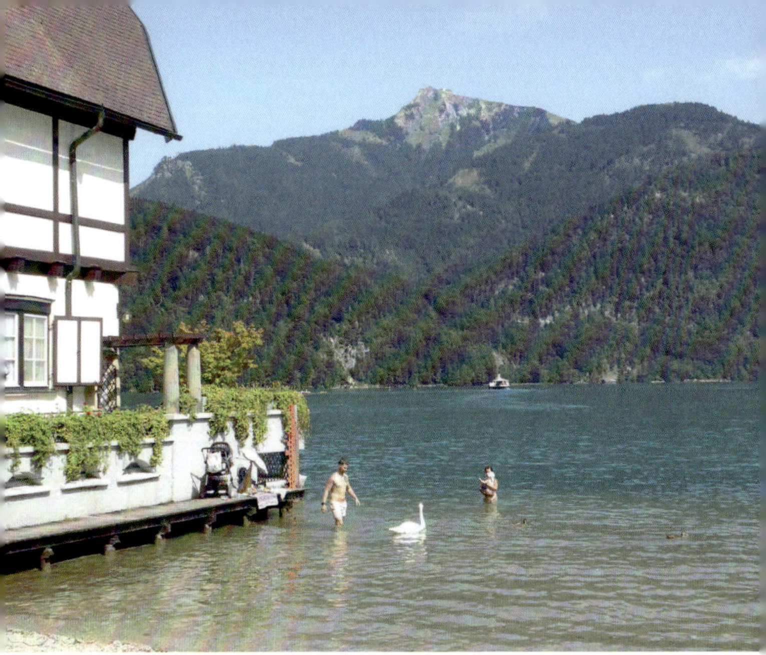

Sommerfrische in St. Gilgen am Wolfgangsee
mit dem Schafberg im Hintergrund.

Das Salzachbecken bis zum Pass Lueg

Das durchschnittlich zweieinhalb Kilometer breite und 25 Kilometer lange Salzachtal zwischen dem Pass Lueg und der Stadt Salzburg ist nicht nur ein guter Boden für sanfte Wanderungen, sondern auch ein wichtiger Wirtschaftsraum an einer zentralen Schnittstelle zwischen dem Land inner- und außer Gebirg. Entsprechend gut ausgebaut sind die Verkehrswege, Bus und Bahn bieten perfekte infrastrukturelle Voraussetzungen für eine umweltfreundliche Fortbewegung. Die S-Bahn und der Bundesbus verkehren zwischen der Landeshauptstadt und Golling im benutzerfreundlichen Halbstundentakt. Große Hindernisse stellen sich den Schienen- und Straßenerbauern – anders als in den inneralpinen Regionen – auf dieser Strecke nicht in den Weg. Für derart reibungslose Verhältnisse sorgte der gewaltige Salzachgletscher, der sich, mit einigen Unterbrechungen, bis vor rund 12000 Jahren Richtung Norden wälzte und Hindernisse aus dem Weg räumte. Der Eisstrom schuf auch gute Voraussetzungen für die nachfolgende Salzach und durch die abgestufte Geländeform ebenso für eine frühe Besiedelung. Die ersten von Menschenhand hinterlassenen Spuren in Salzburg stammen sogar noch aus

Der Große Barmstein bei Hallein wacht über dem Salzachbecken.

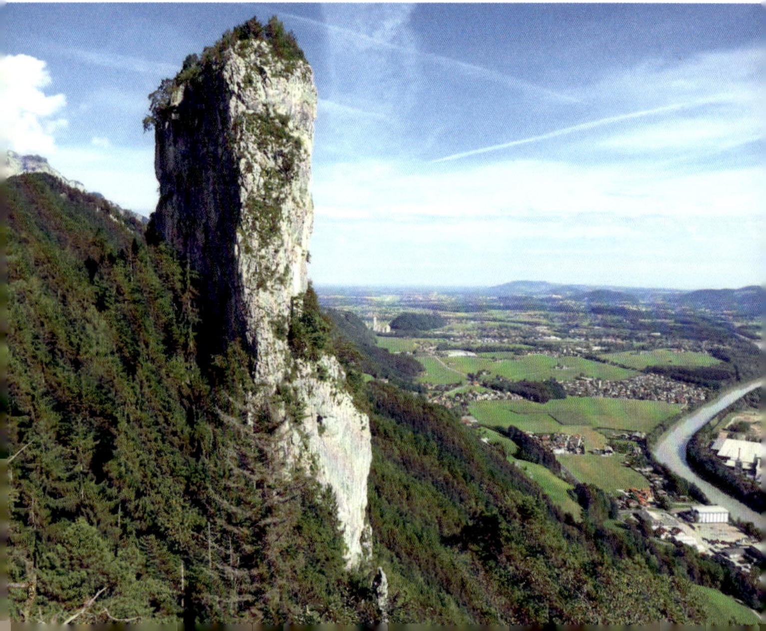

der letzten Eiszeit und finden sich in einer Durchgangshöhle zwischen Schlenken und Schmittenstein. Vor rund 40 000 Jahren war der gut 130 Meter lange Durchgang anscheinend ein begehrter Unterschlupf für durchziehende Neandertaler und Höhlenbären.

Das geheimnisumwitterte Volk der Kelten fand um 750 v. Chr. in den Stollen auf der gegenüberliegenden Salzachtalseite einen anderen Schatz: Das Salz vom Dürrnberg brachte der Region Wohlstand und Reichtum. Für den Transportweg sollte die Salzach ab nun eine immer größere Rolle spielen. Mit leistungsstarken Lastkähnen und einem ausgeklügelten Preissystem errichteten die Salzherren zeitweise ein wahres Salzmonopol.

Die Wanderungen zwischen dem Pass Lueg und der Stadt Salzburg zeichnen sich durch eine hohe landschaftliche Vielfalt aus. Hauptsächlich führen die Wege über anmutig geformte Landschaftsstufen – aber ein kleiner alpiner Leckerbissen ist dann eben auch noch oft dabei.

Großgmain, Berchtesgaden, Bad Reichenhall und der Rupertiwinkel

Der hl. Rupert kam um 696 als Missionar von Worms nach Salzburg. Zur wirtschaftlichen Absicherung seiner Aufbautätigkeit in der verarmten und entvölkerten, ehemals römischen Stadt Juvavum wurde er mit Reichenhaller Salzquellen und mit reichlich Grundbesitz ausgestattet. Er wird daher meistens mit dem Salzfass dargestellt und ist der Schutzpatron der Region. Ihm zu Ehren wurde die wertvolle Kornkammer des Landes Rupertiwinkel benannt. Diese Bezeichnung für den Landschaftsteil zwischen dem Waginger See und dem Högl bei Piding wurde aber erst im späten 19. Jahrhundert populär. Bis zu den Wirren der Erbfolgekriege und den Einfällen der napoleonischen Truppen am Beginn des 19. Jahrhunderts konnte sich das kulturelle und wirtschaftliche Leben reich entfalten. Eine rund 400 Jahre andauernde, weitgehend friedliche Phase sorgte für Sicherheit und Wohlstand im Erzbistum. „Unter dem Krummstab ist gut leben" ist eine Formulierung, die mit dem Erzbistum Salzburg oft in Zusammenhang gebracht wird.

Spätestens ab 1800 war es mit dem guten Leben endgültig vorbei, der letzte Fürsterzbischof war Hals über Kopf nach Wien geflüchtet und dankte dort drei Jahre später auch als weltlicher Herrscher ab. Im Jahre 1816 folgte mit der auf dem Wiener Kongress getroffenen Gebietsaufteilung der nächste große Einschnitt. Der schmerzlichste Punkt dabei war der Verlust des Rupertiwinkels. Besonders betroffen waren die Städte und Märkte entlang der Salzach. Zuvor eine pulsierende Lebensader, wurde sie nun zum trennenden Grenzfluss. Wer heute in dieser Region zu Fuß unterwegs ist, stößt natürlich auf viele Spuren der mehr als 1000-jährigen Salzburger Herrschaft. Das können Steinwappen mit den fürsterzbischöflichen Insignien genauso sein wie ein ganzes Kloster in Höglwörth oder auch die stolzen Erbhöfe im Tannenwinkel bei Großgmain. Das gemeinsame Erbe wird gut verwaltet, die Grenzen sind längst überwunden und die wunderbaren Wege sind einheitlich markiert. Die Zeichen stehen bestens für weitere friedliche Jahrhunderte. Eigentlich dürfen wir in Anlehnung an einen bekannten Spruch sagen: „Unter den Sternen der Europäischen Union ist gut leben."

Der sanfte Johannishögl bei Piding steht in starkem Kontrast zu den Gipfeln der Kalkalpen.

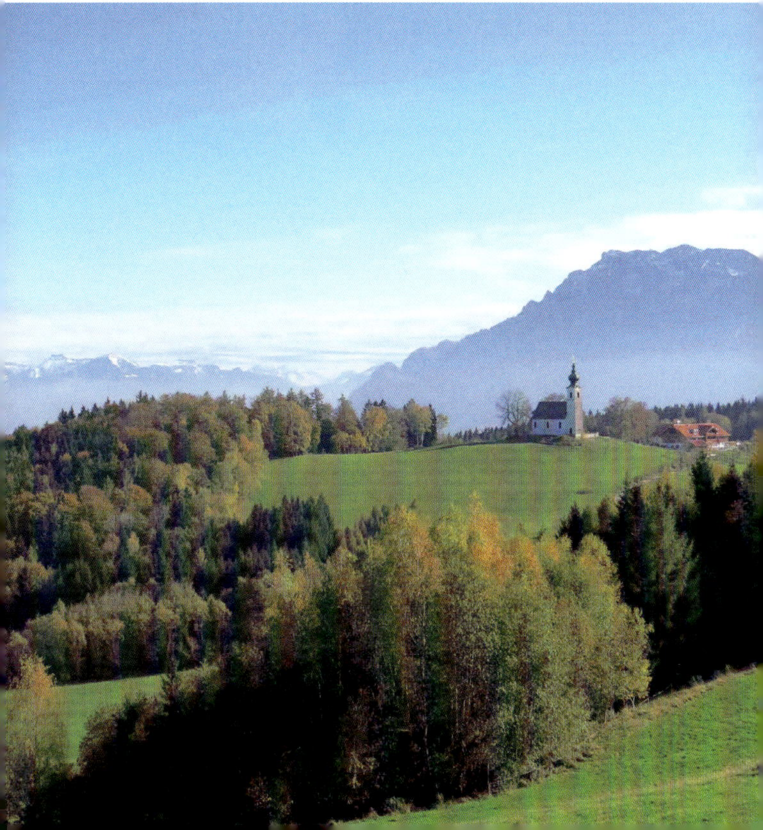

1 *Über den Mönchsberg*

Die prachtvollen Brunnen auf den großen Plätzen sind ein wichtiges architektonisches Merkmal der Barockstadt Salzburg. Die kleinen Trinkwasserbrunnen hingegen sind oft recht unauffällig, obwohl auch sie kleine Meisterwerke sind. Die Stadtwanderung von Nonntal nach Mülln folgt der Wasserspur quer über den Mönchsberg.

Der buddhistische Stupa wurde 2011 errichtet, die Festung im Hintergrund ist rund 1 000 Jahre älter.

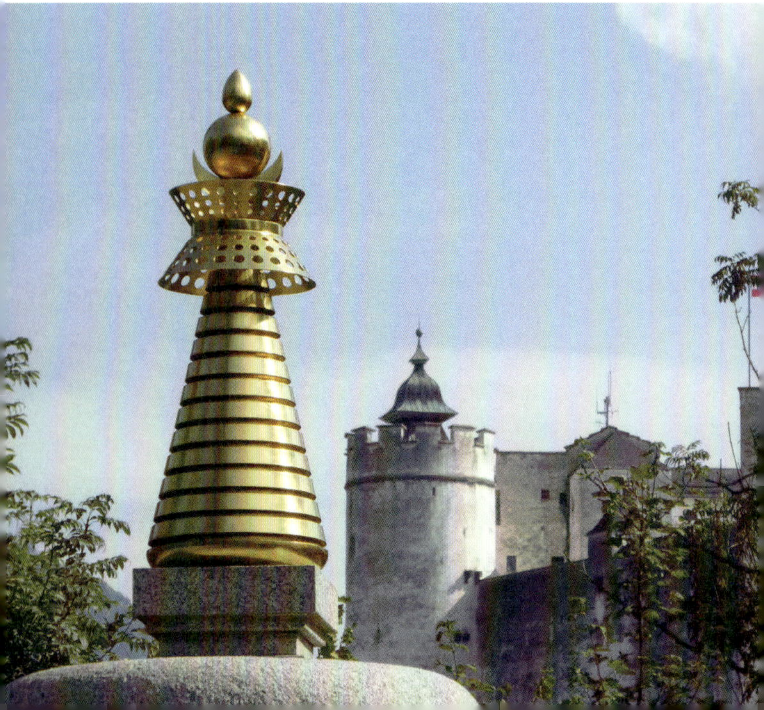

Schwierigkeit	leicht
Steigung	90 hm
Länge	5,2 km
Gehzeit	1 ¾ Std.
Einkehr	Buffet zur Richterhöhe, Tel. +43 (0)662 843179; Stadtalm, Tel. +43 (0)662 841729, www.stadtalm.at; Restaurant M32, Tel. +43 (0)662 841000, www.m32.at; Augustiner Bräustübl Mülln, Tel. +43 (0)662 431246, www.augustinerbier.at;
Anreise	A 10, Abfahrt Süd. Über Anif, die Morzgerstraße, die Nonntaler Hauptstraße und die Erzabt-Klotz-Straße auf den Parkplatz Akademiestraße. Ebenso Hypogarage Nonntal oder Parkgarage der Barmherzigen Brüder am Rudolfskai. **Öffentlicher Verkehr:** Haltestellen Justizgebäude, Unipark und weitere in kurzer Gehdistanz.
Extratipp	Wasser. Spiegel – Erlebnis Technik am Mönchsberg, Ausstellung im Hochbehälter am Mönchsberg, www.salzburg.info/de/sehenswertes/museen/wassermuseum

Das Wasser und die Stadt Salzburg haben eine endlos lange Beziehungsgeschichte. Einmal gibt es zu wenig von dem kostbaren Nass, dann wieder kommt es in kaum bewältigbaren Mengen über die Salzach hereingeflutet. Gleich der erste Abschnitt der Spurensuche vom Nonntal zum Bürgermeisterloch führt zu zwei aussagekräftigen Orten: Auf einem der Nachbarhäuser links neben der Nonntaler Kirche befindet sich eine Hochwassermarke vom 14. September 1899, die uns

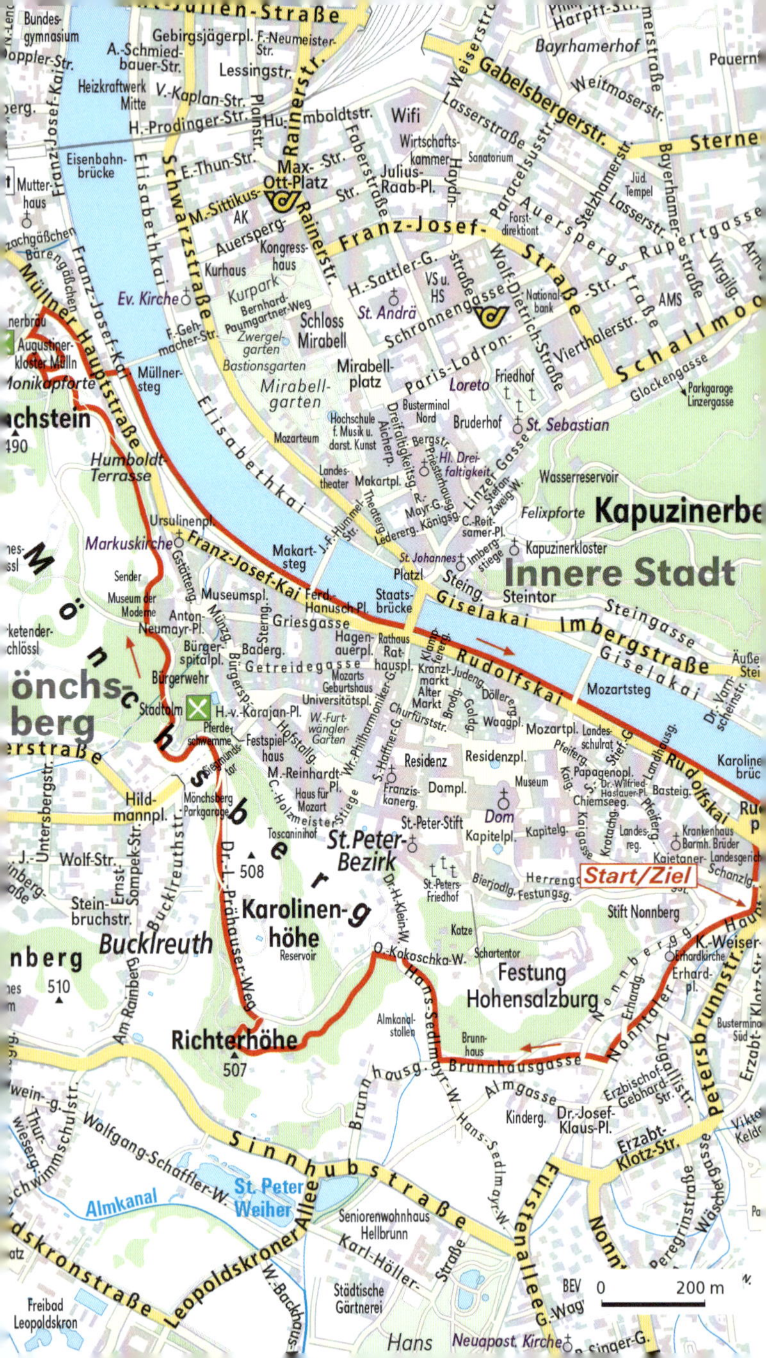
Start/Ziel
Innere Stadt
Kapuzinerberg
Mönchsberg
Festung Hohensalzburg
Stift Nonnberg
Richterhöhe
507
508
510
490
Karolinen-höhe
Reservoir
St. Peter-Bezirk
Bucklreuth
Schloss Mirabell
Mirabellgarten
Mirabellplatz
Kurpark
Zwergelgarten
Bastionsgarten
Kongresshaus
Kurhaus
Ev. Kirche
St. Andrä
Loreto
St. Sebastian
Hl. Dreifaltigkeit
Markuskirche
Museum der Moderne
Sender
Humboldt-Terrasse
Augustiner-kloster Mülln
Monikapforte
Mutterhaus
Müllner Hauptstraße
Müllnersteg
Makartsteg
Staatsbrücke
Mozartsteg
Eisenbahnbrücke
Franz-Josef-Kai
Elisabethkai
Giselakai
Rudolfskai
Imbergstraße
Steingasse
Steintor
Felixpforte
Kapuzinerkloster
Wasserreservoir
Linzer Gasse
Franz-Josef-Straße
Schwarzstraße
Rainerstr.
Max-Ott-Platz
Mozarteum
Landestheater
Makartpl.
Hochschule f. Musik u. darst. Kunst
Getreidegasse
Griesgasse
Museumspl.
Bürgerspitalpl.
Bürgerwehr
Stadtalm
H.-v.-Karajan-Pl.
Pferdeschwemme
Festspielhaus
Mönchsberg Parkgarage
Toscaninihof
Mozarts Geburtshaus
Universitätspl.
W.-Furtwängler-Garten
Residenz
Residenzpl.
Dompl.
Dom
Kapitelpl.
St.-Peter-Stift
St.-Peters-Friedhof
Franziskanerg.
Mozartpl.
Papagenopl.
Chiemseeg.
Kaigasse
Festungsg.
Herrengasse
Katze
Schartentor
Brunnhaus
Brunnhausgasse
Almkanalstollen
Almkanal
Nonntaler Hauptstr.
Erhardkirche
Erhard-pl.
Petersbrunnstr.
Almgasse
Dr.-Josef-Klaus-Pl.
Sinnhubstraße
St. Peter Weiher
Seniorenwohnhaus Hellbrunn
Städtische Gärtnerei
Leopoldskroner Allee
Leopoldskronstraße
Freibad Leopoldskron
Fürstenallee
Hans-Sedlmayr-W.
Dr.-L.-Prähauser-Weg
Bucklreuthstr.
Hildmannpl.
Neutorstraße
Gabelsbergerstr.
Bayrhamerhof
Wifi
Wirtschaftskammer
Julius-Raab-Pl.
Sanatorium
Paracelsusstr.
Auerspergstraße
Rupertgasse
Jüd. Tempel
Forstdirektion
Nationalbank
AMS
Schrannengasse
Wolf-Dietrich-Straße
Vierthalerstr.
Schallmoos
Glockengasse
Parkgarage Linzergasse
Paris-Lodron-Straße
Friedhof
Bruderhof
Busterminal Nord
Busterminal Süd
Krankenhaus Barmh. Brüder
Kaietaner-pl.
Heizkraftwerk Mitte
Bundesgymnasium
Kinderg.
Hans
Neupost. Kirche
BEV
0
200 m

schaudern lässt. Dann einen Kilometer weiter beim Krauthügel stoßen wir auf den Almkanal, der an der Nahtstelle zwischen Festungs- und Mönchsberg in das Berginnere verschwindet. Dieses bautechnische Meisterwerk aus dem 12. Jahrhundert erinnert an jene Zeit, als es im heutigen Altstadtbereich viel zu wenige Wasserzugänge gab. Die Klöster, die öffentlichen Brunnen, die Felder und Gärten, sie alle mussten mit frischem Fließwasser versorgt werden. In einem gemeinsamen Kraftakt wurde jener künstliche Kanal geschaffen, über den ein genau festgelegter Teil der Königseeache bei St. Leonhard in die Stadt Salzburg umgeleitet wurde.

Mit Wasser gespart wird auch in unseren Tagen: Dank ausgeklügelter Technik durch die Experten der Stadt braucht ein Würfel-Brunnen der neuesten Generation nur drei bis fünf statt bis zu 150 Kubikmeter Wasser pro Jahr.

Vom Schanzlpark zum Bürgermeisterloch

Der Ausgangspunkt der Brunnenwanderung ist wenig spektakulär. Der kleine Schanzlpark gegenüber der Volksschule Nonntal ist zwar stark frequentiert, aber kaum jemand der Durcheilenden nimmt sich Zeit für diesen inselartigen Ort. Dabei gibt es viel zu entdecken. In einer schattigen Ecke plätschert der erste unserer Trinkwasserbrunnen. Hilde Heger hat die entzückende Vogelszene im Jahr 1959 geschaffen. Auf der anderen Seite, auf dem festungsartigen Vorbau, steht doch tatsächlich ein alter Eisenbahnwaggon, der hier beim städtischen Kindergarten die letzte Station seiner Reise erreicht hat.

Interessant ist auch, was sich unter der Oberfläche verbirgt. Hier befand sich einst ein Stadttor, dessen Überreste vor nicht allzu langer Zeit wiederentdeckt und freigelegt wurden. Zu besonderen Anlässen kann man das beeindruckende, meterstarke Gewölbe besichtigen.

Vom Entenbrunnen gehen wir nun links am Berg entlang über die Nonntaler Hauptstraße zur Nonntaler Kirche, die dem hl. Erhard gewidmet ist (0,3 km). Der barocke Trinkwasserbrunnen, der sich dort unter dem Eingangsportal befindet, galt noch im 19. Jahrhundert als wundertätig. Die effektvolle Treppenkonstruktion wurde als Maßnahme gegen Überschwemmungen geplant. Nicht zu Unrecht, wie die Hochwassermarke auf dem Haus links daneben beweist. Einst befand sich der Friedhof auf dem freien Platz vor der barocken Kirche, davon ist jetzt natürlich nichts mehr zu sehen. Unser Weg folgt noch einige Minuten der Nonntaler Hauptstraße und zweigt dann kurz nach der legendären Bäckerei Funder in die Brunnhausgasse nach rechts ab. In dieser Gasse wurde 1664 das Erzbischöfliche Brunnhaus errichtet, das für den nötigen Wasserdruck beim Residenzbrunnen und für die höhergelegenen Häuser im Kaiviertel sorgte. Nach dem Wohnhaus Nr. 14a des Festspielhaus-Architekten Clemens Holzmeister treffen wir auf den Almkanal, der durch den 400 Meter langen Stiftstollen auf die andere Bergseite wechselt (1 km). Wir folgen dem rechts abzweigenden, steilen Anstieg zum sogenannten Bürgermeisterloch und entscheiden uns an dieser schmalsten Stelle zwischen Festungs- und Mönchsberg für die Richtung Mönchsberg (N).

Vom Bürgermeisterloch nach Mülln

Auf der Brücke über dem Bürgermeisterloch lassen wir die mächtige Festung hinter uns und folgen dem Weg Richtung Norden. Am Freyschlössl vorbei, das in letzter Zeit mit großem Aufwand von einem Salzburger Holzfabrikanten saniert wurde, geht es einige Meter steil bergauf. Zur richtigen Zeit bieten sich nun drei Erfrischungsmöglichkeiten an (1,5 km): Der Kiosk gleich rechts schenkt wunderbaren Most aus, einfache Sitzgelegenheiten gibt es nebenan unter den Bäumen. Erfrischungsgelegenheit Nummer zwei eröffnet das Wassermuseum „Wasser.Spiegel“, das einzigartige Einblicke in den

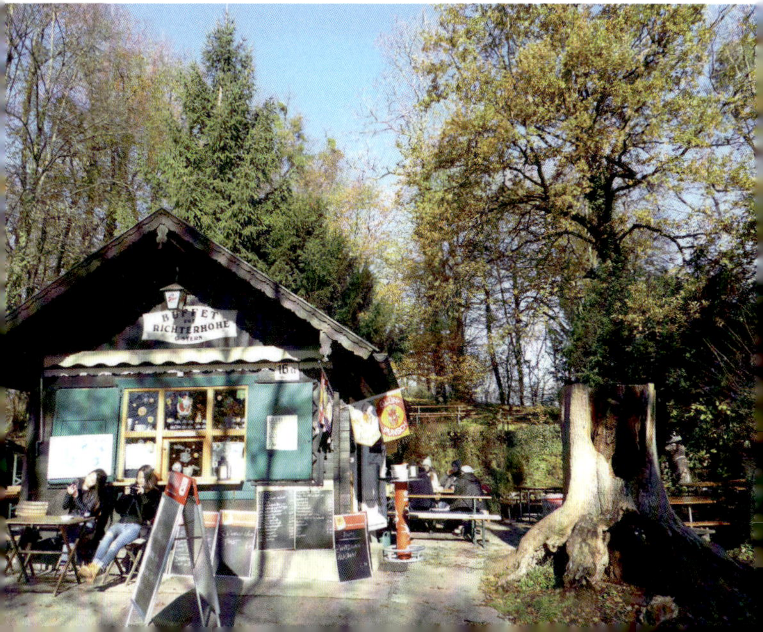

Der Ausschank „Zur Richterhöhe“ kurz vor dem Hochbehälter am Mönchsberg.

riesigen Hochbehälter ermöglicht. Und schließlich können Sie als dritte Möglichkeit direkt das quellfrische Nass beim Löwenkopf-Mauerbrunnen testen, der sich beim Aufgang zur Richterhöhe befindet. Benannt ist der einmalige Aussichtspunkt nach dem Geografen und Alpinisten Eduard Richter (1847–1905). In der sonnigen Lage unterhalb der Richterhöhe gedeihen, wie bereits im 16. Jahrhundert, sogar Weinreben in größerer Anzahl, die von einem niederösterreichischen Winzer und den Pfadfindern betreut werden.

Wieder auf dem Hauptweg geht es über das Neutor zur Stadtalm neben der alten Wehrmauer. Zu einer Bergwanderung gehört eben auch eine Alm. Diese hier bietet neben zünftiger Kost einen fantastischen Blick auf die Altstadt. Mit solch einem Schau-Erlebnis kann natürlich auch unser nächster Zielpunkt, das noble Restaurant M32 mithalten, das neben dem Museum der Moderne untergebracht ist. Moderne Kunst zum kostenlosen Staunen gibt es auch gleich vor der nüchternen Museumsarchitektur: der begehbare Sky-Space-Zylinder des amerikanischen Künstlers James Turrell spielt mit verschiedenen Lichteinfällen, das „Schlafende Haus" des Schweizers Not Vital daneben kann sogar seine Lage verändern. Wenn wir über die Mönchsbergterrasse weiter gehen, dann treffen wir auf eine weitere, geheimnisvolle Installation (2,3 km). Diese besteht aus zwölf gebogenen, sieben Meter hohen Edelstahlrohren, auf die der Künstler Mario Merz insgesamt 21 leuchtende Neonzahlen verteilt hat.

Unser schmaler Weg verläuft gut gesichert oberhalb der steilen Mönchsbergwände und mündet etwa in Höhe von Schloss Mönchstein in die Zufahrt ein (2,7 km). Entlang dieser geht es zum Trinkwasserbrunnen neben der Monikapforte und weiter zur Müllner Kirche, bzw. zum gegenüberliegenden Müllner Bräustübl (3,2 km). Nach einer letzten inneren und äußeren Stärkung könnte sich die Runde schließen, indem wir ganz einfach der Salzach zwei Kilometer flussaufwärts nach Nonntal bis zur Karolinenbrücke folgen (5,2 km), natürlich mit einem erfrischenden Stopp beim Löwenkopf-Brunnen am Hanuschplatz, der seit 1926 am Fisch-Krieg-Gebäude angebracht ist.

Das Museum der Moderne bietet verschiedene Zugänge.
Im Bild das „Schlafende Haus“, ein Kunstwerk von Not Vital.

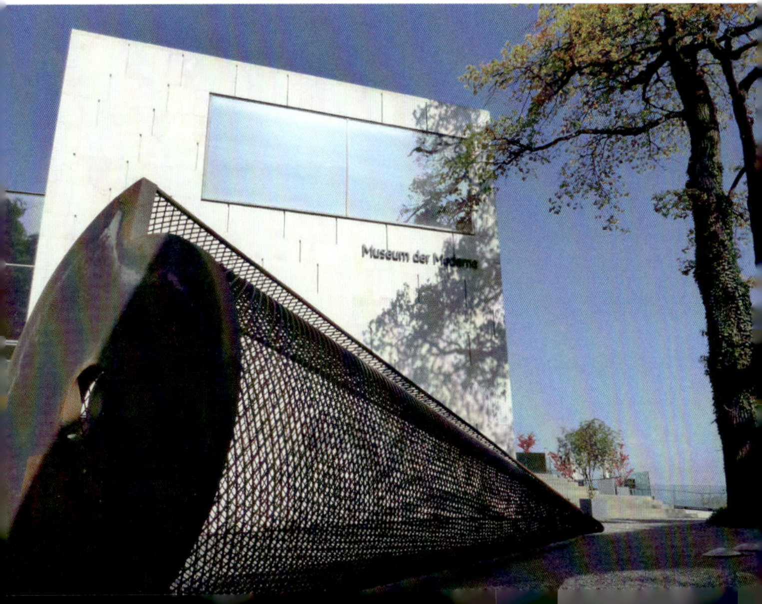

2 Von Gnigl zum Daxlueg

Dass der Stadtteil Gnigl einst ein eigenes Dorf war, merkt man heute nicht mehr. Bei der Eingemeindung im Jahre 1935 war Gnigl-Itzling mit rund 10 000 Einwohnern nach der Stadt Salzburg sogar die bevölkerungsreichste Gemeinde des Landes. Bei der Wanderung über den Dächern von Gnigl wird auch klar erkennbar, woher der Aufschwung kam. Es waren die nach 1860 errichtete Giselabahn und der im Jahre 1908 fertiggestellte Rangierbahnhof, durch die sich das einstige Mühlendorf zum zentralen Verkehrsknotenpunkt entwickelte. Beim Blick von oben sind aber die Absichten der Verkehrsplaner aus der Vogelperspektive gut nachvollziehbar.

Schwierigkeit	leicht
Steigung	250 hm
Länge	7,2 km
Gehzeit	2 Std.
Einkehr	Schöne Aussicht, Tel. +43 (0)662 640608, www.salzburgpanorama.at; Gasthof Daxlueg, Tel. +43 (0)662 665800, www.daxlueg.at Wieslehners Mosthütt'n, Tel. +43 (0)699 11688186;
Anreise	A 1, Abfahrt Salzburg Nord, Vogelweiderstr. stadteinwärts, links Sterneckstr., links Linzer- u. rechts Grazer Bundestraße bis Obergnigl, Obuskehre. **Öffentlicher Verkehr:** Linie 2, Linie 23 Haltestelle Obergnigl

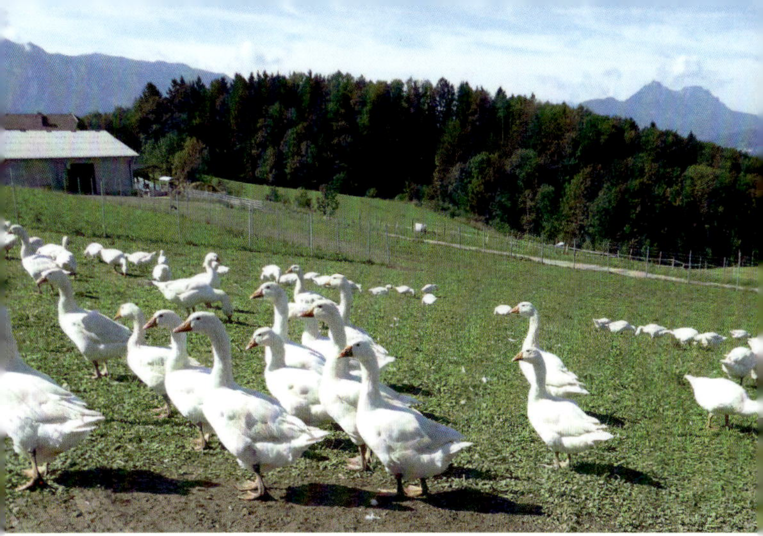

Ein wunderbares Gänseleben auf dem Heuberg – mit Sicherheit zumindest bis St. Martin.

Das Restaurant „Schöne Aussicht“, entstanden aus einem 350 Jahre alten Bauernhof, hält garantiert, was der einladende Wirthausname verspricht. Aber auch der am weitesten entfernte Punkt der Wanderung, der Gasthof Daxlueg, bietet interessante Ausblicke. Nicht nur auf die grandiose Landschaft, sondern auch weit zurück in die Geschichte des Hauses. Schon der Name ist Programm. Luegen, also das In-die-Gegend-Schauen, ist ja auch heute noch umgangssprachlich gebräuchlich und auch mit den Taxen, also den Fichten- oder Tannenästen, können wir sprachlich etwas anfangen. Und eben als Dachslueg wurde dieser exklusive Aussichtspunkt mit Wald erstmals 1350 urkundlich erwähnt. Später kamen Hof und Wald in den Besitz von St. Peter, um 1900 wurden die ersten Ausflügler mit Speis' und Trank versorgt. Das Geschäft

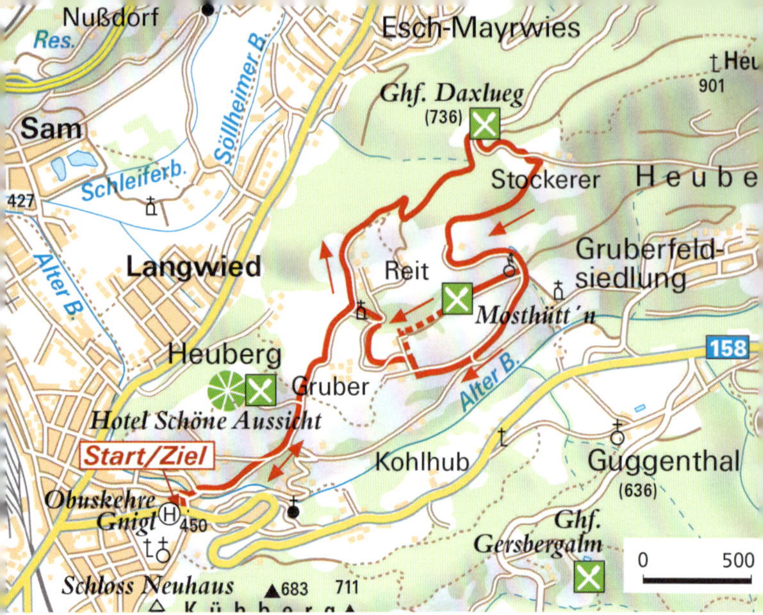

lief gut, vielleicht besser als die Landwirtschaft, und so wurde auch hier aus dem Bauernhof ein Gasthof, wie er es heute noch zur Freude seiner Besucher ist.

Eine dritte gastronomische Entdeckung auf dieser Runde ist die Mosthütt'n der Wieslehners, die beweist, dass sich Gast- und Landwirtschaft nicht ausschließen müssen. Sie liegt auf unserem Rückweg, diesmal mit schönstem Blick Richtung Südosten, auf den Nockstein und den Gaisberg. Auch dieser Mostheurige, der sich neben dem spritzigen Getränk auf Wild spezialisiert hat, ist ein kleines Paradies hoch über der Stadt. Alles, was auf den schweren Holztisch kommt, wird am Hof produziert. Der Most rinnt aus einer Presse, die schon stolze 150 Jahre im Einsatz ist. Die Schweine, die Puten, das Rotwild haben auf dem Hof ein Leben, wie es allen unseren Nutztieren zu wünschen wäre. Ja sogar den köstlichen Weintrauben, die von der Pergola herabhängen, würde man den Weg in die Flasche gönnen. Aber wer weiß, was noch angesichts des Klimawandels möglich sein wird ...

Von der Obuskehre Gnigl zum Gasthof Daxlueg

Diesmal sind die Obusbenutzer eindeutig im Vorteil. Parkplätze gibt es in Gnigl wenige, dafür beginnt die Tour direkt

Der Heuberg befindet sich an der Nahtstelle zwischen Kalkalpen und Flyschzone.

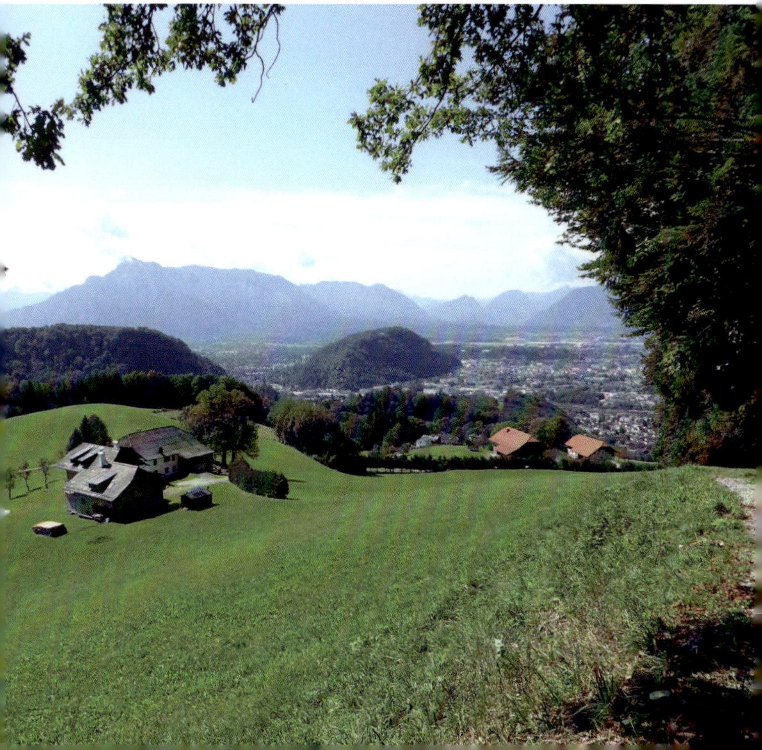

bei der Haltestelle Obuskehre Obergnigl. Wir queren zuerst die Grazer Bundesstraße, dann den Alterbach und folgen der steil bergwärts führenden Heubergstraße Richtung „Schöne Aussicht“. Bei einer Gabelung bleiben wir links, bei der nächsten Kreuzung sind es noch fünf Minuten zum Gasthof mit dem exklusiven Salzburgblick (1 km). Der Weg zum Daxlueg aber verläuft bei der Gabelung nach rechts und folgt der Mettigstraße und der markierten Route 810. An einer wachsamen Gänseschar und an schönen Höfen und Villen vorbei führt der Weg in den Wald. Nun geht es über einen schmalen Pfad

Die zwei Salzburger Wahrzeichen Nockstein (li.) und Gaisberg, vom Heuberg aus betrachtet.

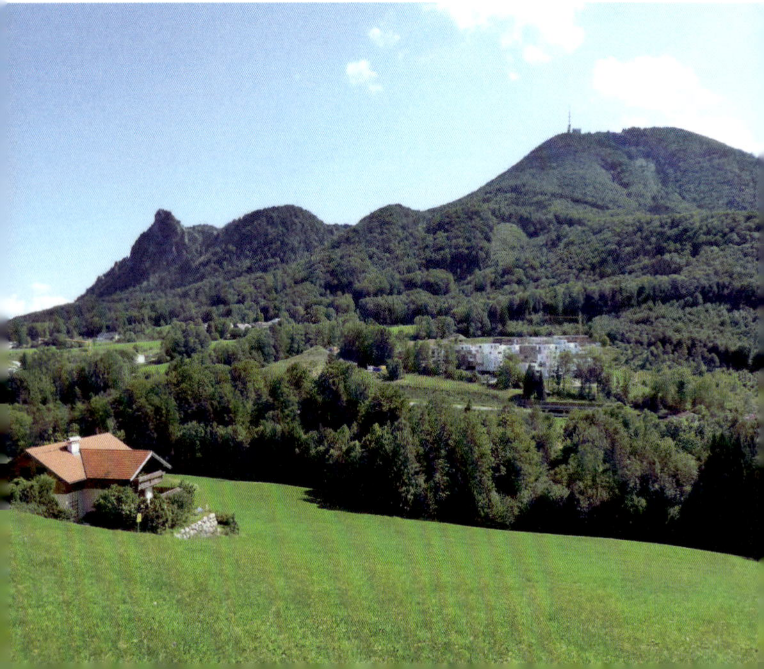

auf der Nordseite des Heubergs weiter, aber schon 20 Minuten später sind wir beim Gasthaus Daxlueg wieder auf der Sonnenseite mit Blick auf den Flachgau (2,6 km).

Vom Gasthof Daxlueg über die Mosthütt'n nach Obergnigl

Der Rückweg vom Gasthof Daxlueg folgt kurz der aufwärts führenden Zufahrt Richtung Osten und zweigt dann beim ersten Hof nach rechts auf den Rundweg 76 (Heuberg, Guggenthal) ab. Über den sonnigen Wald- und Wiesenweg wandern wir zum nächsten, aussichtsreich gelegenen Gehöft (3,7 km) und folgen nun wieder der Zufahrt. An einem großzügig angelegten Rotwildgehege entlang treffen wir auf die Abzweigung „Mosthütt'n" (4,3 km). Speziell an den Sonntagen ab 11 Uhr zwischen April und Juni und zwischen September und November zahlt sich dieser kurze Abstecher absolut aus, denn dann hat der Mostheurige mit seinen g'schmackigen Wildspezialitäten geöffnet. Eine kurze Wegvariante führt von dieser gemütlichen Einkehr gleich geradeaus weiter, der offizielle und auch markierte Weg aber folgt ab der Abzweigung wieder der Zufahrtsstraße. Bei einer Gabelung folgen wir dem Kramlehenweg nach rechts. Dieser führt noch einmal kurz bergauf und verläuft dann in einem weiten Bogen zum bereits bekannten Mettigweg hinüber (5,9 km). Der letzte Abschnitt hinab nach Obergnigl folgt links abzweigend der bereits bekannten Route (7,2 km).

3 Der Kühberg

Große Interpretationen lässt der Name Kühberg nicht zu: Es muss sich um einen Berg mit Kuhweiden handeln. Vom Ausgangspunkt in Gnigl ist von sanften Weideflächen allerdings noch nichts zu sehen, dazu müssen wir erst die steile und schattige Nordseite überwinden. Aber dann stellen sich romantische Ausblicke im Übermaß ein. Im Vordergrund saftige Wiesen, in der sanften Salzachschleife zu unseren Füßen die barocke Altstadt und im Hintergrund die Berchtesgadener Alpen. Schöner geht es kaum. Dazu gibt es auf oder rund um den Kühberg Wege in verschiedenen Schwierigkeitsstufen und Längen.

Schwierigkeit	mittel bis schwierig (Anstieg Kühbergsteig)
Steigung	300 hm (bis Gersbergalm)
Länge	6,5 km bzw. 5,3 km (Variante Kühbergsteig)
Gehzeit	2 ¾ Std., bzw. 2 Std. (Variante Kühbergsteig)
Einkehr	Romantik Hotel Die Gersberg Alm, Tel. +43 (0)662 641257, www.gersbergalm.at
Anreise	A 1, Abfahrt Salzburg Nord, Vogelweiderstr. stadteinwärts, links Sterneckstr., links Linzer- und rechts Grazer Bundestraße bis Obergnigl, Obuskehre. Wenig Parkplätze. **Öffentlicher Verkehr:** Linie 2, Linie 23, Haltestelle Obergnigl

Geologisch gesehen ist der Kühberg, so wie der Kapuzinerberg auch, ein Teil des Gaisbergs. Kapuzinerberg und Kühberg stehen sich aber nicht nur geografisch ziemlich nahe, Parallelen gibt es auch bei Flora und Fauna. Beide Berge verfügen durch ihre Ost-West-Ausrichtung über eine sehr sonnige Süd- und eine äußerst schattige Nordseite. An den jeweiligen Nordhängen gedeihen kühl-feuchte Bergwälder, wie wir sie aus den alpinen Lagen kennen, auf den sonnenüberfluteten Südseiten kommt es zur Ausbildung von wärmeliebenden, mediterran anmutenden Wäldern mit Kiefernbeständen. Neben diesen, in Salzburg schon selten gewordenen Kiefernwäldern, bietet der Kühberg auch einer Vielzahl an Orchideen hervorragende Standortbedingungen. Neben den drei *Waldvögelein*-Arten gedeihen auf

Vom Kühberg eröffnen sich ungewohnte Perspektiven auf die Festung.

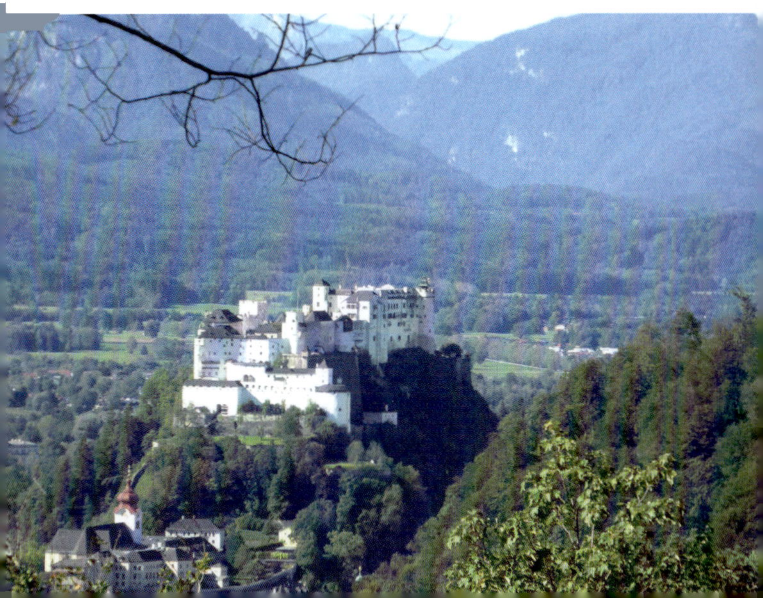

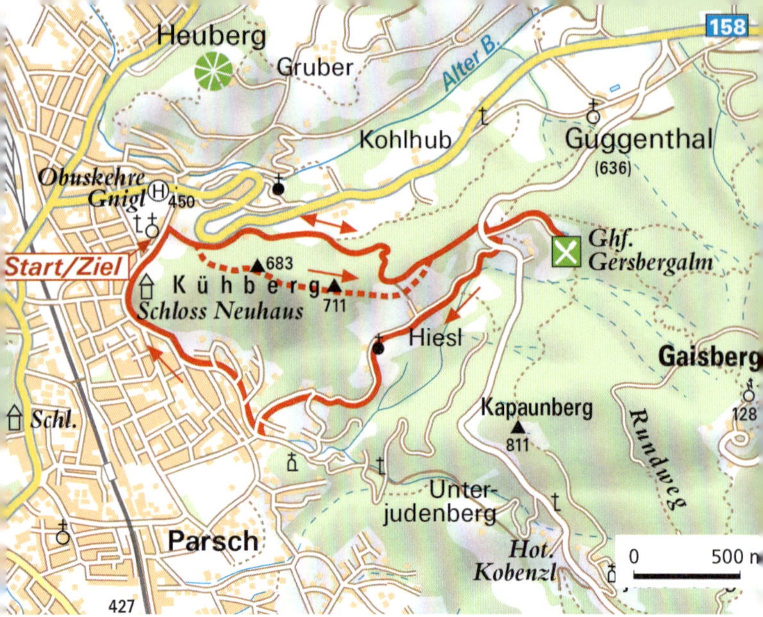

den kargen und trockenen Böden *Fliegen-Ragwurz*, *Nestwurz*, *Braunrote Stendelwurz*, *Waldhyazinthe* und *Großes Zweiblatt*. Auch die größte heimische Eulenart, der scheue Uhu, schätzt das reich strukturierte Gebiet am Kühberg und findet in den Felswänden ideale Brutplätze.

Der felsige, aussichtsreiche und schwer einnehmbare Hügel eignete sich in Verbindung mit dem Kapuzinerberg einst auch sehr gut für Verteidigungszwecke. Ein Teil einer vermutlich im 12. Jahrhundert errichteten Befestigungsanlage ist das heute noch auf der schmalen Westseite des Kühbergs bestehende Schloss Neuhaus. Der Wehrturm wurde später zu einer erzbischöflichen Sommerresidenz umgebaut. Das Schloss erlangte aber auch große Bedeutung als Sitz des Pfleggerichts. Mit dem Niedergang des Erzbistums am Ende des

18. Jahrhunderts wechselten die Besitzer immer häufiger. In den 1970er-Jahren wurde das mittlerweile im historisierenden Stil veränderte Gebäude als nobles Schlosshotel geführt. Heute befindet sich die Anlage oberhalb von Gnigl im Besitz eines deutschen Industriellen.

Von der Obuskehre in Gnigl zur Gersbergalm

Im Vorteil bei dieser Wanderung sind wieder einmal die Obusbenutzer, denn Parkplätze gibt es in Gnigl nur wenige. Dafür ist der Weg 12 (804) zur Gersbergalm aber auch schon bei der Haltestelle Obuskehre angeschrieben. Wir folgen also der Eichstraße in Richtung Kirche. Sie führt an der im Jahr 1859 erbauten, ehemaligen Schule vorbei. Einige Meter später zweigt der Weg nach links auf eine steile Treppe ab. Diese ist so hübsch und aufwendig gestaltet, dass man sich zuerst in einem Privatgarten wähnt. Aber der Weg stimmt schon, wenige Minuten oberhalb stehen wir vor einer Gabelung (0,5 km): Rechts zweigt der anspruchsvolle Kühbergsteig (Weg 11) ab, links verläuft der gemütliche Weg. Ganz nach jeweiliger Vorliebe bieten sich diese beiden unterschiedlichen Möglichkeiten für den weiteren Weg an.

Leichte Variante auf den Kühberg und retour über Parsch

Die gemütliche, etwas längere Variante zweigt nach links ab und folgt dem oft feuchten, rutschigen Waldsteig hinüber zur Radauerkurve an der Grazer Bundesstraße. Den Verkehrslärm, das gewisse Etablissement und die Pension lassen wir bald hinter uns, der Weg folgt danach dem Kühbergrücken am Wiesenrand entlang in östlicher Richtung. An einem in nostalgischem Resedagrün gestrichenen Wasserschloss aus dem Jahre 1895 vorbei geht der Weg bis zu einer Abzweigung. In acht Kehren führt nun der schattige Steig rechter Hand über viele Stufen auf den Bergrücken, und nun stehen wir endlich in der strahlenden Sonne mit Blick auf das Salzachbecken (1,9 km). Ein wirklich außergewöhnlicher Ort, für den wir uns ruhig ein paar Minuten Zeit nehmen sollten. Ebenso ein kleines Paradies zum Verweilen ist die Gersbergalm, die noch 20 Gehminuten oberhalb liegt (2,8 km). Das ganze Ambiente der Anlage vermittelt zwar ein gehobenes Niveau, sie hat sich aber viel von ihrem ländlichen Charme bewahrt. Der Rückweg orientiert sich bis zur Gaisbergstraße hinab wieder kurz am Aufstieg. Nach der Querung folgen wir der mit „Parsch, Schmedererplatz" angeschriebenen Route 13. Diese schmale, sonnige Zufahrtsstraße (Gersbergstraße) führt am schön herausgeputzten Hieslgut vorbei (3,9 km) und endet nach einer halben Gehstunde im Stadtteil Parsch (5 km). Hier zweigen wir nun nach rechts in die verkehrsberuhigte Kühbergstraße ab und folgen dieser 1,5 Kilometer durch das Siedlungsgebiet. Unterhalb von Schloss Neuhaus schließt sich die Runde am Ausgangspunkt in Obergnigl (6,5 km).

Versteckte Grazien im Minnesheimpark am Ausgangspunkt.

Anspruchsvolle Variante über den Kühbergsteig

Um einiges kürzer, aber auch anspruchsvoller ist jene Variante, die bei der Weggabelung im Wald oberhalb von Obergnigl nach rechts auf den Kühbergsteig (Weg 11) abzweigt. Der steilste Teil kommt gleich zu Beginn. Dafür eröffnen sich später grandiose, in dieser Form recht ungewohnte Perspektiven auf die Festung Hohensalzburg und den Untersberg. Schließlich gelangen wir zu jener Gabelung, an welcher der nordseitige Anstieg einmündet (1,5 km). Zur aussichtsreichsten Stelle am Kühberg sind es noch ein paar Minuten. Auch die Gersbergalm ist nicht mehr weit entfernt (2,4 km).
Der Abstieg zur Obuskehre in Gnigl verläuft wieder zum Kreuzungspunkt retour und folgt hier der rechts abzweigenden Route „Obergnigl" (siehe Aufstieg „leichte Variante").

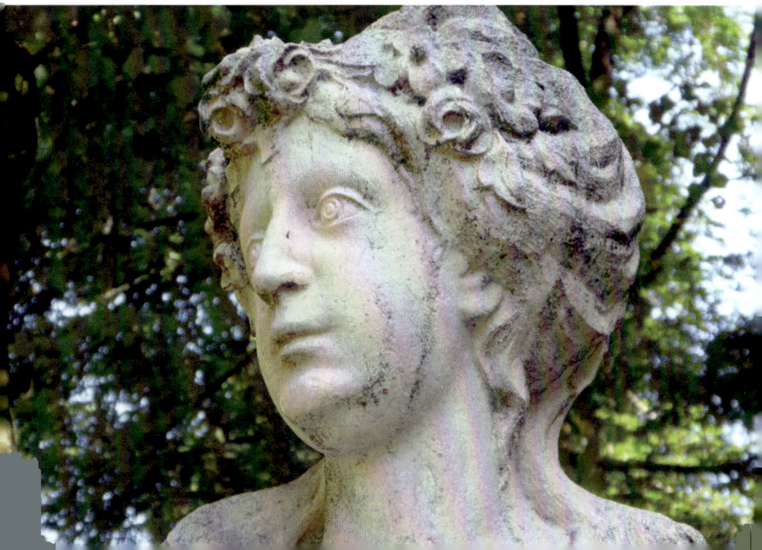

4 *Durch die Glasenbachklamm*

Am Ende der Glasenbachklamm, wenn man 200 Millionen Jahre Erdgeschichte hinter sich hat, wartet mit dem Gasthof „Die Ramsau“ ein sonnenüberflutetes Paradies. Genau der richtige Genusspunkt, um die Klamm-Erlebnisse und gewonnenen Erkenntnisse rund um ihre Geologie nachhaltig zu verdauen. Das geschieht ganz gut mit einem g'schmackigen Grammelknödel, der, einmal halbiert, als ideales Anschauungsmaterial dienen kann. Das Innerste ist zwar keine flüssige Lava, aber die butterweichen Grammeln sind zumindest heiß und zergehen auf der Zunge. Dazu noch das richtige Getränk und die Welt ist perfekt, so wie sie eben ist.

Schwierigkeit	leicht
Steigung	250 hm
Länge	8,1 km
Gehzeit	2 ¾ Std.
Einkehr	Die Ramsau, Tel. +43 (0)664 8474366, www.die-ramsau.at
Anreise	A 10, Abfahrt Puch Urstein. Auf der Halleiner Landestraße nach Elsbethen bis zur Abzweigung Erentrudisalm, Fager. Parkplätze nach 600 m links, vor dem Beginn der Steigung. **Öffentlicher Verkehr:** Obus 7, Postbus 160 bis HS Elsbethen Glasenbach (Kreisverkehr). S-Bahn 3 bis Bhf. Salzburg Süd, umsteigen Obus 7 bis HS Elsbethen Glasenbach

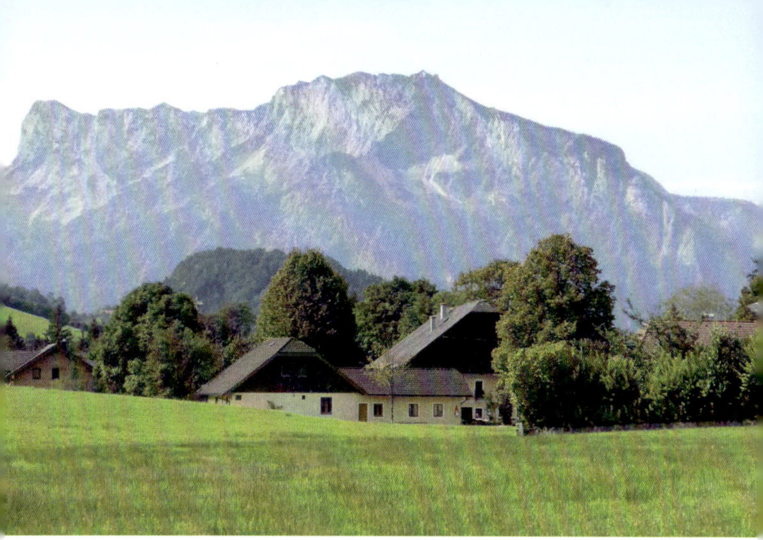

Zwei Salzburger Institutionen: „Die Ramsau“ und der Untersberg.

Vom Ursprungsort bis zur Mündung in die Salzach überwindet der Klausbach einen Höhenunterschied von 150 Metern. Nicht viel, aber die dabei freigesetzte Energie reichte aus, um in jahrtausendelanger Fräsarbeit einen faszinierenden Einblick in den geologischen Aufbau der Alpen zu schaffen. Am Ende der Klamm haben wir einen Zeitraum von 200 Millionen Jahren „zurückgelegt“, das sind 1,5 Millionen Jahre pro Minute, wie der Salzburger Geologe Hans-Peter Steyrer errechnet hat. Den Wissenschaftlern, aber auch dem intelligenten Wegekonzept ist es zu verdanken, dass wir in wirklich bemerkenswerter Weise mit Fakten aus der Entstehungsgeschichte versorgt werden. Unglaublich, welche Verfaltungen und Verschiebungen da vor unseren Augen stattgefunden haben. Der Gedanke, dass wir in der Tiefe der Klamm abschnittsweise in der Gegenwart von Fischsauriern und Ammoniten unterwegs sind, ist faszinierend.

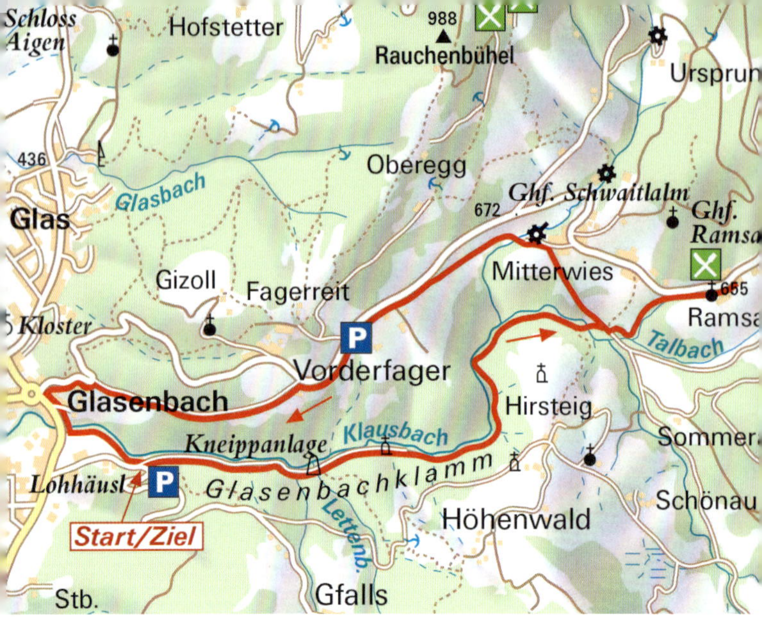

Die Geschichte, auf die der Ramsauwirt zurückblicken kann, ist nicht ganz so lang, aber drei Generationen sind es doch. Ramsau ist übrigens ein häufig verwendeter bayerischer Flur- und Ortsname, der uns etwa nahe Berchtesgaden, im steirischen Bezirk Liezen oder auch im Zillertal begegnet. Gemeint ist damit immer „ein vom Wasser umflossenes Land“ (Au), auf dem auch der „Rams“ (mittelhochdeutsches Wort für Bärlauch) zu finden ist. Zur Saison findet sich der Bärlauch in der Glasenbacher Ramsau dann auch auf der Speisekarte des Traditionsgasthauses.

Von Glasenbach in die Ramsau

Ausgangspunkt ist der Parkplatz am Eingang in die Glasenbachklamm. Die Busbenutzer kommen hierher, indem sie

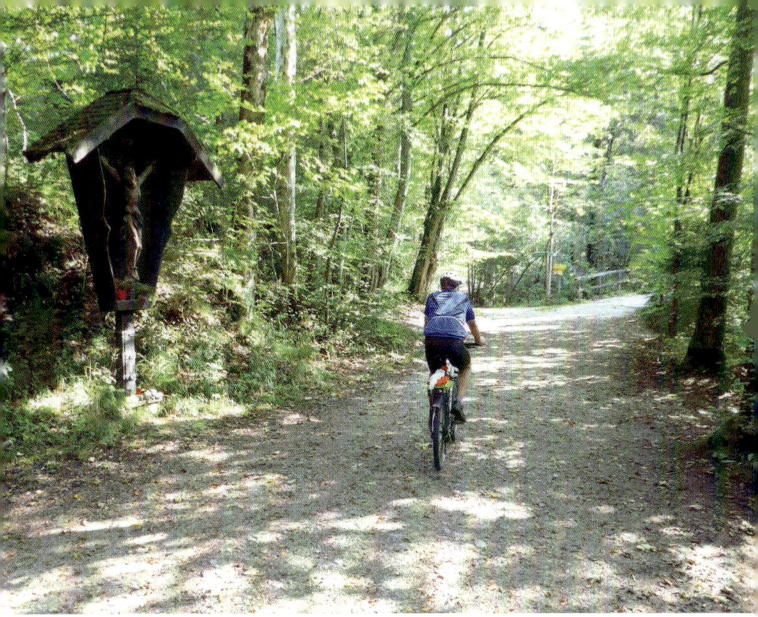

Bei diesem schönen Wegkreuz zweigt der Steig zur Schwaitl ab.

vom Kreisverkehr Glasenbach (Bushaltestelle) der Halleiner Landesstraße 200 Meter stadtauswärts folgen und direkt nach der Brücke über den Klausbach nach links auf den Uferweg abzweigen. Gleich zu Beginn durchwandern wir eine Abfolge von Gosaukonglomerat, der den Geologen durch die gefunden Blattreste oder Kohleflöze gute Anhaltspunkte bietet, wie die Welt vor 70 Millionen Jahren ausgesehen hat. Auch für das Aussehen der Barockstadt Salzburg spielt Konglomerat eine wesentliche Rolle, war dieses Gestein doch das hauptsächliche Baumaterial der Kirchen, Residenzen und Bürgerhäuser. Abgebaut wurde der Stein allerdings in Zentrumsnähe am Rainberg und am Mönchsberg. Hier am Beginn der Klamm gibt es noch einige gute Einstiegspunkte in den Bach, wie sie sich

dann erst wieder im Schlussteil anbieten. Speziell an heißen Sommertagen ist ein (Fuß-)Bad keine schlechte Option.
Es gibt viel zu sehen und zu erleben in der Klamm, die Wegemacher aus Elsbethen haben sich einiges einfallen lassen: eine kleine Kneippanlage, ein Balancierparcours und natürlich die gut verständlichen Erläuterungen. Sehr originell ist auch die Idee, dass einige Schüler der HTL Hallein hier ihre Objekte im Rahmen einer Abschlussarbeit aufstellen konnten. Dazu zählt zum Beispiel die Nachbildung eines 220 Millionen Jahre alten, sechs Zentimeter großen Urzeitkrebses, der in vieltausendfacher Vergrößerung aus Untersberger Marmor hergestellt wurde. Er steht ziemlich am Ende der Klamm, nahe der Abzweigung Richtung Schwaitlalm (Weg 9a), also an jenem Punkt, zu dem wir dann auch wieder zurückkehren werden. Zunächst aber führt unser Klammweg noch eine Viertelstunde weiter und endet beim Gasthaus „Die Ramsau“ (3,4 km).

Vom Gasthaus „Die Ramsau“ über Vorderfager nach Glasenbach

Von der sonnigen Ebene, die sich hier so einladend ausbreitet, müssen wir bald wieder Abschied nehmen. Unser Weg führt eine Viertel-Gehstunde in die Glasenbachklamm zurück, zweigt dann aber kurz nach einem Wegkreuz nach rechts Richtung Schwaitlalm (Weg 9a) ab. Der Wirtschaftsweg wird immer sonniger und aussichtsreicher, nach 20 Minuten stehen wir kurz vor der Straßeneinmündung gegenüber der ehemaligen Gastwirtschaft Schwaitl (4,6 km). Hier zweigen wir nun nach links ab und folgen dem Weg 10 Richtung Glasenbach. Noch einmal quert der Weg mit einem kurzen Gegenanstieg einen Graben, auf der anderen Seite mündet er nach links in die Landesstraße ein. Dem Straßenverlauf folgen wir 700 Meter bis zum Hof Fager (Straßenkilometer 1,8) und zweigen hier nach links ab (6,1 km). Auf diesem alten Verbindungsweg nach Glasenbach geht es zuerst über aussichtsreiche sonnige Wiesen, dann durch den schönen Mischwald in einer halben Stunde hinab zum Beginn der Landesstraße. Wenige Minuten später stehen wir vor dem Kreisverkehr in Glasenbach (7,5 km) und benützen nun entweder den Bus, oder aber den Weg in die Glasenbachklamm, der uns, wie am Anfang beschrieben, nach links zur Klausbachbrücke und dann am Bach entlang retour zum Parkplatz führt (8,1 km).

Der 220 Millionen Jahre alte Urzeitkrebs gilt als die älteste Tierart der Welt. Diese Nachbildung aus dem Jahre 2017 wurde von Robert Söllner modelliert.

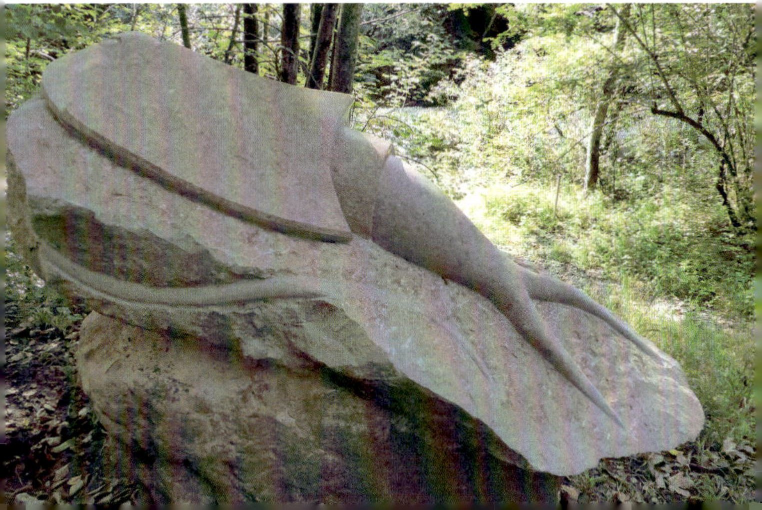

5 Von Glasenbach zur Zistelalm

Bei dieser Rundwanderung auf der Sonnenseite des Gaisbergs treffen wir mit der Rauchenbühelhütte, der Zistelalm und dem Gasthof Mitteregg auf drei ziemlich unterschiedliche Einkehrmöglichkeiten. Ein Besuch lohnt bei allen dreien, es kommt halt auf den Zeitpunkt und die Vorlieben an. Auch der Weg selbst zeigt die vielen verschiedenen Seiten, die der Salzburger Hausberg so bietet. Vom belebten Stadtrand geht es hinein in die Stille der Wälder und Lichtungen. Sogar ein kleines städtisches Almgebiet tut sich dann noch auf.

Mit dem aufkommenden Fremdenverkehr in Salzburg zu Beginn des 19. Jahrhunderts rückte auch der Gaisberg sehr bald ins Zentrum touristischer Überlegungen. Eine Besteigung des Stadtbergs oder gar eine Übernachtung dort gehörte in der Zeit der Romantik schon beinahe zum Pflichtprogramm. Im Laufe der folgenden Jahrzehnte entstanden verschiedene Einkehrmöglichkeiten, von denen es einige auch heute noch gibt. Andere gastronomische Großprojekte sind komplett verschwunden, wie etwa das mehrstöckige Berghotel Gaisbergspitze, das im Jahr 1881, also bereits vor Errichtung der Gaisbergbahn, in Betrieb ging, aber nach einem verheerenden Brand am 24. Februar 1939 nicht mehr aufgebaut wurde.
Auch die Zistelalm blieb vom Feuer nicht verschont, gleich zweimal, 1889 und 1949, wurde das Haus eingeäschert.

Schwierigkeit	mittel
Steigung	550 hm ab Glasenbach
Länge	8,8 km
Gehzeit	4 Std.
Einkehr	Rauchenbühelhütte, Tel. +43 (0)664 1188411, www.rauchenbuehel.at; Zistelalm, Tel. +43 (0)662 641067, www.zistelalm.at; Gasthof Mitteregg, Tel. +43 (0)662 641347, www.mitteregg-kasnockenwirt.at
Anreise	A 10, Abfahrt Salzburg Süd, über die Alpenstraße und die Hellbrunner Brücke nach Glasenbach. Im Kreisverkehr (Ausgangspunkt Obushaltestelle) rechts und gleich wieder links in die Auffahrt „Oberwinkl, Vorderfager". Einige Parkplätze am Beginn der Auffahrt und dann nach 2,2 km beim alternativen Ausgangspunkt Parkplatz Vorderfager. **Öffentlicher Verkehr:** Obuslinie 7, Haltestelle Elsbethen Glasenbach; Bus 160 ab Bhf Salzburg bis Haltestelle Elsbethen Glasenbach; Bahn S 3 bis Bhf. Salzburg Süd, dann Obus 7 bis Elsbethen Glasenbach

Ursprünglich eine bäuerliche Almwirtschaft, begannen die Besitzer um 1850 mit dem Ausschank von Getränken, wenig später gab es hier auch einfache Übernachtungsmöglichkeiten. Die Zistel hat vor allem durch die Familie Hauser einen ganz besonderen Klang. Die Brüder Hans und Max Hauser waren nicht nur am Gaisberg, sondern auch in den Vereinigten Staaten gefeierte Skipioniere. Max Hauser errichtete 1951 den Schlepplift oberhalb der Zistelalm, der immerhin bis 1970 in Betrieb war.

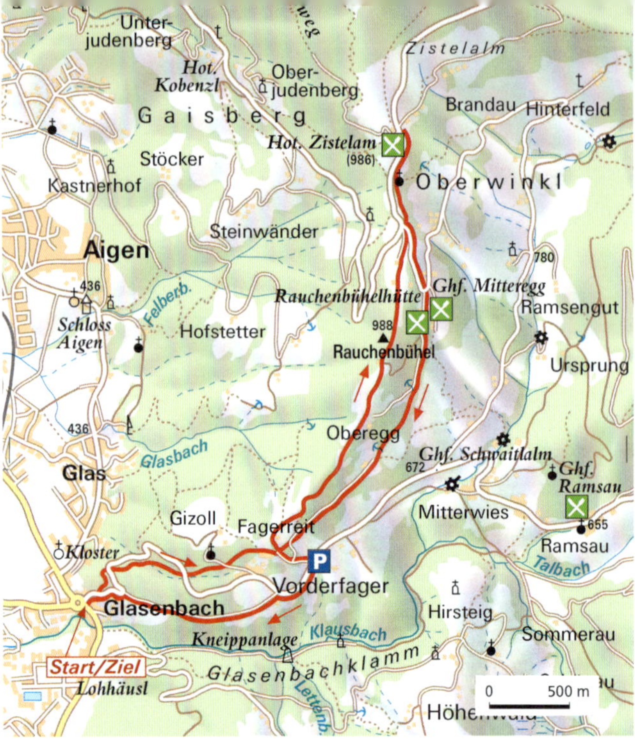

Beim Gasthof Mitteregg wurde nahe der Sprungschanze im Jahr 1951 der Sport-Hintner-Skilift gebaut. Einen privaten Kinderlift gibt es sogar heute noch. Das Gasthaus entstand in Zusammenhang mit dem Bau der Gaisbergstraße, die nach dem Ende der Zahnradbahn im Jahre 1928 verwirklicht wurde. Anfangs wurden die Arbeiter verköstigt, sehr bald war das Mitteregg aber ein angesagter Treffpunkt der Skifahrer. Später verwöhnte das Gasthaus seine Gäste sogar mit Hallenbad und Sauna, daneben gab es ein reichhaltiges Veranstaltungsangebot. Legendär sind bis auf den heutigen Tag die Kas- oder Specknocken, die in schweren Eisenpfannen auf den Tisch kommen.

Die „Naturfreunde Salzburg“ waren der erste Bergsteigerclub, der auf dem Gaisberg eine Vereinshütte errichtete. Im Jahre 1925 wurde das Grundstück zwischen Mitteregg und Rauchenbühel erworben, fünf Jahre später wurde die Hütte im Rahmen einer kleinen Feier übergeben. Die ursprüngliche Planung sah zwar einen erheblich großzügigeren Bau vor, dafür wurde die kleinere Version aber auch beinahe ausschließlich in Eigeninitiative der Vereinsmitglieder errichtet. Die Hütte ist an den Wochenenden bewirtschaftet und erfreut sich dank der vorzüglichen Küche großer Beliebtheit unter den Gourmetwanderern.

Solch schöne Höfe, mit der im 19. Jahrhundert üblichen Schlacke-Verzierung, sind am Gaisberg nur noch selten zu finden.

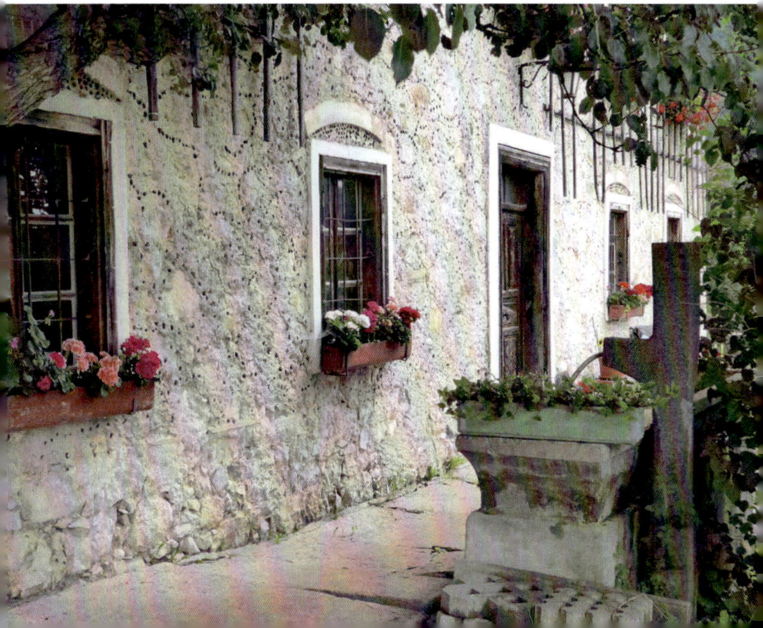

Von Glasenbach über Vorderfager und Rauchenbühel zur Zistelalm

Bei dieser Wanderung sind wieder einmal die Busbenutzer im Vorteil. Parkplätze gibt es in Glasenbach wenige, dafür befindet sich die Bushaltestelle direkt beim Ausgangspunkt Kreisverkehr – übrigens einer der ersten, die im Bundesland Salzburg errichtet wurden. Im Jahr 1993 noch eine kleine Sensation, heute gibt es weit über 100 Kreisel in Stadt und Land. Unsere Rundwanderung führt zum Beginn der Schwaitl Landesstraße, die schräg vis-à-vis neben der Bäckerei nach links Richtung Vorderfager abzweigt. Die Route 810 (Rauchenbühel) ist von Anfang an sehr gut beschildert und verläuft noch einige Meter entlang der Landesstraße, dann nach links in den Wald. Bei angenehmer Steigung geht es durch den lichten Mischwald in 30 Minuten zu den Häusern in Vorderfager (1,1 km). Hier befindet sich eine weitere Einstiegsstelle in den Weg 810 (Parkplatz neben der Landesstraße bei Straßenkilometer 2,2). An einem noblen Anwesen vorbei führt der Weg über einige Stufen wieder in den Wald, aber in der Folge öffnen sich nun mehr Aussichtspunkte, die vor allem den Untersberg und den markanten Watzmann in den Mittelpunkt rücken.

Nach einem Zaunübergang kommt mit dem breiten, almartigen Südwestrücken der vielleicht schönste Abschnitt der ganzen Wanderung (2,2 km). Am oberen Ende wird der Wegverlauf kurzzeitig etwas steiler, bald danach, bereits im Wald, zweigt ein Stichweg auf den unscheinbaren

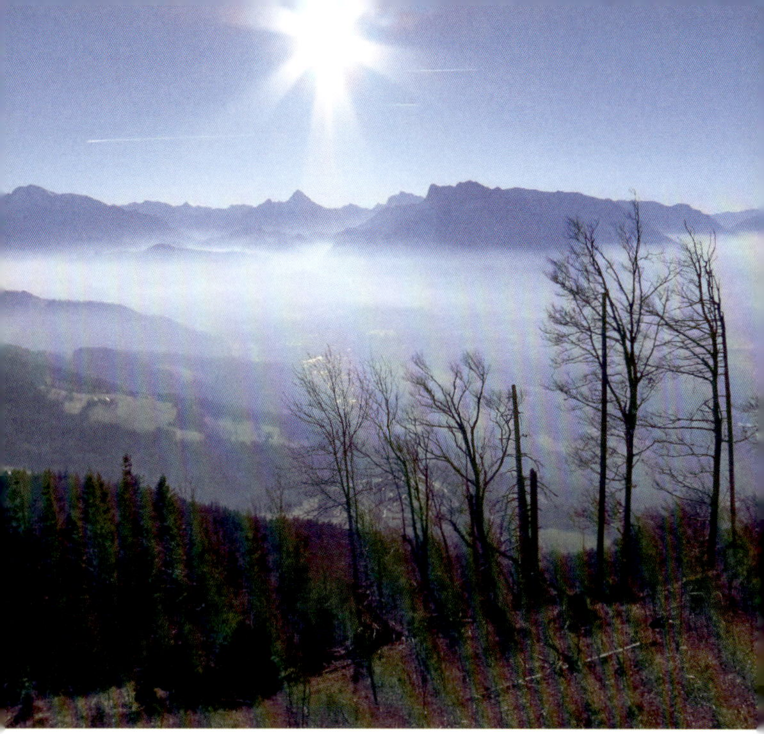

Der Gaisberg ist ein exzellenter Aussichtsberg mit Blick auf die Berchtesgadener Alpen.

Rauchenbühel (988 m) nach links ab. Sehr ergiebig ist der Abstecher aber nicht, interessanter ist da vielleicht wenig später der Schwenker nach rechts, der die Rauchenbühelhütte zum Ziel hat (2,8 km). Die steht zwar auch ziemlich unscheinbar am Waldesrand, aber im schmucken Hexenhäuschen wird gebacken und gekocht, wie es nicht nur Hänsel und Gretel lieben.

Von der Rauchenbühelhütte besteht die Möglichkeit, direkt zum Gasthaus Mitteregg abzusteigen, bei Lust und Kondition

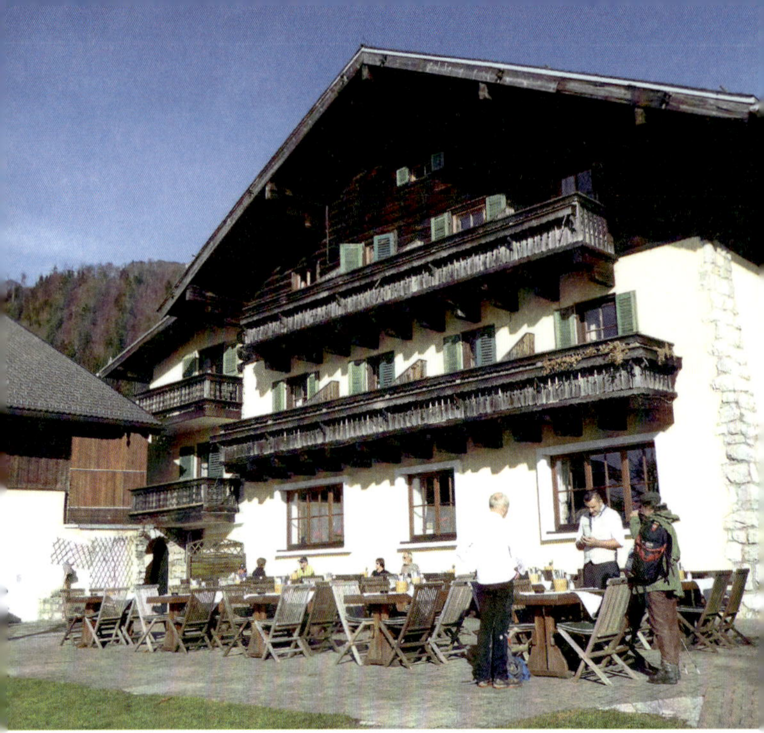

Die Zistelalm liegt auf knapp 1 000 Meter Seehöhe.

hat die Wanderung aber auch noch weitere Höhepunkte im Visier. Einer davon und mit knapp 1 000 Meter auch zugleich der höchste Punkt ist die Zistelalm (Weg 17, 4,1 km). Das Gasthaus an der Gaisbergstraße verfügt über eine prachtvolle Aussichtsterrasse und einen großzügigen Spielplatz, der bei den kleinen Wandermäusen natürlich immer gut ankommt. Außerdem besteht die Möglichkeit zu einem Abstecher auf den spektakulären Gaisberg-Rundwanderweg.

Von der Zistelalm zum Gasthof Mitteregg und über Vorderfager nach Glasenbach

Vom Gasthof Zistelalm geht es wieder auf dem bereits bekannten Weg 17 an der Zistelkapelle vorbei und dann bei der folgenden Straßenkreuzung entlang der Zufahrt (links) Richtung Oberwinkl zum Gasthof Mitteregg (5,1 km). Gegenüber dem legendären Kasnockenwirt zweigt der Weg 10a ab, der zunächst an einigen Häusern vorbei, dann immer einsamer durch den schönen Mischwald weiterführt. Bei einer Gabelung halten wir uns links, der Weg trifft dann auf einen großzügig ausgebauten Bergbauernhof und führt unterhalb vorbei (6,1 km). Entlang der Zufahrt verläuft unsere Route 10a zum kleinen Parkplatz in Vorderfager (7,1 km). Eine nette Abstiegsvariante führt am Rand der Landesstraße 400 Meter bis zum Hof Fager. Hier zweigt der Weg 10 nach links ab, quert einen sonnigen Hang mit herrlichem Blick auf die Berchtesgadener Alpen und folgt dann dem alten Wirtschaftsweg in den Wald. Im Winter ist der mäßig steile Verbindungsweg eine beliebte Rodelstrecke, wir aber beenden unsere Gaisbergrunde so, wie wir sie begonnen haben, und folgen der Landesstraße die letzten Meter hinab nach Glasenbach (8,8 km).

6 Maria Plain

Die mächtige Wallfahrts-Basilika Maria Plain ist von allen Seiten und zu jeder Jahreszeit ein wahrhaft himmlisches Ziel. Kirchlich gesehen befinden wir uns genau an der Nahtstelle zwischen dem Irdischen und dem Göttlichen, geografisch betrachtet am Übergang von den letzten Gebirgsausläufern ins flache Land. Die Berchtesgadener Alpen sind, besonders bei Föhn, noch greifbar nahe, während ab dem Plainberg die sanft-hügeligen Formen der *Flyschzone* dominieren. Auf diesen Voralpenhügel führen verschiedene Wege, ich schlage diesmal die Runde von Bergheim mit dem seltener begangenen Rückweg über Lengfelden vor. Sie verläuft die meiste Zeit auf der Sonnenseite, aber ein schattiger Abschnitt ist auch dabei. Wie das im Leben halt so ist.

Es ist nicht wirklich verwunderlich, dass der Plainberg und seine Nachbarhügel zu allen Zeiten beliebte Siedlungs- und Aufenthaltsorte waren. Kaum hatte sich der Gletscher der letzten Eiszeit vor rund 12 000 Jahren zurückgezogen, kamen die Jäger und Sammler. Die römischen Siedler, die ab Christi Geburt ins Land zogen und rund 400 Jahre blieben, legten mehr Wert auf Komfort. Sie bauten sich prachtvolle Gutshöfe, die mit allen Errungenschaften der damaligen Zeit ausgestattet waren. Fußbodenheizungen gehörten genauso dazu wie eine größere Anzahl an Bädern. Schließlich kamen die

Schwierigkeit	leicht
Steigung	100 hm
Länge	5,7 km
Gehzeit	2 bis 2,5 Std.
Einkehr	Plainer Ansitz, Tel. +43 (0)664 6597578; Gasthof Maria Plain, Tel. +43 (0)662 4507010, www.mariaplain.com.
Anreise	A 1, Ausfahrt Salzburg Nord, auf der B 156 Richtung Braunau nach Bergheim. Oder von der Stadt Salzburg kommend A 1, Ausfahrt Hagenau. Parkplätze im Ortszentrum oder bei der Schule. **Öffentlicher Verkehr:** Bahn S 1 ab Salzburg Bhf. bis Bergheim Bhf.; Bus 21 ab Mirabellplatz bis Bergheim Ortsmitte

geistlichen Herren, die Benediktiner. Sie konnten auch mit weltlichen Gütern gut wirtschaften und so ließen sie zwischen 1671 und 1674 nach den Plänen von Giovanni Antonio Dario die mächtige Wallfahrts-Basilika Maria Plain erbauen. Zentraler Punkt in der Kirche ist das Marien-Gnadenbild. Es überstand einst einen Brand in einem Bäckerhaus im niederbayerischen Ort Regen und bewirkte danach noch allerlei Wunder. Auch Wolfgang Amadeus Mozart war für Maria Plain tätig und komponierte eine Messe für die Basilica minor, wenn auch nicht die in diesem Zusammenhang oft erwähnte Krönungsmesse. Dessen ungeachtet wird die großartige Krönungsmesse alljährlich am fünften Sonntag nach Pfingsten hier bei freiem Eintritt aufgeführt.

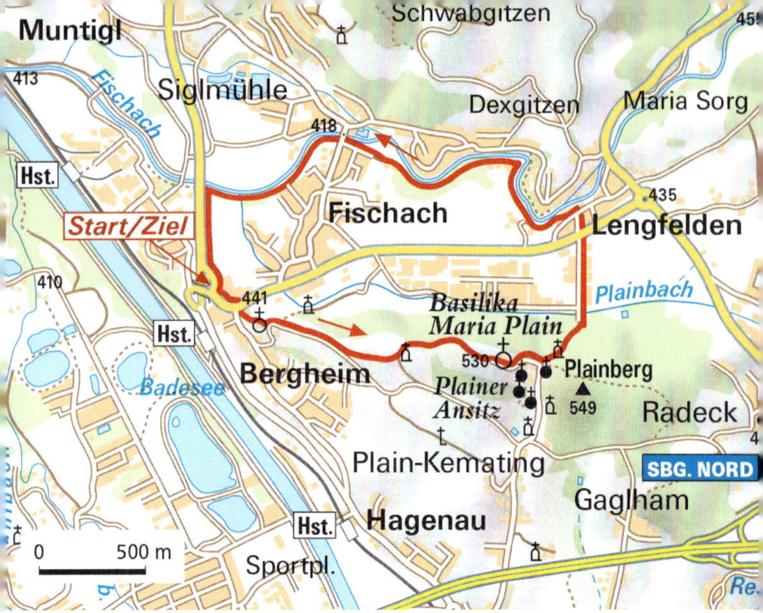

Von Bergheim zur Basilica minor Maria Plain

Vom Schulparkplatz, von der Bushaltestelle oder von der Lokalbahnstation in Bergheim führt der Weg zur Pfarrkirche von Bergheim, die unübersehbar auf einer kleinen Anhöhe über dem Ort thront. Von der dem hl. Georg gewidmeten Barockkirche geht die Route über den Pfarrweg weiter zu einer Weggabelung (0,9 km). Die kürzeste Verbindung auf den Plainberg zweigt hier nach links ab und führt an einem Wasserschloss vorbei an den Waldrand. Entlang der feierlichen Naturbestattungsfläche, die markanten Türme der Basilika Maria Plain im Blickfeld, wandern wir auf einem bequemen Schotterweg zum höchsten Punkt (1,8 km). Ein harmonisches Gegenstück zur beeindruckenden Kirchenanlage ist die in perfekter Form gewachsene Winterlinde auf der Wiese davor. Rund um den

mächtigen Stamm ist eine Bank angebracht, ein idealer Ort zum Anlehnen und Energietanken.
Hierher gelangen wir aber auch, indem wir bei der ersten Gabelung nach der Kirche in Bergheim geradeaus weitergehen und dann dem links abzweigenden Hofstättweg folgen. Der letzte Wegabschnitt führt orientierungsmäßig einfach über den Kalvarienberg an den vier barocken Kapellen vorbei zur Kirche.

Die mächtige Wallfahrts-Basilika Maria Plain im warmen Spätherbstlicht.

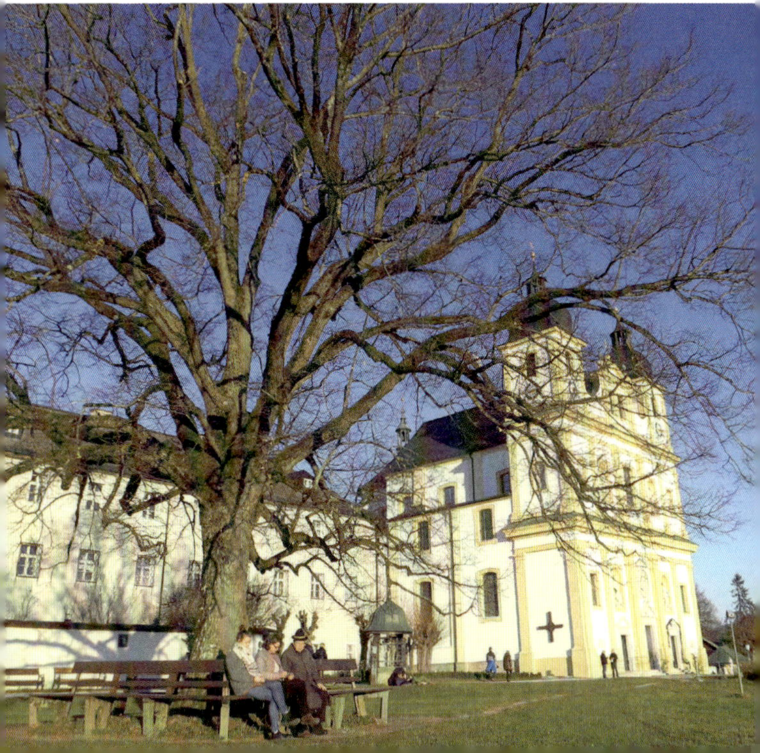

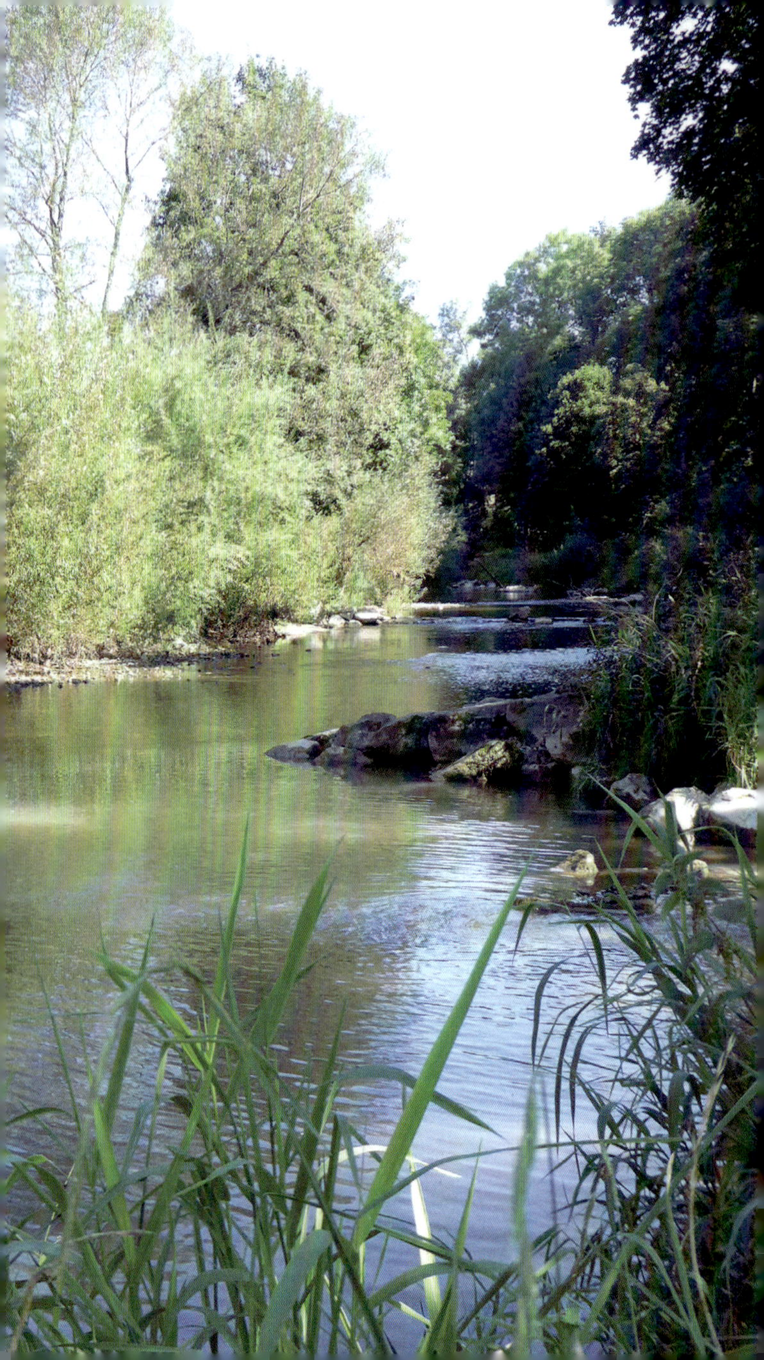

Von Maria Plain über Lengfelden nach Bergheim

Die Momente in Maria Plain sollte man wirklich genießen und schätzen, hier fließen viele Energien zusammen. Egal ob unter der Linde, ob am aussichtsreichen Plainer Ansitz, der sich zwischen Kalvarienberg und Basilika befindet, oder mit plattgedrückter Nase vor dem mechanischen Miniaturtheater, das um wenige Cents seit über 70 Jahren die Entstehung von Maria Plain erklärt und einen Blick in den sagenhaften Untersberg gewährt: Maria Plain ist ein magischer Lichtort.

Der Abstieg aber führt, zumindest für einen kurzen Abschnitt, auf die Schattenseite. Zunächst geht es am Andenkenladen mit dem Miniaturtheater vorbei zum Gasthof Maria Plain hinab. Bei einem Privatparkplatz dreht die Route nach links und folgt nun dem Weg 810 in nördlicher Richtung über Stufen hinab nach Lengfelden (2,4 km). Die markierte Route führt durch das Gewerbegebiet, folgt 100 Meter der B 156 nach rechts, quert diese und verläuft dann links abzweigend auf dem Uferweg entlang der Fischach weiter (3 km). Nach eineinhalb Kilometern trifft der Weg auf eine Steinbrücke, vis-à-vis befindet sich hier die attraktive Bergheimer Freizeitanlage (4,5 km). Wir aber bleiben auf dem linken Ufer, queren die Fischachstraße und folgen dem Weg 61, der in einem weiten Linksbogen zurück zu den jeweiligen Ausgangspunkten nach Bergheim führt (5,7 km).

Einige Uferbereiche an der Fischach wurden wieder renaturiert.

7 Von Oberndorf nach Maria Bühel

Der direkte und kürzeste Weg von Oberndorf nach Maria Bühel führt über den alten Kirchsteig. Zur berühmten Wallfahrtskirche gibt es aber auch noch eine andere, eine „krumme“ Tour entlang der Salzachschlinge. Ein wenig begangener Weg, der an erstaunlichen Orten vorbeiführt. Zurück geht es dann auf dem bekannten Kirchsteig.

Schwierigkeit	leicht
Steigung	50 hm
Länge	5,6 km
Gehzeit	2 Std.
Einkehr	Gastronomie in den Städten Laufen und Oberndorf
Anreise	A 1, Abfahrt Salzburg Nord oder Hagenau und auf der B 156 weiter nach Oberndorf. Parkplatz Stille-Nacht-Museum, Schöffleutgasse. **Öffentlicher Verkehr**: Lokalbahn S 1 ab Salzburg Bhf. bis Oberndorf Bhf.
Extratipp	Stille-Nacht-Museum Oberndorf, Tel. +43 (0)6272 21660, www.stillenacht-oberndorf.com

Die Wallfahrtskirche Maria Bühel steht auf einer sicheren Anhöhe oberhalb der Salzach bei Oberndorf. Für diesen viel besuchten Ort stellt die Salzach keine Bedrohung dar. Unterhalb, in der eleganten Flussschlinge beim alten Schiffsanlegeplatz in Altach, zeigen die beeindruckenden Hochwassermarken an

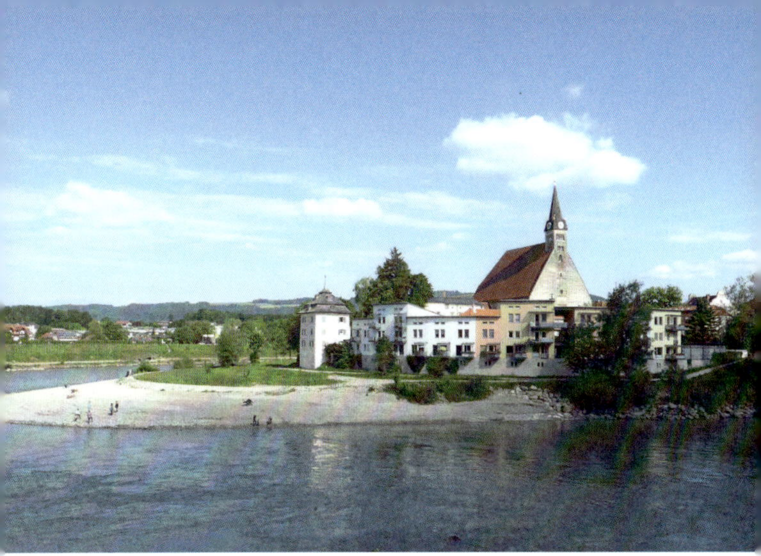

Die berüchtigte Salzachschlinge zwischen Oberndorf und Laufen zwang die Salzschiffe zum Umladen.

der neoromanischen Schifferkapelle aber, wie verheerend der Fluss wüten kann. Die vielen Hochwasserkatastrophen konnte auch der Flusspatron Nepomuk nicht verhindern, der da so hingebungsvoll auf die Reste der hölzernen Brücke schaut, die beim Hochwasser 1897 schwer beschädigt und 1899 von einem weiteren endgültig fortgerissen wurde. An ihrer Stelle verbindet nun der sichere Europasteg die Städte Laufen und Oberndorf. Die Hauptbrücke aber wurde weiter flussaufwärts verlegt und 1903 eröffnet.

Der Rundweg nach Maria Bühel begleitet die Salzach durch dieses Nadelöhr, das auch schon die Salzschiffer zum Umladen und geschicktem Manövrieren zwang. Spezialisten dafür waren die Schöffleute, die im Stadtteil Altach in den

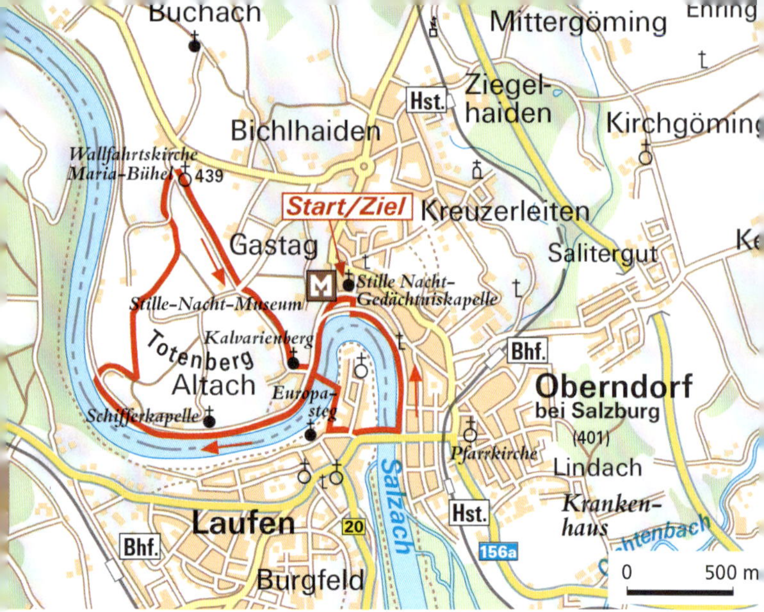

spitzgiebeligen Häusern wohnten. Das Gewerbe war durch die fürsterzbischöflichen Vorgaben exakt reglementiert, genauso wie die Winterpause, wenn der Schiffsverkehr ruhte. Um die saisonbedingte Arbeitslosigkeit zu überbrücken, schnitzten die Schöffleute kunstvolle Krippenfiguren, aber auch die heute noch gepflegte Freude der Oberndorfer am Theaterspielen und am Anglöckeln hat hier ihren Ursprung.

Von Oberndorf nach Maria Bühel

Ein passender Ausgangspunkt für die Runde ist das neue Stille-Nacht-Museum, das im adaptierten Mesnerhaus untergebracht ist. In den nach modernsten museumspädagogischen Gesichtspunkten gestalteten Räumen erfährt man viel über die geschichtlichen und sozialen Hintergründe rund um das berühmte Weihnachtslied, das am 24. Dezember 1818 in der Nikolauskirche das erste Mal aufgeführt wurde. Ursprünglich stand die Kirche hier an der Salzach anstelle der Stille-Nacht-Kapelle. Nach zwei verheerenden Hochwasserereignissen wurde sie aber im Jahr 1910 endgültig abgetragen und an der jetzigen, hochwassersicheren Stelle wieder aufgebaut. Mit wenigen Schritten geht es auf den Salzachdamm und dort dann rechter Hand, flussabwärts weiter. Der Uferweg führt an den malerischen alten Schifferhäusern im Ortsteil

Die Wallfahrtskirche Maria Bühel.

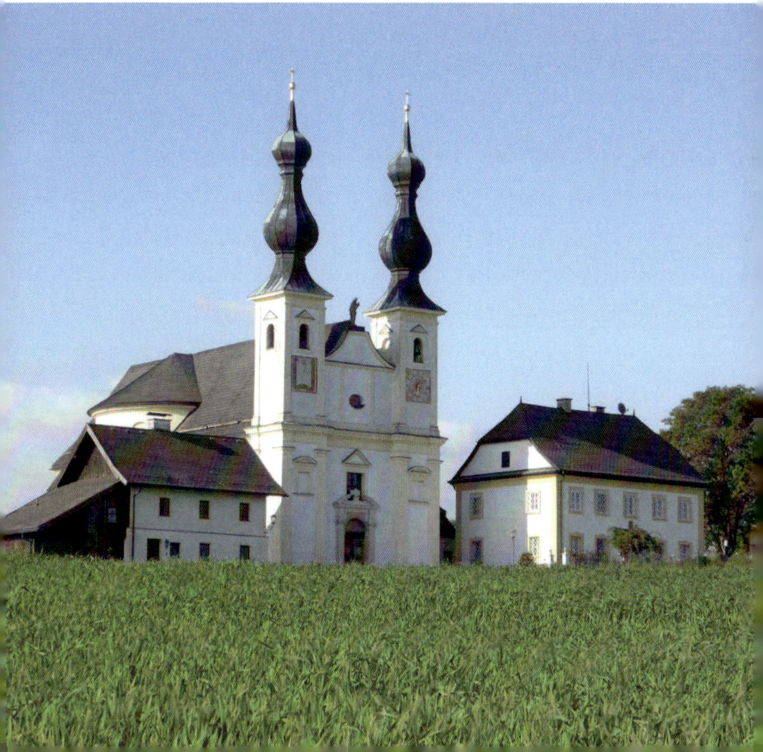

Altach und der Schifferkapelle vorbei bis zur Abzweigung der Haggenstraße nach rechts (1,1 km). Nach wenigen Minuten ist die ehemalige Jausenstation „Prems Einkehr" erreicht und genau hier zweigt ein unmarkierter Privatweg nach rechts ab. Der Weg führt einige Meter aufwärts, quert dann ein Feld und zweigt bei der nächsten Gabelung nach links ab (1,8 km). Der Feldweg peilt eine mächtige, allein stehende Esche an und mündet dann beim folgenden blauen Haus in die Zufahrt ein. Über den Marienweg geht es leicht bergauf zur malerischen Wallfahrtskirche, deren markante Zwiebeltürme sich schon längst abzeichnen (2,6 km).

Von Maria Bühel nach Oberndorf

Auch die Entstehung der Wallfahrtskirche Maria Bühel wird mit der Salzachschifffahrt in Verbindung gebracht. Der Stiftsdechant von Laufen errichtete 1663 eine Stationstafel mit einem Marienbild, damit die Schiffleute auf andere Gedanken kommen, denn von diesen sei „bisweilen ain unnutz und Gott missfelliges Geschwetz …" zu hören. Gebetserhörungen stellten sich bald ein und so wurde aus der hölzernen Kapelle jener Prachtbau, wie er vor uns steht. Auch im Inneren wurde nicht gespart: Johann Michael Rottmayr, Antonio Beduzzi oder Josef Anton Pfaffinger waren nur einige der prominenten Künstler.

Der Rückweg nach Oberndorf führt von der Kirche schnurgerade an der 100-jährigen Friedenslärche vorbei und trifft nach 150 Stufen beim hl. Nepomuk wieder auf das vertraute

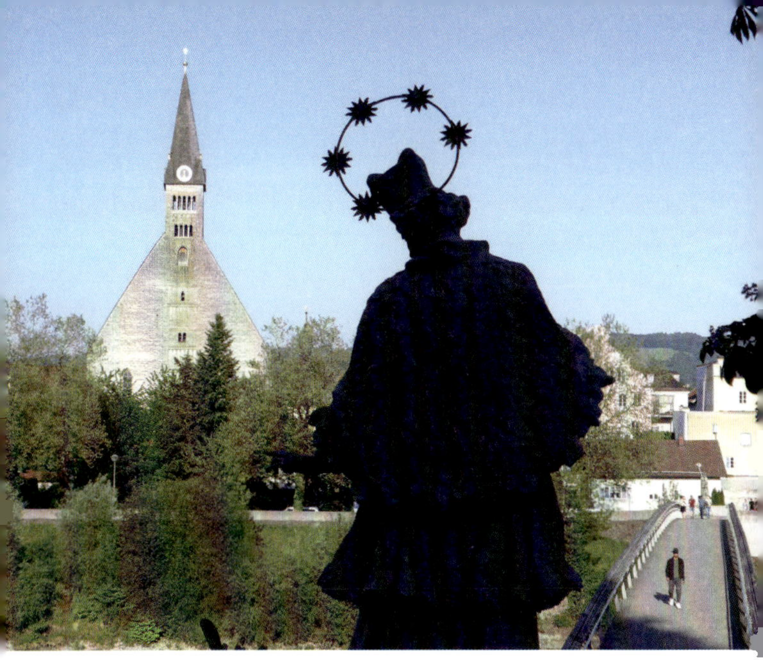

Die Statue des hl. Nepomuk vor dem neuen Europasteg stammt von Josef Anton Pfaffinger und wurde 1714 erstmals urkundlich erwähnt.

Salzachufer (3,7 km). Über den Europasteg geht es hinein in die malerische Altstadt von Laufen. In diesem Geflecht aus engen Gassen und weiten Plätzen gibt es viel zu entdecken. Herausragend ist die prachtvolle Stiftskirche, die älteste und größte bis heute bestehende gotische Hallenkirche Süddeutschlands. Als Rückweg auf die österreichische Seite bietet sich die massiv gebaute, stählerne Länderbrücke an, über die seit 1903 der gesamte Verkehr zwischen den beiden Städten Oberndorf und Laufen fließt (4,7 km). Über den Salzachdamm schließt sich links abzweigend die Runde (5,6 km).

8 *Milleniumsweg in Mattsee*

Der Wechsel vom zweiten in das dritte Jahrtausend liegt zwar schon einige Jahre zurück, aber das Konzept des damals entstandenen Milleniumsweges ist zeitlos und lädt nach wie vor zu einem faszinierenden Spaziergang durch die Mattseer Kultur- und Naturgeschichte ein. Zu sehen gibt es zwischen Wartstein und Schlossberg genug und dazwischen lädt die Mattseer Gastronomie zu einem Besuch ein. Auch Badezeug sollte, zumindest im Sommer, bei diesen Aussichten auf drei Seen nicht im Gepäck fehlen.

Schwierigkeit	leicht
Steigung	80 hm
Länge	3,5 km
Gehzeit	2 Std. (beide Wege)
Einkehr	Gastronomie im Ort Mattsee
Anreise	A 1, Abfahrt Salzburg Nord. Über Elixhausen und Obertrum auf der Mattseer Landesstraße L 101 nach Mattsee. Gebührenfreies Parken am Parkplatz Stockwiese, Nähe Sparmarkt. **Öffentlicher Verkehr:** Bus 120 ab Salzburg Hbf. bis Mattsee Ortsmitte
Extratipp	Stiftsmuseum Mattsee, Tel. +43 (0)6217 5202, Führungen ganzjährig möglich, www.stiftmattsee.at

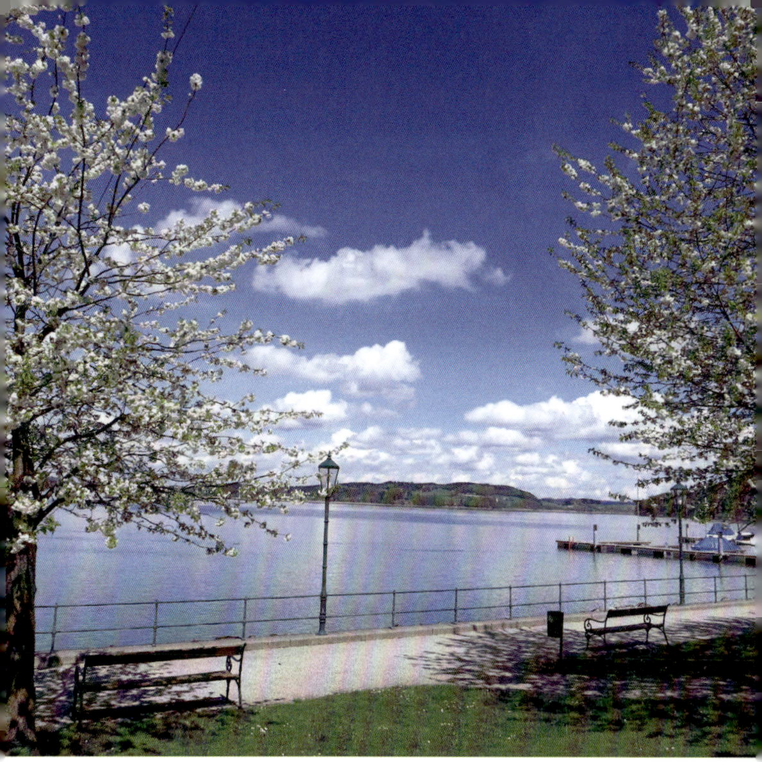

Das Mattsee-Ufer lädt zum Promenieren ein.

Der Mattseer Milleniumsweg besteht aus zwei Teilen, die jeweils am Marktplatz vor der Kirche beginnen. Idee und Ausführung stammen aus der bewährten Denkwerkstatt Ibetsberger & Häupl. Während dieser beiden, je ein- bis eineinhalbstündigen Runden erwandert man die unterschiedlichsten Aspekte dieser geschichtsträchtigen Gegend. Auf spannend gestalteten Infotafeln zieht sich der weite Bogen von der Entstehung der Alpen über die Eiszeit bis zum Klimawandel unserer Tage. Dazwischen bleibt noch viel Platz

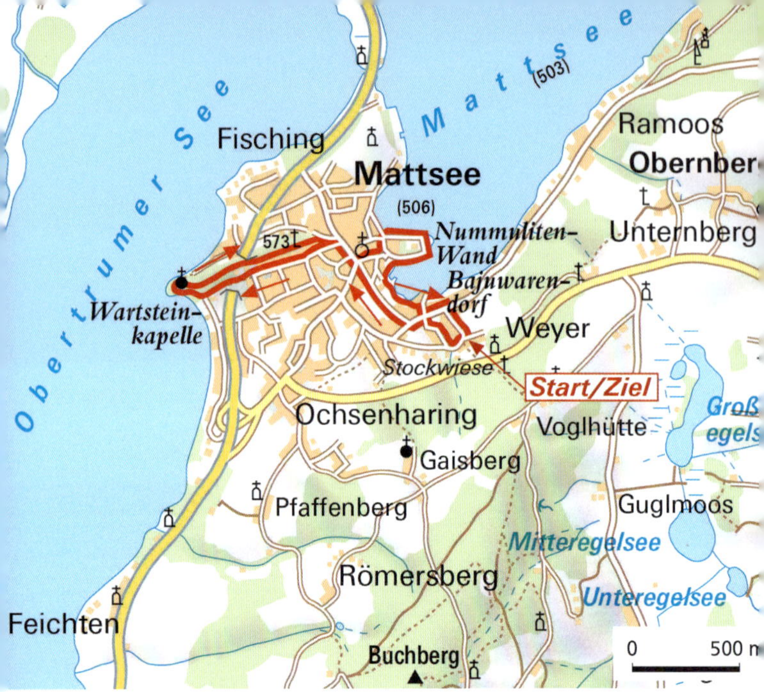

für andere Hinweise, wie etwa die Entwicklung des Tourismus oder die Teilung des Ursees in die heutige Drei-Seen-Landschaft. Irgendwie hängt alles zusammen und am Ende der zeit- und kulturgeschichtlichen Wanderung schließt sich der Kreis wieder auf dem belebten Marktplatz.

Vom Ortszentrum Mattsee zur Wartsteinkapelle und retour

Vom Ausgangspunkt am Parkplatz Stockwiese geht es zur unübersehbaren Mattseer Stiftskirche und vor dieser linker Hand zum Tassiloweg. Nun zweigt der gut angeschriebene Wartsteiner Milleniumsweg nach links ab und trifft bald auf die geschichtsträchtige Hinterstoißer-Villa. Hier verbrachte der österreichische Bundeskanzler der Zwischenkriegszeit, Engelbert Dollfuß, die letzten Tage vor seiner Ermordung im Juli 1934. Heute dient das Haus den emeritierten Salzburger Erzbischöfen als Alterswohnsitz. Der Wegverlauf wird einsamer, nach der Abzweigung beinahe alpin. Kein Wunder, denn schließlich ist die Wartsteinrippe, geologisch gesehen, der nördlichste Ausläufer der Alpen. Die 700 Meter lange und bis zu 100 Meter breite Felsrippe wurde bei der Gebirgsbildung in die Höhe gedrückt und ragt nun als Härtling aus der sanften Moränenlandschaft heraus. Am äußersten Punkt der Felsrippe steht die romantische Wartsteinkapelle (1,4 km). Lange Zeit wohnte hier in einem Anbau ein Einsiedler, der mit der Kapellenglocke auf drohende Unwetter aufmerksam machte. Nach dem Auszug des letzten Bewohners wurde das Holzhaus abgetragen und in Fisching als Netzhütte wieder aufgebaut. Bei der einsamen Kapelle dreht der Weg wieder in die Anstiegsrichtung, bleibt dann aber links abzweigend auf dem nördlichen Rückenteil. Durch den schönen Mischwald geht es wieder zum Tassiloweg zurück und über diesen auf den Marktplatz vor der Stiftskirche hinab (2,3 km).

Vom Marktplatz um den Schlossberg

Der bayerische Herzog Tassilo gründete um 760 das Stift Mattsee. An der Nordseite der Stiftskirche entlang führt nun der zweite Teil des Milleniumsweges hinab zum Seeufer. An der Uferpromenade gibt es einladende Sitzgelegenheiten mit Blick auf den kleinen Yachthafen, aber unser Weg führt

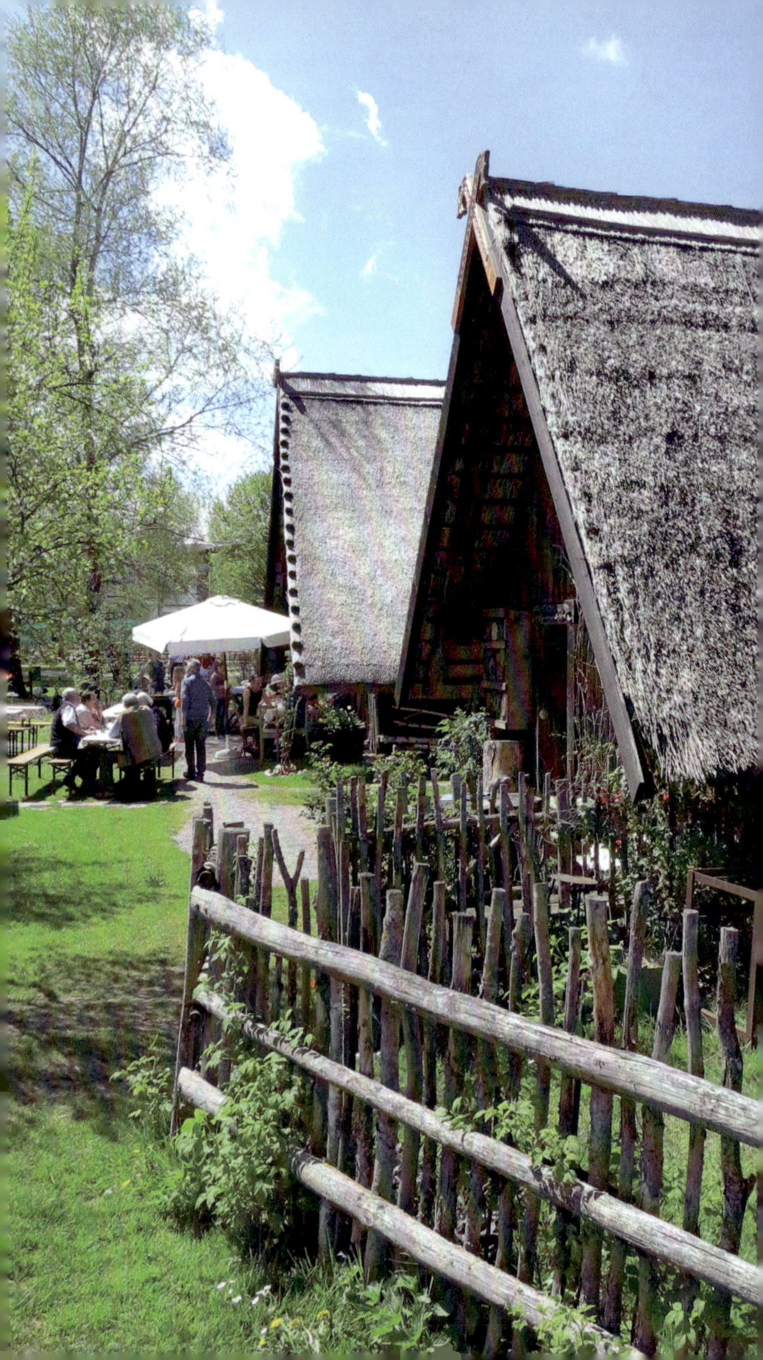

rechter Hand um den Schlossberg weiter. Hier auf der kühlen Nordseite befand sich bis in die 40er-Jahre des 20. Jahrhunderts der Eiskeller, gleich daneben waren das Gericht und das Gefängnis einquartiert. Heute benützen Mattseer Kletterer die Wände für ihre Zwecke.
Auf der anderen Seite der Bucht beim Strandbad wurde in den Wirren der letzten Kriegsmonate des Zweiten Weltkriegs der ungarische Kronschatz mitsamt der 1000 Jahre alten Stephanskrone vergraben und später den einrückenden Amerikanern übergeben. Im Jahre 1978 kam der Kronschatz wieder nach Ungarn zurück.
Der Weg führt weiter um den Schlossberg und kommt dem glasklaren See immer näher. An einer gut erkennbaren Stelle sind besonders schöne Fossilien aus der Helvetischen Phase zu sehen (2,9 km). Der Schlossberg stammt ja, wie der Wartsteinrücken auch, aus dieser erdgeschichtlichen Epoche. Der 40 bis 55 Millionen Jahre alte Nummuliten-Kalksandstein ist widerstandsfähiger als die Schichten der umgebenden Flyschzone und ist, geologisch betrachtet, der letzte Sporn der Alpen. Zum Schluss verläuft der interessante Weg schließlich noch zum Freilichtmuseum Bajuwarendorf, das anlässlich einer Landesausstellung errichtet wurde. Von hier sind es nur einige Minuten zum Marktplatz bzw. zurück auf den Parkplatz (3,5 km).

Das Bajuwarendorf in der Weyerbucht ist
der ideale Rahmen für viele Veranstaltungen.

9 Im Teufelsgraben

Der Teufelsgraben im nördlichen Flachgau ist eine interessante Erscheinung. Er heißt angeblich so, weil nach Unwettern im Graben oft der Teufel los ist. Aber wer würde schon hier in der sonst so sanften Seenidylle solch eine imposante Wasserfallstufe vermuten? Der Wildkar-Wasserfall ist nicht die einzige Sehenswürdigkeit. Am Rundweg (entweder 1,5 oder 2,5 km) sind 17 Stationen beim Schauen und Staunen behilflich. Etwas außerhalb, beim Paulsepplbauern in Webersberg, kann ein Brechelbad besichtigt werden, in dem früher das bäuerliche Leinengewand hergestellt wurde. Es gibt für jeden etwas rund um dieses Naturparadies im Teufelsgraben. Vom Hochseilpark bis zur urgemütlichen Seeblick-Liege ist alles zu finden.

Die geologischen Verhältnisse und die Kraft des Wassers ließen den imposanten Wildkar-Wasserfall entstehen. Der Moorbach grub sich so lange in die eiszeitliche Moränenlandschaft ein, bis er auf eine harte Gesteinsstufe stieß. Worüber unser Auge staunt, ist für die Mühlenbetreiber ein Grund zur Freude. Die Geschichte der Kugelmühle beim Wildkar-Wasserfall im Teufelsgraben lässt sich bis in das Jahr 1647 zurückverfolgen. Die an historischer Stelle im Jahr 1983 wieder errichtete Mühle geht auf eine Initiative des Grundeigentümers Hermann Rosenstatter zurück. Seither läuft das Werkl

Schwierigkeit	leicht
Steigung	80 hm
Länge	3 bis 4,3 km
Gehzeit	1 ½ bis 2 Std.
Einkehr	Röhrmoosmühle, Familie Gruber, Tel. +43 (0)6217 7318.
Anreise	A 1, Abfahrt Salzburg Nord. Auf der Mattseer Landesstraße nach Obertrum, beim zweiten Kreisverkehr Richtung Seeham. 1 km vor Seeham in Matzing nach links zum Parkplatz bei der Tobelmühle abzweigen. **Öffentlicher Verkehr:** Bus 120 ab Bhf. Salzburg bis Haltestelle Seeham-Matzing
Extratipp	Brechelbad-Museum Paulsepplgut, Besichtigung mit Voranmeldung, Tel. +43 (0)6217 5349; Mühlenführungen Röhrmoosmühle Tel. +43 (0)6217 7318; Vorführungen Kugelmühle unter www.kugelmuehle.at

und der Kugelmüller lässt sich bei seiner Arbeit auch gerne über die Schulter schauen. Die Marmorrohlinge werden in eine grob-runde Form gebracht und dann in der Mühle weiterverarbeitet. Die kleinen Kugeln mit einem Durchmesser bis 2,5 Zentimeter sind nach 12 bis 18 Stunden fertig, die sechs Zentimeter großen brauchen schon bis zu vier Tage. Der Verwendungszweck war recht unterschiedlich: Die marmorierten Kugeln kamen als Munition zum Einsatz oder wurden als Schiffsballast verwendet, und natürlich waren sie zu jeder Zeit ein beliebtes Kinderspielzeug. Gegen Ende des 18. Jahrhunderts waren in Salzburg noch 49 Mühlen in Betrieb. Die am Wildkar-Wasserfall erzeugten Murmeln sind

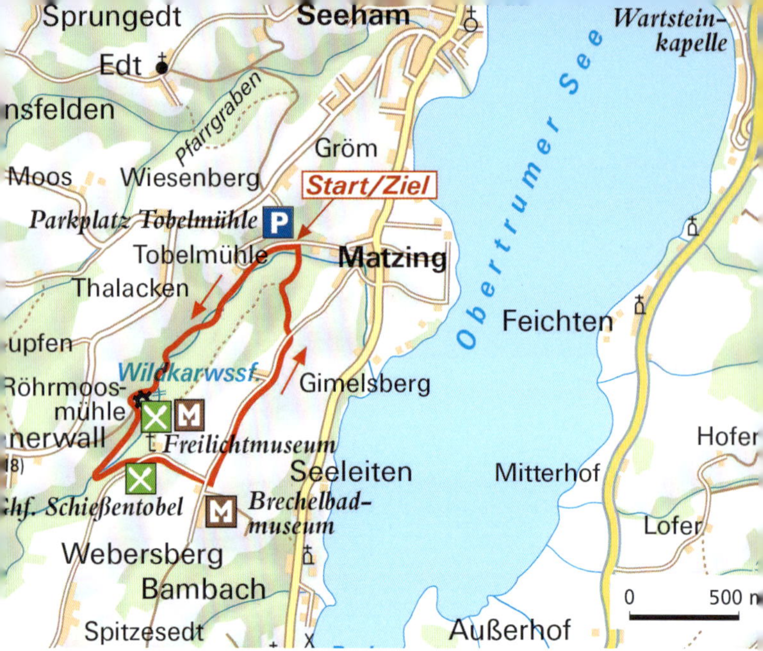

in der Röhrmoosmühle oder im Informationsbüro Seeham, Dorf 12, erhältlich.

Während die Wirkungsweise der Kugelmühle leicht zu durchschauen ist, bedarf es beim Brechelbad schon näherer Erklärungen. In den Holzhütten abseits der Höfe wurde Flachs gedörrt und dann gebrochen, um daraus die wertvolle Leinenfaser zu gewinnen. Weil es dabei recht hitzig zuging, fand das Brechelbad auch als bäuerliches Schwitzbad, ähnlich der heutigen Sauna, Verwendung. Der sittenstrengen Obrigkeit war das ein Dorn im Auge, im Jahre 1736 wurde ein Badeverbot erlassen.

Nach dem Brecheln mussten noch die feinen Holzsplitter aus dem Flachsbündel entfernt werden. Im letzten Arbeitsgang vor dem Spinnen wurde der langfaserige Flachs durch eine Hechel gezogen, das ist ein Brett mit langen spitzen Stahlstiften. Brechelbäder gab es früher bei jedem größeren Bauernhof. Noch in der Mitte des 20. Jahrhunderts standen alleine in der Gemeinde Seeham 14 Brechelbäder. Das Brechelbad zu Webersberg wurde nach einem Brand im Jahre 2014 vom Besitzer, dem Paulsepplbauer Hans Steiner, mit viel Aufwand wieder aufgebaut. Im Brechelbad ist ein kleines Museum untergebracht, hier finden aber auch, vom Konzert bis zum Theater, verschiedene Veranstaltungen statt.

Der Wildkar-Wasserfall besteht aus zwei Felsstufen.

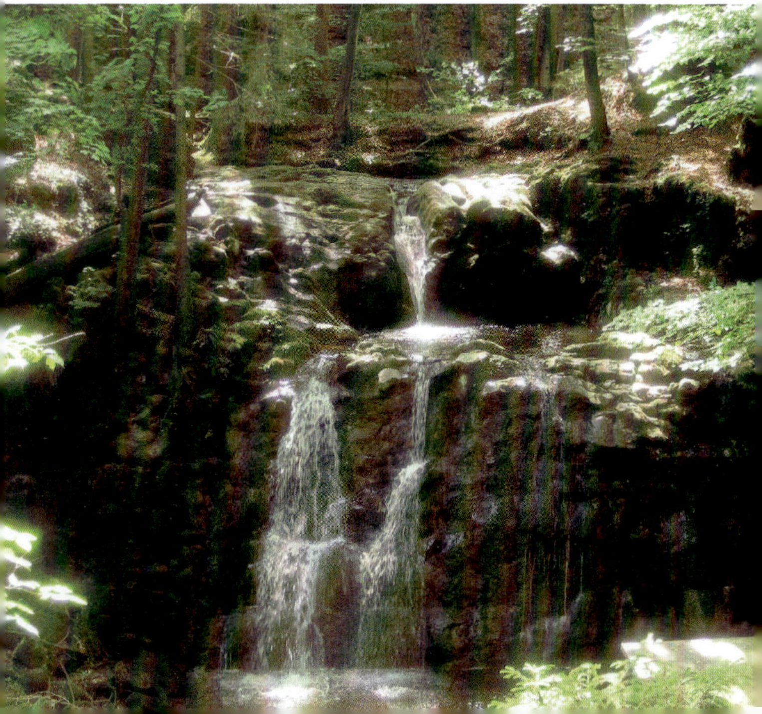

Von Matzing durch den Teufelsgraben zum Brechelbad-Museum

Ausgangspunkt der Runde durch den Teufelsgraben ist der Parkplatz bei der Tobelmühle oder die Haltestelle in Matzing (zusätzliche Gehzeit 15 Min.). Gleich zu Beginn verdienen die tollkühnen Baumkletterer Beachtung, die im spektakulären Hochseilgarten unterwegs sind. Das surrende Geräusch über unseren Köpfen stammt von der Hochseilrutsche, die mit 600 Metern zu den längsten in Europa gehört. In Bauchlage sausen die gut gesicherten Überflieger mit bis zu 70 km/h über die Baumwipfel. Am Boden geht es gemächlicher zu, aber auch hier gibt es bei den verschiedenen Stationen Erstaunliches zu entdecken: Die Höhe der Riesenbäume, der Blick unter die Wasseroberfläche und dann als Höhepunkt natürlich der zum Naturdenkmal erklärte Wildkar-Wasserfall (1 km). Über zwei Stufen stürzt er herab, die obere acht, die untere 12 Meter hoch. Wir folgen dem Bachverlauf und treffen auf die Röhrmoosmühle. Die Familie Gruber betreibt die Mühle, in der auch die Dauerausstellung „Vom Korn zum Brot" gezeigt wird. Von der Qualität der Bio-Produkte überzeugt man sich am besten in der gemütlichen Stube oder im Gastgarten mit Blick auf die glücklichen Hühner und Hoftiere. Der Weg folgt weiter dem Teufelsgrabenbach, führt dann aber links abzweigend bergauf. Am Ende der Steigung (1,8 km) öffnet sich der herrliche Blick auf das Seengebiet und auf den Weiler Webersberg, in dem das Brechelbad steht.

Vom Brechelbad in Webersberg nach Matzing

Der Abstecher zum Brechelbad zahlt sich aus, vor allem wenn der Hausherr zugegen ist und durch die Räume führt. Das Holzhaus steht am unteren, dem See zugewandten Rand der Hofgruppe (2,2 km). Mit großem Aufwand und mit den besten Handwerkern wurde das ursprüngliche Gebäude, das nach einer Silvesterfeier ein Raub der Flammen wurde, aus alten Originalteilen wieder aufgebaut. Eine wahre Pracht ist auch der Bauerngarten beim Wirtschaftsgebäude. Für den Rückweg gibt es nun zwei Möglichkeiten. Entweder wir wandern wieder auf die Anhöhe zurück und folgen dem Rundweg hinab in den Teufelsgraben. Oder wir bleiben gleich auf der kaum befahrenen Zufahrt, die sehr aussichtsreich und sonnig nach Matzing (grünes Schild) zurückführt (3,8 km). Diese Variante ist vor allem für die Busfahrer interessant, da der Weg direkt zur Haltestelle führt.

Kollektive Nahrungssuche im Teufelsgrabenbach.

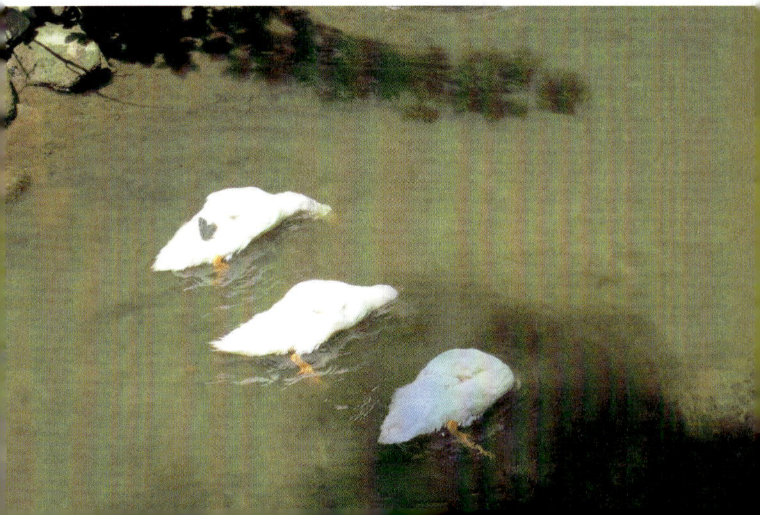

10 Am Tannberg

Der Tannberg überschreitet zwar kaum die 800-Meter-Marke, aber schon der große Alpinist und Kilimandscharo-Bezwinger Ludwig Purtscheller (1849–1900) bezeichnete ihn als sehr lohnende Partie. Dabei gab es damals noch gar nicht die köstlichen Knödelgerichte im Berggasthof, die so wunderbar in das Innviertler Grenzgebiet passen. Wenn die Runde von Köstendorf über Tannham Lust auf mehr, bzw. auf See macht, dann ist ein Bad im nahen Wallersee sicher auch noch ein weiterer Höhepunkt.

Schwierigkeit	leicht
Steigung	250 hm
Länge	6,4 km
Gehzeit	2 ½ Std.
Einkehr	Gasthaus Tannberg, Schleedorf, Tel. +43 (0)6216 6581, www.tannbergwirt.at.
Anreise	A 1, Abfahrt Wallersee. Von Eugendorf nach Seekirchen, dort nach dem Kreisverkehr rechts über die Seekirchner Landesstraße in das Zentrum Köstendorf. Parkplätze bei der Volksschule. **Öffentlicher Verkehr:** ab Bhf. Salzburg mit der Bahn bis Bhf. Neumarkt, dann Bus 132 bis Köstendorf Ortsmitte

Wie der Name Tannberg schon vermuten lässt, handelt es sich bei dieser sanften Erhebung um einen hauptsächlich von

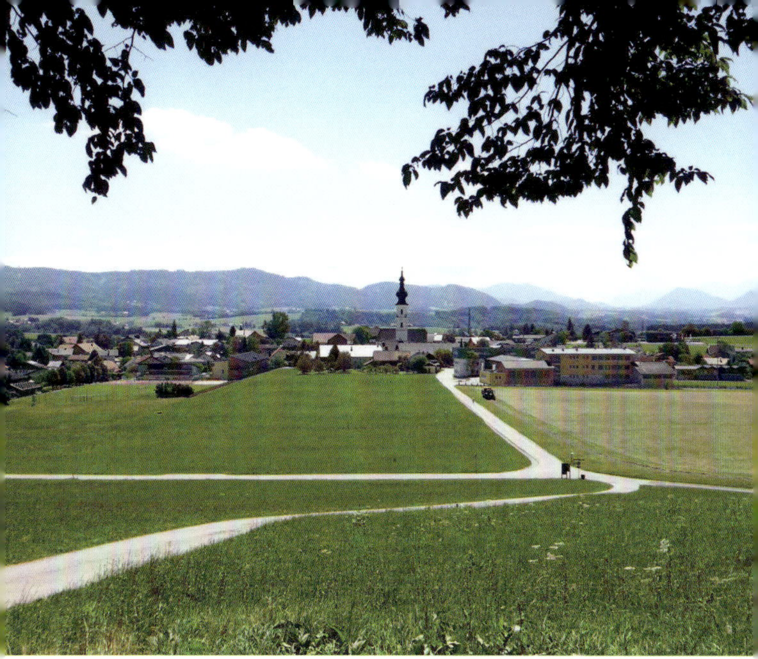

Bei dieser Kreuzung oberhalb von Köstendorf schließt sich die Wanderrunde wieder.

dunklen Nadelbäumen bewachsenen Waldberg. Aber nicht nur: Beinahe ganz oben befindet sich auf einer freien Hangfläche der uralte Hof Gottswinden, und auch dieser Hofname erlaubt interessante Rückschlüsse auf die Gegebenheiten. Meist bläst ein angenehmer Ostwind, der die kleine Bergtour auch im Hochsommer zu einem feinen Erlebnis werden lässt. Der Gipfel selbst ist für seine Fernsicht und für die köstlichen Knödel berühmt, die dort oben serviert werden. Beides zusammen ist unschlagbar, vom Gastgarten aus öffnet sich ein Blick bis zum Alpenhauptkamm. Verantwortlich für diese wanderfreundliche Landschaft waren bis vor 12 000 Jahren

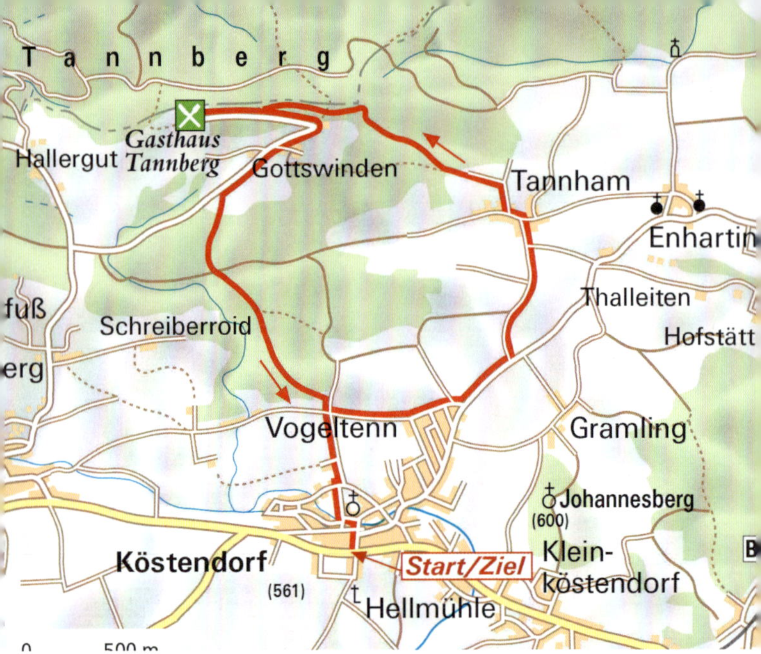

die Gletscher der Eiszeiten, die, abgesehen von vielen warmen Zwischenperioden, über Jahrmillionen das wahrhaft prägende Element darstellten.

Ideale Voraussetzungen fanden auch schon die Menschen der Hallstattzeit (800–450 v. Chr.). Am Tannberg wurden fünf Gräber aus dieser Epoche entdeckt. Äußerst beliebt war die Region ebenso unter den wohlhabenden römischen Bürgern. Zwischen Juvavum, wie Salzburg zur Römerzeit hieß, und dem Tannberg gibt es eine ganze Reihe römischer Landvillen, die alle nach einem ähnlichen Schema errichtet wurden. Im kleinen Ort Tannham etwa, durch den unser Streifzug führt, wartet so eine luxuriöse Anlage, gut geschützt unter der Erdoberfläche, auf eine genauere Untersuchung. Der Ortsname

Tannham weist allerdings auf die bajuwarischen Siedler hin. Die alten Ortsnamen mit der Endung „ham“ stammen alle aus dem 6. Jahrhundert. Trotzdem hielt sich im Flachgau interessanterweise die romanische neben der deutschen Sprache bis in das 11. Jahrhundert hinein. Der Flachgau war also abschnittsweise bis ins Hochmittelalter zweisprachig!

Von Köstendorf über Tannham auf den Tannberg

Ausgangspunkt ist der schmucke Dorfplatz in Köstendorf. Von hier wandern wir linker Hand an der Kirche vorbei, dann zum Gemeindeamt und schließlich entlang der Volksschule schnurgerade hinauf zu einer Weggabelung. Hier zweigen wir nach rechts ab und folgen der Hochwiesstraße. Dieser Verbindungsweg führt durch den Köstendorfer Ortsteil Vogltenn und mündet in die Gemeindestraße ein (1 km). Wir folgen dieser 500 Meter und zweigen dann nach links Richtung Tannham ab (1,9 km). In diesem Weiler befand sich einst eine großzügige Villa rustica, ein römisches Landhaus. Aber auch die Höfe unserer Tage können sich sehen lassen. Zwischen ihnen steht ein beinahe wie ein Spielzeug wirkendes kleines Zeughaus – hoffentlich bricht hier nie ein großer Brand aus. Nun sind die großen Tannbergschilder nicht mehr zu übersehen, zusätzlich zeigt der Arnoweg die richtige Route an. Durch Mischwald geht es bergan, kurz vor dem Berggasthof mündet der Waldweg in die Zufahrtsstraße ein (3,1 km).

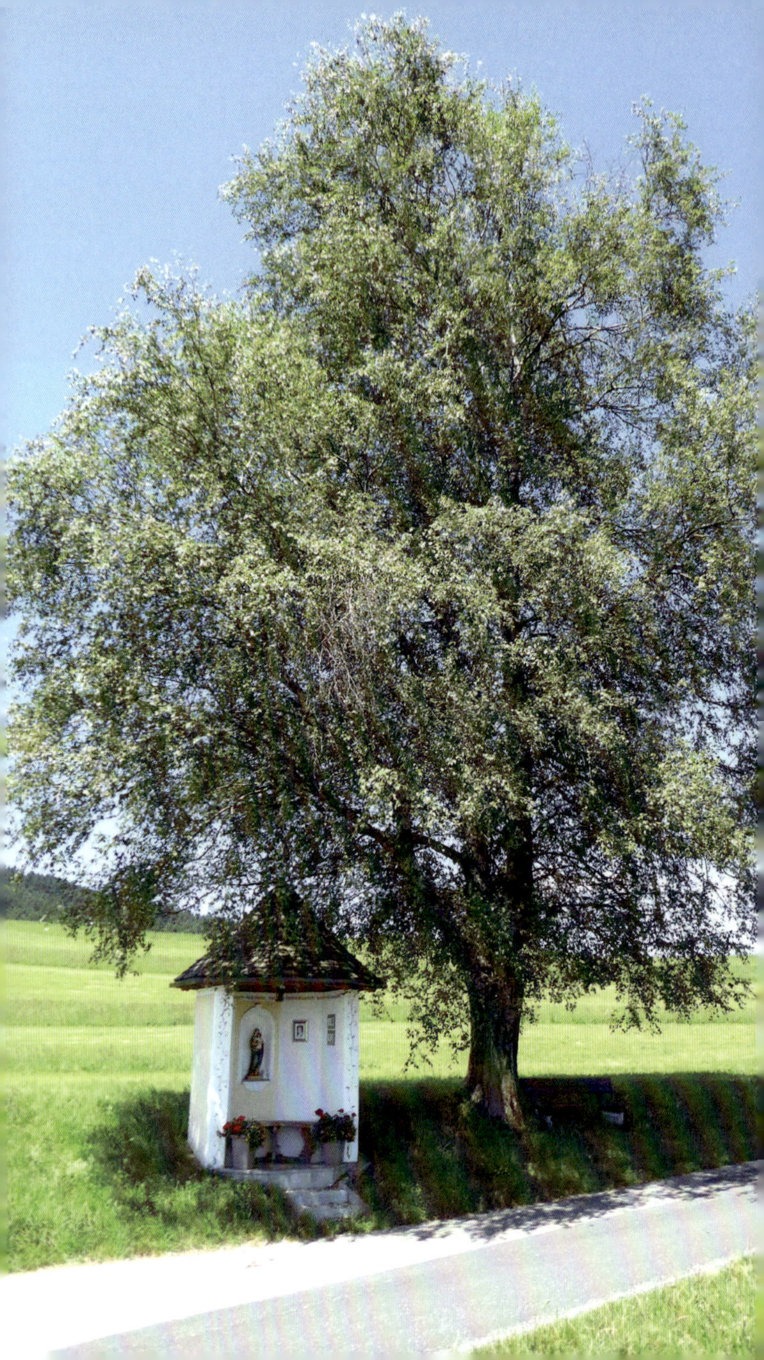

Vom Gasthaus Tannberg über Gottswinden nach Köstendorf

An klaren Tagen eröffnet sich von der Gastgartenterrasse am Tannberg ein fantastischer Fernblick, der über die sanfte Seenlandschaft bis zu den schneebedeckten Dreitausendern reicht. Der Abstieg verläuft wie beim Herweg entlang der Zufahrt, folgt dann aber auch nach der scharfen Rechtskurve dem Straßenverlauf. Am schönen Hof Gottswinden vorbei wandern wir einen knappen Kilometer, bis das gelbe Wegschild die Abzweigung „Köstendorf K 2“ nach links vorgibt (4,8 km). Der folgende Abschnitt durch den dichten Wald ist stellenweise schlecht markiert, aber irgendwann treffen wir auf jeden Fall auf die querende Forstraße. Entlang dieser geht es nach links und nun mit dem Literaturpfad zurück zur bereits bekannten Weggabelung oberhalb der Schule Köstendorf (6,2 km). Der insgesamt 3,6 Kilometer lange Literaturweg erinnert mit zwölf Schautafeln an den Schriftsteller und Erzähler Franz Braumann, der hier in Köstendorf lebte und arbeitete.

Eine neu errichtete Wegkapelle vor Tannham.

11 Von Pfongau nach Sommerholz

Urlaub im Vorgarten der Stadt Salzburg. Von dieser Art der Sommerfrische machten schon die römischen Einwohner Gebrauch, was durch eine genau erforschte Villa rustica im Gewerbegebiet Pfongau recht gut dokumentiert ist. Die Runde von Pfongau Richtung Sommerholz ist aber auch bei weniger idealen Verhältnissen lohnend, denn die Route verläuft beinahe zur Gänze auf gut befestigten Zufahrtsstraßen. Zwei originelle Einkehrstationen machen die Runde auch zu einem kulinarischen Vergnügen.

Schwierigkeit	leicht. Ideal auch bei Wetterlagen, die eine feste Weganlage sinnvoll erscheinen lassen.
Steigung	max. 200 hm
Länge	max. 9,2 km
Gehzeit	2 ½ –3 Std.
Einkehr	Tonis Bauernschenke beim Greischbergerhof, Tel. +43 (0)6216 6053, www.greischbergerhof.at; Lengroider Mostheuriger, Tel. +43 (0)6216 6139, www.lengroider-mostheuriger.at.
Anreise	A 1, Abfahrt Wallersee. Auf der B 1 Richtung Straßwalchen. 2 km vor Steindorf Richtung Pfongau abzweigen und den Schildern „Tonis Bauernschenke“ oder „Lengroider Mostheuriger“ folgen. Parkpl. beim Greischbergerhof. **Öffentlicher Verkehr:** Bus 130 ab Salzburg Hbf. bis Steindorf Ortsmitte (2 km zusätzlich)

Die Gegend rund um Pfongau erfreute sich auch schon bei den römischen Siedlern größter Beliebtheit. In der Hochblüte des römischen Reiches nutzten die wohlhabenden Stadtbewohner Juvavums die lange friedliche Phase zwischen dem ersten und dem dritten Jahrhundert und investierten ihren Reichtum in Grund und Boden. Die Zinswirtschaft, wie wir sie kennen, war noch unbekannt, das Geld sollte auf den Feldern Früchte tragen. Solch eine *Villa rustica* eines wohlhabenden Bürgers der Stadt Juvavum, dem römischen Salzburg, befindet sich unter dem Gewerbegebiet Pfongau. Durch glückliche Umstände ergab sich hier im nördlichen Flachgau nahe Neumarkt die Möglichkeit zu genaueren archäologischen Grabungen, bevor die Lücke im Gewerbegebiet wieder geschlossen wurde. Das Zeitfenster war nicht allzu groß, aber doch ausreichend für eine umfassende Bestandsaufnahme: Vom Ziegel- bis zum Brotofen, von großen Ställen bis zum komfortablen Wohntrakt ist alles vorhanden. Das heißt vorhanden etwa 30 Zentimeter tief unter der Oberfläche als die Reste der Fundamente. Aber die Archäologen hauchen den unscheinbaren Steinwällen neues Leben ein. Die Spurenleser können aus den Abdrücken bei der Ziegelbrennerei erkennen, welche Haustiere am Hof lebten, sie errechnen aus den Mauerresten eine beachtliche Giebelhöhe von 13 Metern und sie finden zwischen den Steinblöcken filigrane Alltagsgegenstände, wie ein Schreibgerät. Mit diesem Griffel wurden Wachsplatten beschriftet, die auch wieder gelöscht und weiter verwendet werden konnten. Sozusagen ein erster Vorläufer der heutigen Smartphones.

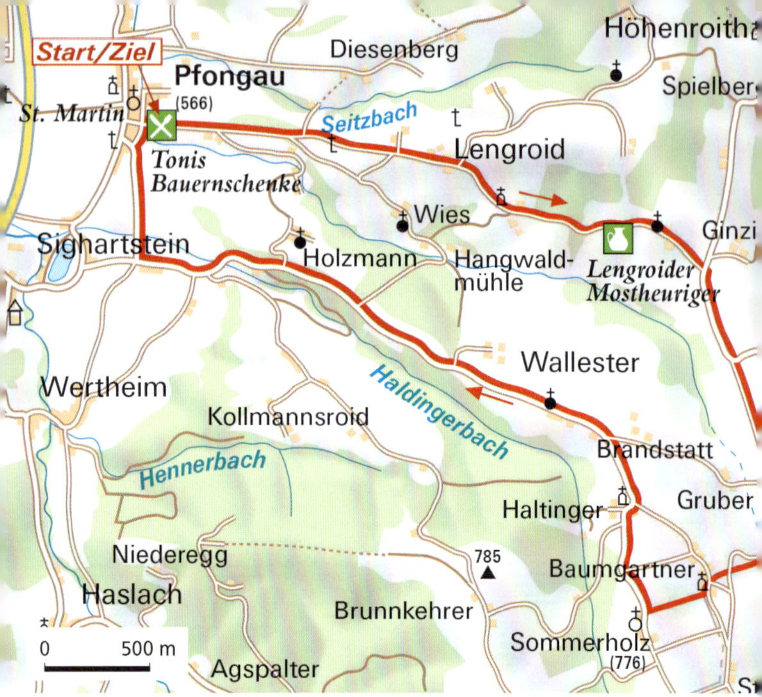

Von Tonis Bauernschenke zum Lengroider Mostheurigen und retour über Sommerholz

Wie es sich für einen Weg gehört, der im Zeichen der Pilgerschaft steht, können wir vor dem eigentlichen Start noch einen Blick in die Pfongauer Filialkirche St. Martin werfen. Auch beim nahen Greischbergerhof, dem Ausgangspunkt, sind Pilger herzlich willkommen. Die Route folgt dem Pilgerweg und damit der wenig befahrenen Zufahrt. Mit herrlichem Blick auf den Wallersee geht es leicht bergansteigend zu einer weiteren überaus gemütlichen Einkehr (2,2 km). Unter den alten Obstbäumen stehen einfache Sitzgelegenheiten, dazu werden die Köstlichkeiten direkt vom Hof aufgetischt, vielleicht auch

noch ein Gespräch mit netten Sitznachbarn – beim Lengroider Mostheurigen könnte die Welt nicht schöner sein.
Die schmale Straße bergauf dreht nun Richtung Süden. Bei einer Abzweigung führt eine kürzere Variante nach rechts zum Brandstatthof. Die eineinhalb Kilometer längere Route folgt dem Pilgerweg zur malerischen Kirche St. Georg in Sommerholz (4,8 km). Wer will, kann sich den schweren Schlüssel beim benachbarten Peterbauern holen. Der Rückweg führt mit dem Weg N 6 über Brandstatt und Wallester (6 km) hinab zur Gärtnerei Trapp (8,2 km). Wenig später schließt sich unsere Runde rechts abzweigend bei der Kirche in Pfongau bzw. bei Tonis Bauernschenke (9,2 km).

Tonis Bauernschenke ist der passende Abschluss der Runde.

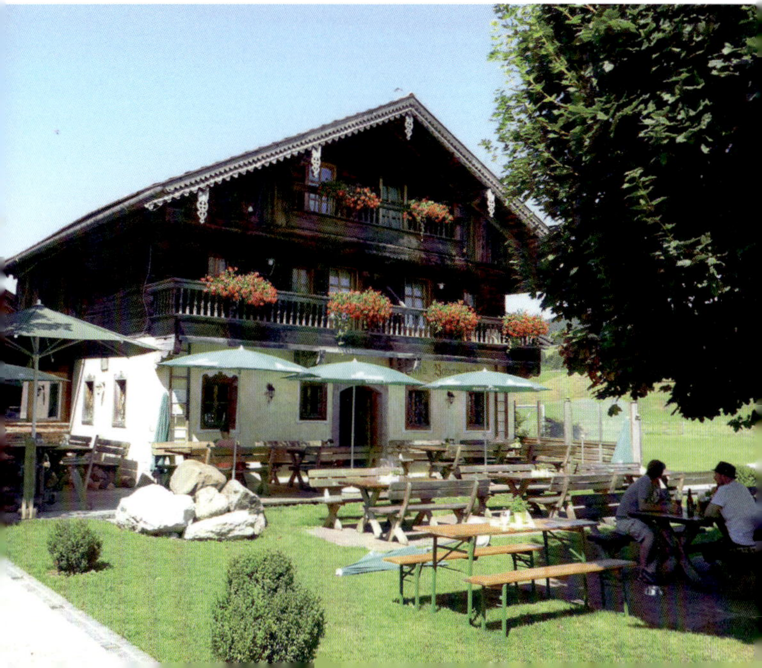

12 Zwischen Ebenau und Koppl

Wie gelangte das Koppler Moor nach Ebenau? In Form von Millionen kleiner Torfziegeln zur Befeuerung der Hammerwerke im Industrieort Ebenau. Heute ist wieder Gras über den Raubbau des 18. und 19. Jahrhunderts gewachsen: Ebenau ist ein Wanderparadies und das Koppler Moor ist ein streng geschützter Naturlebensraum. Bei der stillen Wanderung zwischen den beiden Nachbarorten können wir uns davon überzeugen.

Schwierigkeit	leicht, etwas Orientierungssinn ist aber gefragt, da nicht alle Wege markiert sind.
Steigung	130 hm
Länge	7 km
Gehzeit	2,5 Std.
Einkehr	Kirchenwirt, Koppl, Tel. +43 (0)6221 7202; Gastronomie in Ebenau.
Anreise	A 10, Abfahrt Hallein. Oder A 1, Abfahrt Thalgau und über Hof durch das Wiestal nach Ebenau. Parkplätze westlich der Wiestal-Landesstraße beim Recyclingplatz und beim Feuerwehrhaus. **Öffentlicher Verkehr:** Bus 150 ab Salzburg Hbf. bis Hof Eggerwirt, Bus 154 bis Ebenau Ortsmitte.
Extratipp	Museum im Fürstenstöckl, gegen Voranmeldung bei Wilhelm Leitner, Tel. +43 (0)664 442 2317, Walter Haberpointner Tel. +43 (0)6221 8345 oder Gemeindeamt Ebenau Tel. +43 (0)6221 7229

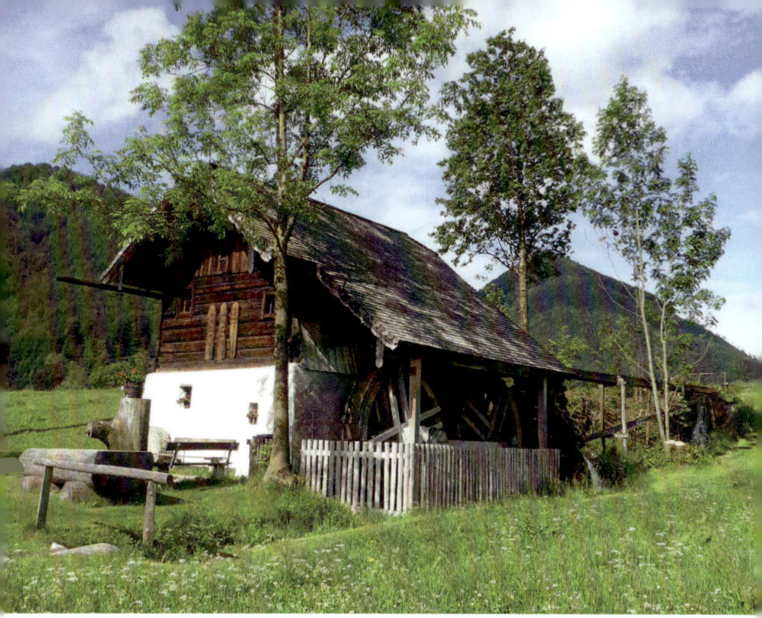

Die Waschlmühle am Ausgangspunkt der Wanderung nach Koppl.

Die beiden Gemeinden sind nur eine knappe Gehstunde voneinander entfernt, aber dazwischen liegen Welten. Oder zumindest eine Geländestufe. Das tiefer gelegene Ebenau ist von Bächen geprägt und wusste diese Wasserkraft auch immer zu nutzen. Ein bedeutendes Messingwerk, ein Eisenwerk und vor allem die vielen, bis heute noch erhaltenen Mühlen legen davon Zeugnis ab. Auch in Koppl spielt das Wasser eine wichtige Rolle, aber es ist dort ruhig und unbeweglich in den weiten Moorflächen am Fuße des Gaisbergs gebunden. Das Moor gelangte dennoch nach Ebenau. Seit 1783 wurde das Koppler Moor im großen Stil abgebaut, ein Großteil der jährlich bis zu 15 Millionen Torfziegel waren für die

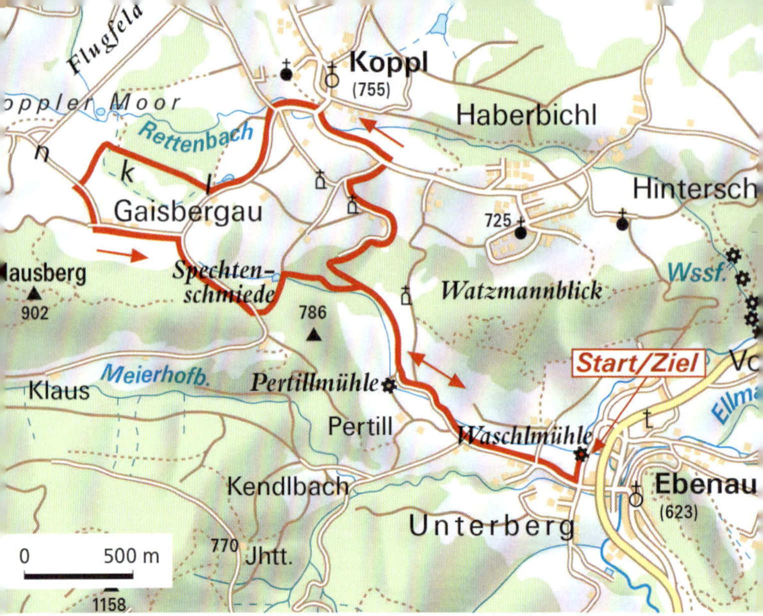

energieaufwendigen Werke in Ebenau bestimmt. Heute stehen die Reste des einstigen Hochmoores unter Naturschutz.

Von Ebenau zum Koppler Moor

Ausgangspunkt der dörferverbindenden Runde ist der Parkplatz vor der Freiwilligen Feuerwehr in Ebenau. An der noch immer funktionstüchtigen Waschlmühle aus dem Jahre 1875 vorbei, zweigt der Weg wenig später nach rechts ab, folgt vorerst dem Mühlenwanderweg 61 und führt dann Richtung Koppl. Die beeindruckende Pertillmühle am Wegesrand wurde bereits 1336 das erste Mal erwähnt und war bis 1967 in Betrieb (1,1 km). Der Wirtschaftsweg führt in den Wald und überwindet eine Geländestufe. Bald zeichnet sich der Koppler Kirchturm ab, aber die Route verläuft noch vor dem Zentrum nach links Richtung „Moorwanderweg 74“ (2,7 km). Nach 800 Metern entlang der Zufahrt in den Ortsteil Aschau zweigt der Abstecher ins Moor auch tatsächlich nach rechts in das wertvolle Feuchtbiotop ab. Auf einer gut befestigten Rampe, die früher einmal zum bequemen Torfabbau angelegt wurde, dringen wir ein Stück in diesen sagenhaften Naturraum ein. Über Jahrhunderte hinweg wurde ein Moor als unheimlicher, lebensfeindlicher und auch kaum nutzbarer Grund angesehen. Auf dieser kleinen Exkursion können wir uns vom Gegenteil überzeugen, bevor es am östlichen Moorrand links abzweigend über die Aschaustraße wieder zurückgeht (4,1 km).

Vom Koppler Moor über die Spechtenschmiede nach Ebenau

Wer auf diese halbstündige Extrarunde verzichten will, geht bei der Abzweigung in das Moor einfach entlang der Zufahrt geradeaus weiter und folgt gleich der Richtung „Spechtenschmiede“. Bei einer Weggabelung treffen die Aschaustraße und die Abkürzung wieder zusammen. Hier folgen wir also der Richtung Spechtenschmiede, die nach 600 Metern nach links abzweigt. Bei diesem überaus romantisch gelegenen Stützpunkt der Österreichischen Naturschutzjugend angelangt, können wir uns über Insektenhotels in allen Kategorien informieren oder wer möchte, kann barfuß und mit geschlossenen Augen einem speziellen Fühl-Weg folgen (5,2 km). Die Route führt an diesem, nur fallweise belegtem, Vereinshaus und am Weiher vorbei, folgt der Zufahrt einige Meter aufwärts und

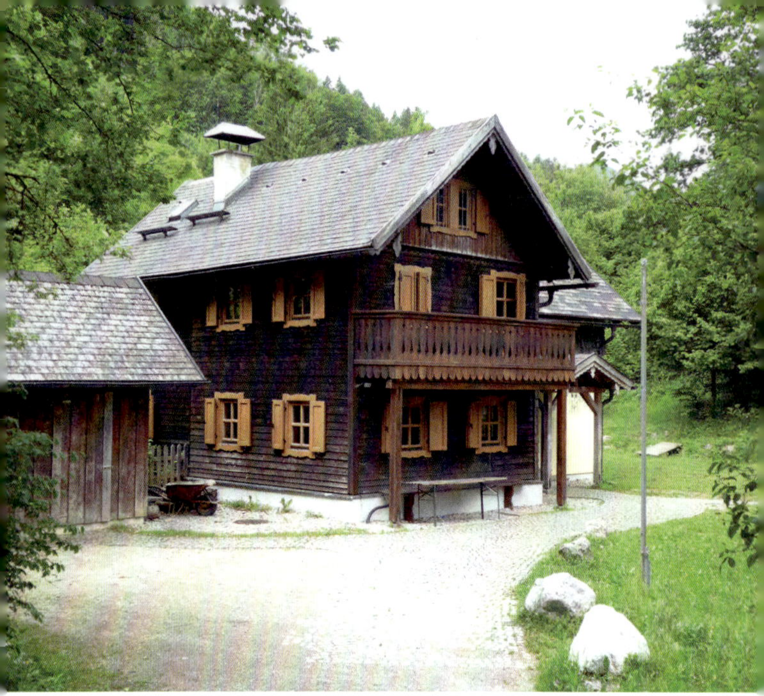

Das romantisch gelegene Naturschutzhaus Spechtenschmiede in Koppl.

zweigt dann, ohne Markierung, nach rechts in den Wald ab. Dieser Waldweg trifft wenig später auf den bereits bekannten Verbindungsweg, auf dem es rechts abzweigend zur Pertillmühle und retour an den Startpunkt geht (7 km).

Im idyllischen Ort Ebenau auf der anderen Seite der Wiestalstraße gibt es einige sehenswerte Punkte, die Sie sich nicht entgehen lassen sollten. Verblüffend ist ja schon der klammartige Bachverlauf mitten durch den Ort, aber wirklich einzigartig ist der begehbare, 53 Meter lange, historische Wasserstollen

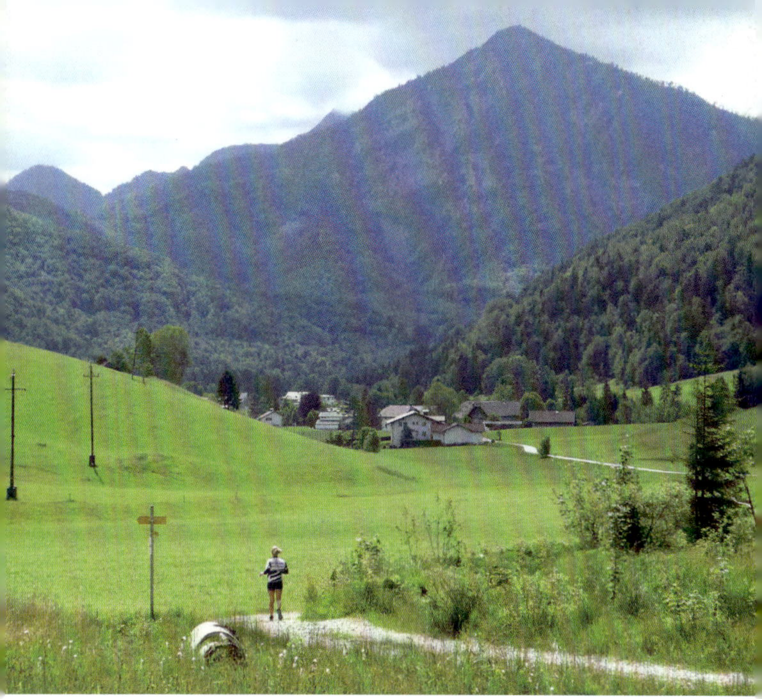

Am Weg retour nach Koppl mit Blick auf den pyramidenförmigen Ochsenberg.

aus dem 18. Jahrhundert. Durch diesen 1,80 Meter hohen Tunnel leitete man Teile des Schwarzaubaches zu den Wasserrädern des Hammerwerks. In der warmen Jahreszeit ist der Stollen geöffnet und frei begehbar, im Tourismusbüro gibt es bei Bedarf Helm und Informationen. Ganz in der Nähe befindet sich das Fürstenstöckl, in dem früher die Erzbischöfe und ihre Begleiter logierten, wenn sie Ebenau visitierten und in dem heute ein sehenswertes Museum mit Exponaten der Hammerwerke untergebracht ist.

13 Rund um den Bambichl bei Fuschl

Ein Berg mit dem liebenswerten Namen Bambichl ist bestimmt kein hochalpines Ziel. Aber Gott sei Dank ist die Höhe alleine nicht alles. Die wahre Größe liegt oft entlang des Wegs. Und da gibt es auf dieser Runde für Zwischendurch viel zu entdecken: die malerische Rumingmühle, der stolze Erbhof Bambichl und das exzentrische Red-Bull-Gebäude mitten im künstlichen See sind nur einige Höhepunkte.

Schwierigkeit	leicht
Steigung	80 hm
Länge	6 km
Gehzeit	1 ¾ Std.
Einkehr	Gastronomie im Ort Fuschl und in der Rumingmühle, Infos über Bewirtschaftungszeiten der Mühle im Tourismusbüro, Tel. +43 (0)6226 838418.
Anreise	A 1, Abfahrt Thalgau. Nach Hof und auf der B 158 (Wolfgangseestraße) nach Fuschl. Parkplatz rechts direkt an der B 158 in Höhe Fuschl. **Öffentlicher Verkehr:** Bus 150 ab Salzburg Hbf. bis Haltestelle Fuschl Ortsmitte

Der Salzkammergut-Ort Fuschl tut viel für seine Gäste. Die 600 Meter lange Sommerrodelbahn sorgt für erhöhten Adrenalinspiegel, die Rumingmühle nicht weit davon verspricht Entspannung pur. In den Sommermonaten finden hier regelmäßig

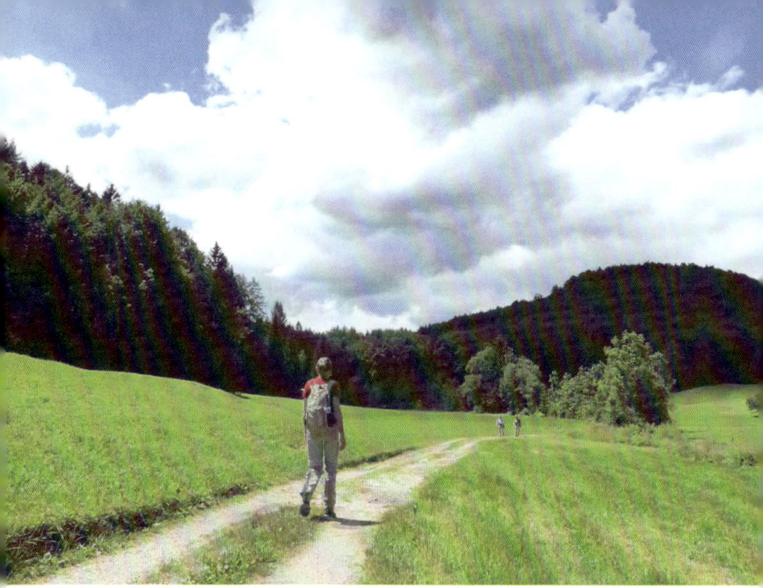

Der Weg von der Rumingmühle Richtung Bambichl.

Brotbackkurse statt. Aber auch ganz ohne Programm ist die Mühle ein feiner Ort zum Verweilen. Gegen müde Füße hilft das Kneippbecken im Mühlenbach. Die kleinen Wandermäuse werden sich hier der Zwergenschar auf der anderen Wegseite zuwenden. So findet eben jeder seine passende Welt.

Die Welt der Mühlen ist leider nur noch in Bruchstücken vorhanden. Durch die weitgehende Umstellung von der Körndl- auf die Hörndlwirtschaft verloren die vielen Mühlen im Land Salzburg an Bedeutung. Da macht auch die 1872 erbaute Mühle des Ruminghofbauern in Fuschl keine Ausnahme. Aber bei der Rumingmühle trat der große Glücksfall ein, dass Paul Bruckmoser, einer der letzten Bauernmühlen-Erbauer im Land Salzburg, auf das alte Werkl am Weißenbach

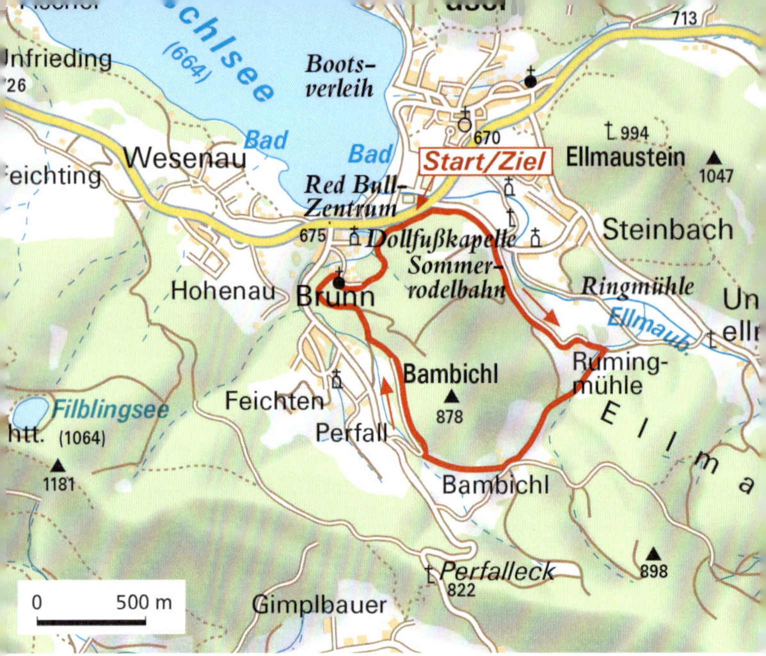

aufmerksam wurde. Als gelernter Zimmermann beherrschte er die Herstellung von neuen Mühlrädern in allen Größen. So wurde die Mühle vor dem drohenden Verfall gerettet. Einen anderen Aspekt zum Erhalt der Mühlen als den touristischen formuliert ein Bauer aus Krispl: „Wenn die Zeiten schlechter werden, dann baue ich wieder an und mahle mein Getreide selber." Das Holz zum Bauen, das Wasser zum Betreiben, das Saatgut und natürlich das nötige Wissen werden ja hoffentlich immer zur Verfügung stehen.

Von Fuschl zum Erbhof Bambichl

Ausgangspunkt ist der Parkplatz an der Bundesstraße in Höhe der Ortschaft Fuschl. Entlang der Zufahrt geht es an der

Sommerrodelbahn vorbei dem Weg 27 folgend zur Rumingmühle (1,1 km). Einmal in der Woche, am Dienstagnachmittag wird Brot gebacken, das kleine Kneippbecken hingegen steht jederzeit zu Erfrischungszwecken bereit. Der Weg folgt dem Bach weiterhin flussaufwärts. Bei der nächsten Gabelung verläuft die markierte Route „Bambichl-Laufstrecke“ dann nach rechts zu einem Hof und mündet links abzweigend in den Wald. Über einige Höhenmeter geht es hinauf zu einem freien Sattel (2,5 km). Hier auf dem höchsten Punkt der Runde thront stolz und erhaben der prachtvolle Bambichlhof, so wie es sich eben für einen Erbhof gehört, der seit zumindest 200 Jahren im Familienbesitz steht. Der Bambichlhof ist aber viel älter. Das Stift Laufen wird in einer frühen Urkunde als Grundherr erwähnt. Damit ist Bambichl der einzige Hof in Fuschl, der sich im Besitz von Stift Laufen befand.

Vom Erbhof Bambichl nach Fuschl

Wir wandern an den Hofgebäuden vorbei und folgen dann auf der anderen Seite der Kuppe dem markierten Weg 22 nach rechts. Leicht talwärts verlaufend führt dieser wieder in den Wald. Kurz vor dem auffallenden Red-Bull-Gebäude zweigt eine straßenfreie Variante (Schild „Dollfußkapelle“) nach rechts ab (4 km). Dieser schmale Steg führt mit einem geringen Gegenanstieg dicht an den Hang geschmiegt zur Straßenkapelle aus den 1960er-Jahren. Direkt daneben befindet sich der Parkplatz. Zum Ausgangspunkt gelangen wir aber auch über die flache Variante, die auf einem Gehweg entlang

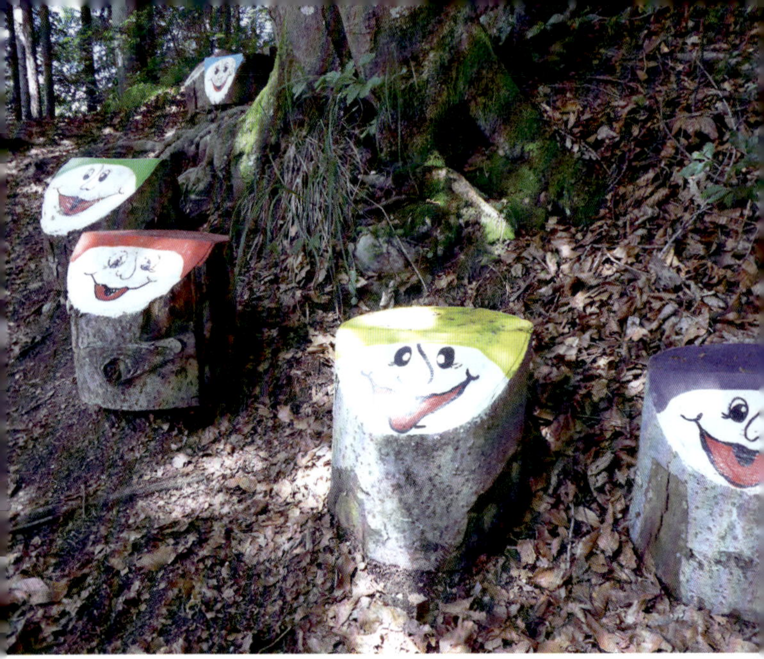

Im Zwergenreich bei der Rumingmühle.

der Bundesstraße verläuft. Augenfällig dabei ist natürlich die Architektur der Red-Bull-Zentrale vis-à-vis, die auf diese Weise einmal aus nächster Nähe betrachtet werden kann. Vierzehn überlebensgroße Bullen stürmen voller Energie und Lebensfreude durch das Wasser vor der zeltartigen Architektur. Der Künstler Jos Pirkner hat diesen fulminanten Auftritt des konzerneigenen Wappentieres inszeniert. Das Multitalent hat aber nicht nur die 80 Tonnen schweren Bullen kreiert, der Osttiroler ist für die gesamte Red-Bull-Architektur in Fuschl verantwortlich. In mehreren Etappen entstand in einem künstlichen See der Red-Bull-Vulkan mit zwei Kegeln, von denen sich der größere zum Wasser hin öffnet. Aus dieser Öffnung fließt die „Lava" in Gestalt der Bullen.

Unsere Runde könnte sich auf dem kürzesten Wege auf dem nahen Parkplatz schließen.

Sehr empfehlenswert ist aber auch noch der kurze Flanier-Abstecher in den Ort Fuschl mit den netten Einkehrmöglichkeiten direkt am See. Durch die Unterführung geht es in diesem Fall zurück auf die andere Bundesstraßen-Seite zum Ausgangspunkt (6 km).

Die Bullen stürmen Richtung Fuschlsee.
Oder nach Elsbethen in die neue Red-Bull-Zentrale?

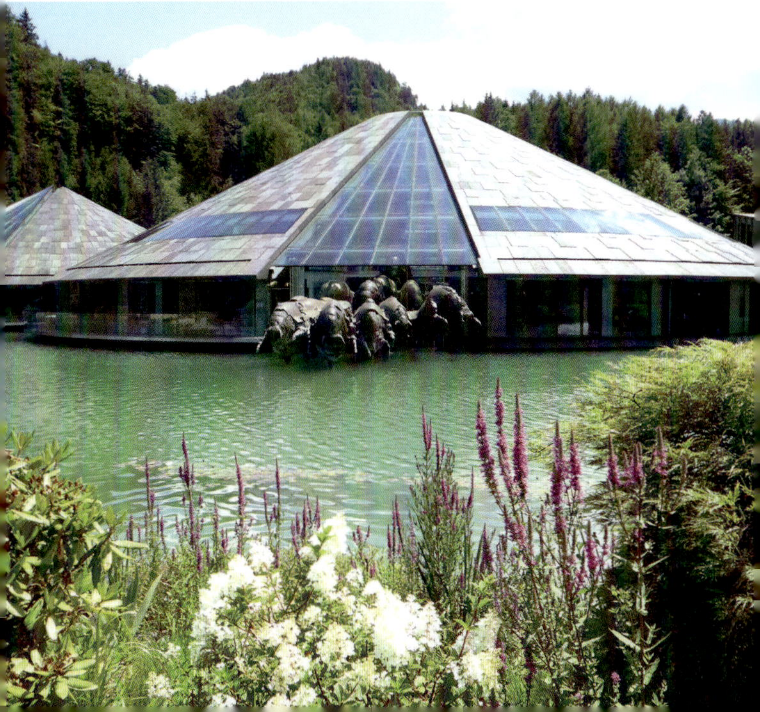

14 Die Illingeralmrunde

Was die Größe betrifft, ist der Illingerberg mit 1479 Meter Seehöhe kein besonders auffallender Berg. Was die Aussicht anbelangt, ist die Erhebung über dem Wolfgangsee aber sehr wohl herausragend. Der Panoramablick reicht vom Toten Gebirge über den Dachstein bis zu den markanten Gipfeln der Berchtesgadener Alpen. Kein Nachbarberg stört den weiten Blick. Wenn man sich am Ende der Runde dann satt gesehen hat, rücken die herrlichen Almwiesen in den Mittelpunkt, über die der Weg zurück zur Illingerbergalm führt.

Schwierigkeit	mittel
Steigung	250 hm
Länge	6 km
Gehzeit	2 Std.
Einkehr	Illingerbergalm, Tel. +43 (0)664 1991210, www.illingerbergalm.at
Anreise	A 1, Abfahrt Thalgau. Nach Hof und auf der B 158 über St. Gilgen Richtung Strobl. 5 km nach St. Gilgen, beim Gasthof Gamsjaga rechts nach Brunn abzweigen. Nach 900 Metern beginnt eine Mautstraße (6 € in Münzen). Nach 8 km Parkplatz Illingerbergalm

So unscheinbar der Illingerberg am südlichen Ende des Zwölferhorngebiets auch ist, für die Geologen eröffnet sich hier

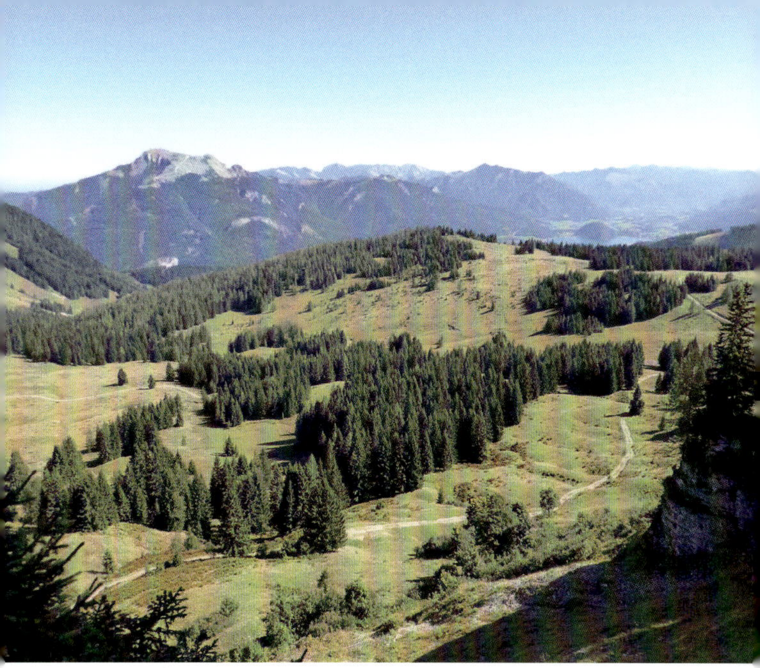

Das weitläufige Illingeralmgelände, dazu der markante Schafberg links am Horizont.

eine ergiebige Fundgrube. Denn dieser Berg war ein Korallenriff, das sich vor rund 200 Millionen Jahren im Urmeer Tethys befand. Während unserer Riffwanderung über den Illingerberg lassen sich im Kalkgestein mit etwas Glück noch einige versteinerte Muschelschalen und Korallen entdecken. Interessant ist auch der Aufbau dieses Inselberges: Das Korallenriff liegt auf Plattenkalk auf, im Laufe der Kammwanderung überqueren wir noch Mergel, bunte Kalke und auf der Bergspitze Radiolarit. Diese Gesteine sind alle im Jura vor 200 bis 145 Millionen Jahren entstanden. Aber zurück in die heutige Zeit. Die Almwirtschaft auf der 228 Hektar großen

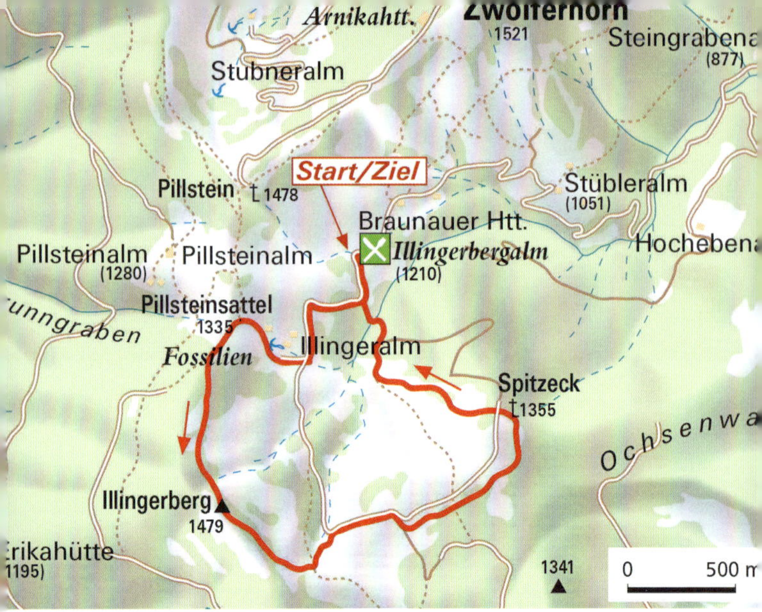

Illingeralm könnte nicht gedeihen, wenn die Weiden nicht so aufwendig gepflegt werden würden. Was unser Auge so erfreut, ist oft mit harter Arbeit verbunden. Einige Info-Tafeln entlang des Weges gehen darauf ein.

Von der Illingerbergalm auf den Illingerberg

Nach der Auffahrt über die Mautstraße startet unsere Runde auf dem Parkplatz vor der Illingerbergalm (1 210 m). Wir folgen der gut beschilderten Illingeralmrunde, die sich am mäßig ansteigenden Wirtschaftsweg orientiert. Fünfzehn Gehminuten später gabelt sich die Runde in den links abzweigenden Weg Richtung Spitzeck und die rechts verlaufende Variante Richtung Zwölferhorn. Wir folgen dem Weg 855 nach rechts und gelangen so zur herrlich gelegenen Illingeralm (1 km). Am

Zaun entlang führt der Weg zu einer kurzen Steilstufe, über die es auf den flachen Pillsteinsattel (1335 m) geht. Von hier aus öffnet sich nun der Blick auf die westlich gelegene Bergwelt: ganz nahe gegenüber der Faistenauer Schafberg, weit im Hintergrund die Berchtesgadener Alpen mit Göll, Watzmann & Co. Der links abzweigende Weg verläuft zunächst noch flach über die Weide, es bleibt also genug Gelegenheit zum Schauen und Staunen. Später wird der Weg etwas steiler, auch mehr Wurzelwerk und Steinblöcke kommen dazu, aber das Wandern am Kamm entlang ist immer höchster Ge*h*nuss. Der Gipfel selbst ist dann ziemlich unspektakulär, eine Aussichtsbank, ein kleines Taferl, das auf den höchsten Punkt verweist (2,2 km). Aber da ist ja noch der großartige Ausblick …

Vom Illingerberg über den Spitzeck zur Alm

Auch der Abstieg folgt dem Kammverlauf, diesmal aber in östlicher Richtung, später dann auf Norden drehend. Zu Beginn queren wir noch den lichten Kammwald, weiter talwärts verläuft der Pfad in einem großen Bogen hinaus auf die sanften, leicht moorigen Böden, die den rätselhaften Namen Apfelkoch tragen. Mit wenig Gefälle geht es an den Fuß des kleinen Almhügels, der ebenso rätselhaft Spitzeck heißt. Ganz oben steht dann sogar ein eigenes Gipfelkreuz (1355 m, 4,5 km). Der Illingeralm-Rundweg folgt dem Wirtschaftsweg und mündet wieder in den bereits bekannten Wegteil ein. Zehn Gehminuten später stehen wir vor der Illingerbergalm (6 km) und können zwischen verschiedenen Genussplätzen wählen.

15 Rund um den Buchberg

Nein, diesmal geht es nicht um den beliebten Buchberg zwischen Mattsee und Obertrumer See, sondern gemeint ist jener kaum bekannte Buchberg zwischen Mondsee und Wolfgangsee. Dabei gleichen sich die Ziele sehr: Beide sind gerade einmal über 800 Meter hoch, und auch das stimmige Landschaftsmosaik aus Bauernwiesen, verträumten Lichtungen und Laubwäldern ist ganz ähnlich. Sogar ein geheimnisvoller, kleiner See befindet sich jeweils am Fuß des Buchberges. Wobei der dunkle Krottensee, von dem aus unsere Runde startet, schon ein ganz außergewöhnliches Gewässer ist.

Schwierigkeit	leicht
Steigung	120 hm
Länge	5,5 km
Gehzeit	2 Std.
Einkehr	Gasthof Batzenhäusl, Tel. +43 (0)6227 2356, www.batzenhaeusl.com
Anreise	A 1, Abfahrt Thalgau. In Hof auf die B 158 und weiter nach St. Gilgen. Beim ersten Kreisverkehr Richtung Mondsee bis zum Krottensee am Scharflingpass. Einige Parkplätze am See, bzw. beim GH Batzenhäusl um Parkerlaubnis fragen. **Öffentlicher Verkehr:** Bus 150 ab Salzburg Hbf., Südtiroler Platz bis St. Gilgen Hollweger, dann Bus 156 bis St. Gilgen Hüttenstein

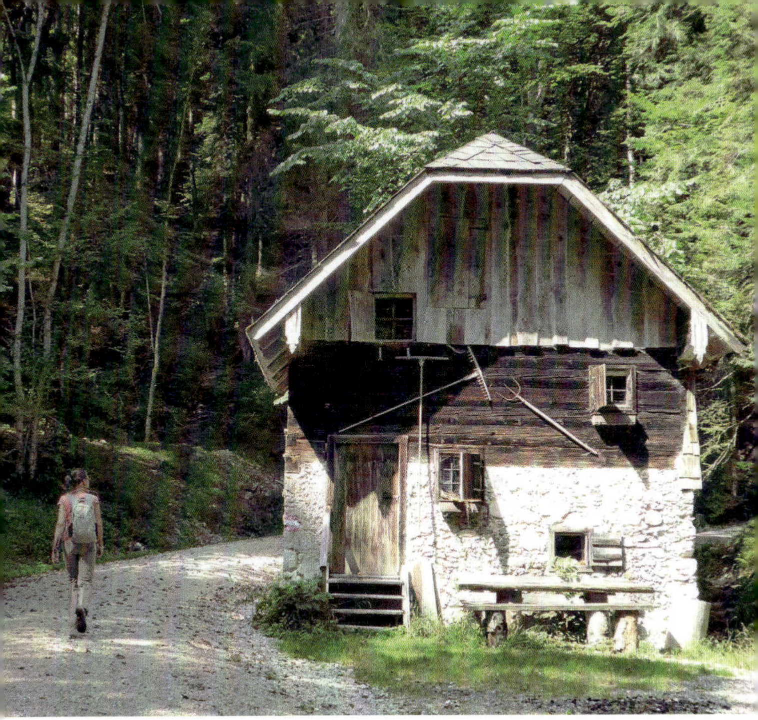

Die Mühle in Zeppezau ist zwar nicht mehr in Funktion, aber noch gut erhalten.

Seinen Namen hat der Krottensee vermutlich der Kröte zu verdanken, erstmals urkundlich erwähnt wird das exakt 365 Meter lange und 320 Meter breite Gewässer im Jahre 1302. Faszinierend sind aber weniger die Längenausmaße als vielmehr die außergewöhnliche Tiefe von 46,8 Metern. Dadurch bilden sich im See zwei unterschiedliche Schichten. Unterhalb von 23 Metern kommt es zu keiner Durchmischung mehr, das heißt, ab hier bildet sich ein sauerstofffreier Tiefenbezirk. Bei verschiedenen Tauchgängen wurde dieses Phänomen

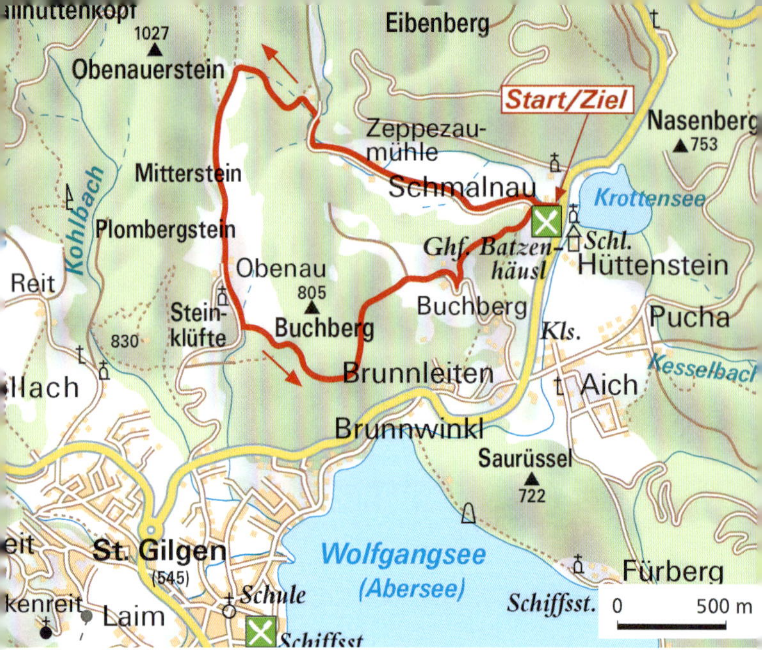

erforscht. Die Taucher förderten aus der konservierenden Tiefe eine große Anzahl an versunkenen Gegenständen zutage. Darunter fand sich die komplette Einrichtung der Schlossküche mit Tellern, Tassen, Besteck, Töpfen und Krügen. Dazu kamen noch Werkzeug, mundgeblasenes Glas und Keramik aus dem Mittelalter. Eine ziemlich unerwartete Entdeckung am Grund des Krottensees aus der neueren Zeit war ein verunglückter amerikanischer Armee-Jeep.

Zum See gehört aber auch ein Schloss. Das heutige überaus romantische Gebäude im Tudor-Stil hat zwei Vorgängerbauten: Bereits um 1329 wurde die Burg Hüttenstein als Grenzbefestigung gegen das habsburgische Österreich am Scharflingpass errichtet. Später übersiedelte hierher sogar das

Pfleggericht, das für die Salzburger Besitzungen St. Gilgen, Strobl und Fuschl zuständig war. Im Jahre 1566 wurde das Gemäuer durch einen Wohnturm ersetzt, ganz in der Art wie er heute noch am Fuschlsee zu sehen ist. Und schließlich ließ Fürst Wrede 1843 den jetzigen Bau errichten. Der See gehört auch heute noch dem jetzigen Schlossbesitzer. Das Baden ist an einer Stelle trotzdem erlaubt, das Badezeug sollte also an heißen Sommertagen ruhig griffbereit sein. Aber das gehört um diese Zeit ja ohnehin zur Standardausrüstung bei Ausflügen in das Salzkammergut.

Vom Krottensee über Zeppezau nach Obenau

Ausgangspunkt der abwechslungsreichen Rundwanderung ist der wunderbare Krottensee. Ebenso einladend wie der See ist der gegenüberliegende Gasthof Batzenhäusl. Der Name der 1603 errichteten Wirtschaft erinnert übrigens an eine kleine Silbermünze, den Batzen. Rechts neben der Gaststätte ist auch schon der markierte Wanderweg „Buchberg" angeschrieben. Er führt an schönen Höfen vorbei, quert sonnige Wiesen und erreicht schließlich einen einsamen Erbhof in Zeppezau. Wenig später beginnt der kühle Wald. Die Wasserkraft des kleinen Bachs genügte für den Betrieb der Mühle, die sich, obwohl schon längst nicht mehr funktionsfähig, auch heute noch in einem guten baulichen Zustand befindet. Dass der kleine Bach am Wegesrand aber offensichtlich auch über sich hinaus wachsen kann, wird an einer riesigen Wildbachverbauung wenig später ziemlich deutlich. Aber schon zweigt unser Weg

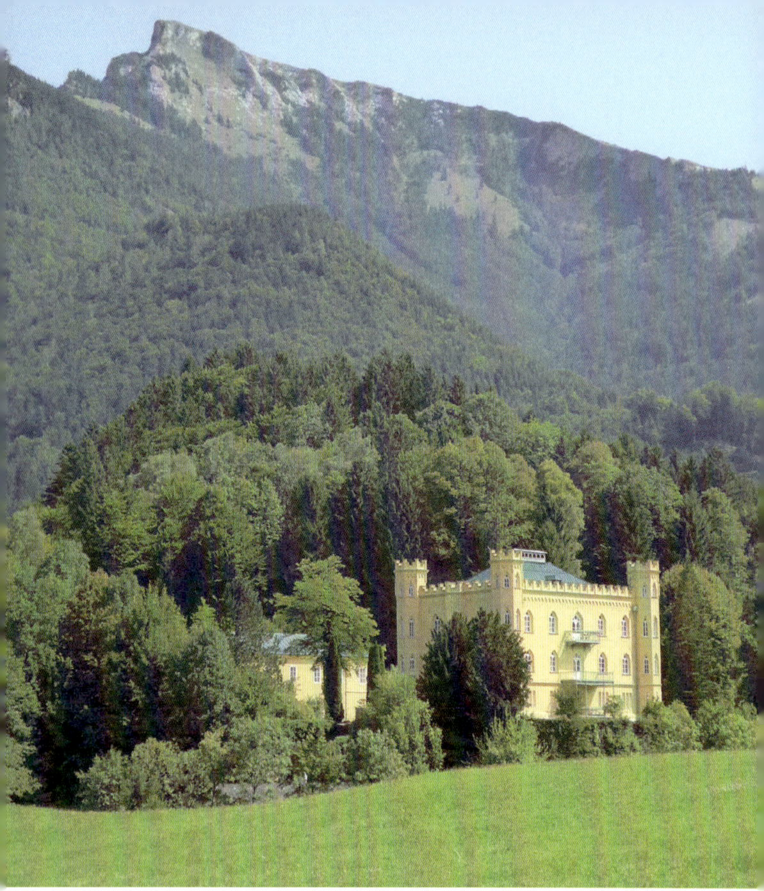

Schloss Hüttenstein unter dem markanten Schafberg.

Richtung „Obenau“ nach links auf den ansteigenden Waldpfad ab. Nach dem kurzen schattigen Waldstück zeichnet sich bald eine schöne Lichtung ab, an deren höchstem Punkt eine unbewirtschaftete Almhütte steht (2 km).

Von Obenau über die Buchbergsüdseite nach Hüttenstein am Krottensee

Von diesem höchsten Punkt (710 m) der Runde öffnet sich ein schöner Blick Richtung Süden, der im Lauf der Wanderung immer mehr Details freigibt. Interessant sind aber auch die begrenzenden Felswände auf der rechten Seite, die zum Plombergstein gehören. Dort gibt es zahlreiche Kletterrouten in den unterschiedlichen Schwierigkeitsgraden. Der angenehme Wirtschaftsweg trifft auf ein stolzes Gehöft in Obenau (3 km) und orientiert sich nun kurz an der Zufahrt. Schon bald zweigt unser Weg Richtung Hüttenstein nach links ab, geradeaus geht es zum nahen Kletterparadies Plombergstein weiter. Der Weg 18 verengt sich nun zu einem schmalen Waldsteig und trifft dann auf einen weiteren prachtvollen Hof, der in großartiger Lage über dem See thront (4,5 km). Auch hier geht es ein kurzes Stück entlang der Zufahrt, bevor der Weg 18 wieder nach links in den Wald abzweigt. Die bekannte Ansicht von Schloss Hüttenstein zeichnet sich zwischen den Bäumen ab und die stille Runde schließt sich auch tatsächlich nach wenigen Minuten in der Schmalnau. Nur noch einige Schritte und wir stehen vor der Entscheidung Bad oder Batzenhäusl (5,5 km). Am besten beides!

16 Zwischen St. Gilgen und Fürberg

Auf dem Weg zwischen St. Gilgen und Fürberg bekommt man eine Ahnung davon, was Sommerfrische bedeutet: Es ist zwar immer etwas los und es gibt viel zum Schauen, aber es herrscht keine Hektik. Schuld an der entspannten Atmosphäre trägt der wunderbare Wolfgangsee. Er ist das Zentrum der See(l)enlandschaft, an seinen Ufern ließen sich früher die Fischer nieder, später kamen die Sommerfrischler und bauten prachtvolle Villen. Die Ruhe des Sees dient aber nicht nur dem Müßiggang, sie regt auch zu Beobachtungen an und inspiriert. Die Schriftstellerin Maria von Ebner-Eschenbach (1830–1916) verlebte eine produktive Zeit in St. Gilgen, und der Nobelpreisträger Karl von Frisch (1886–1982) erforschte in Brunnwinkl das Leben der Bienen. All das, und auch die dunkle Seite des Sees lernen wir auf dieser Route kennen. Für den Rückweg von Fürberg bietet sich eine kurzweilige Schiffsfahrt nach St. Gilgen an.

Über insgesamt 10 Jahre besuchte die streitbare Schriftstellerin Maria von Ebner-Eschenbach den Ort St. Gilgen und traf sich zum Gedankenaustausch mit literarischen Wegbegleitern. In unmittelbarer Nachbarschaft ihres Sommerfrische-Domizils befindet sich heute die renommierte St. Gilgen International School. Sie wird als die teuerste Schule Österreichs bezeichnet, das jährliche Schulgeld beträgt über 50 000 EUR.

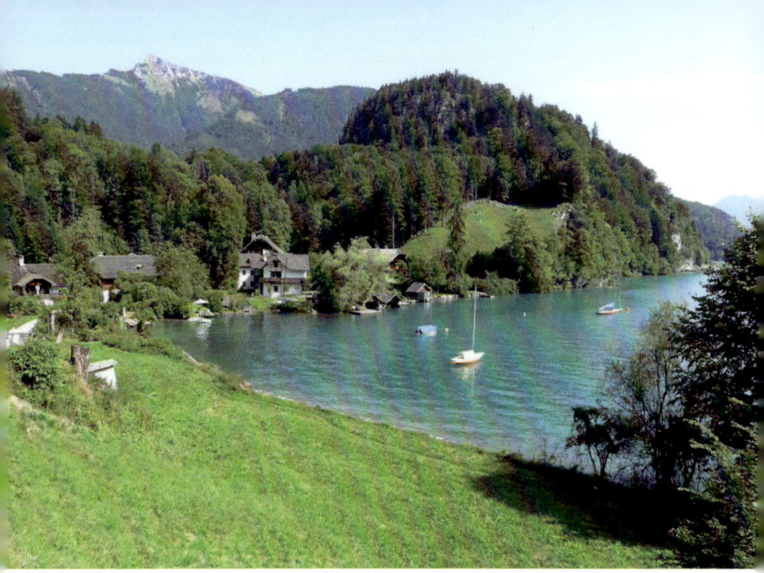

Die Bucht in Brunnwinkl ist ein guter Boden für Forscher und Genießer.

Schwierigkeit	leicht. Die Extrarunde von der Fürbergbucht zum Hochzeitskreuz führt teils über verwurzelte Waldsteige.
Steigung	kaum spürbar.
Länge	St. Gilgen-Fürberg 3,3 km, Extrarunde Hochzeits- und Ochsenkreuz 2,5 km
Gehzeiten	St. Gilgen-Fürberg 1 ¼ Std.., Extrarunde Hochzeits- und Ochsenkreuz 1 ¼ Std..
Einkehr	Gasthof und Hotel Fürberg, Tel. +43 (0)6227 2385–0, www.fuerberg.com
Anreise	A 1, Abfahrt Thalgau. In Hof auf die B 158 und weiter nach St. Gilgen. Öffentliche Parkplätze (gebührenpflichtig) nahe der Seilbahn- und Busstation. **Öffentlicher Verkehr:** ab Salzburg Hbf., Südtirolerplatz, Bus 150 bis St. Gilgen Busbhf.

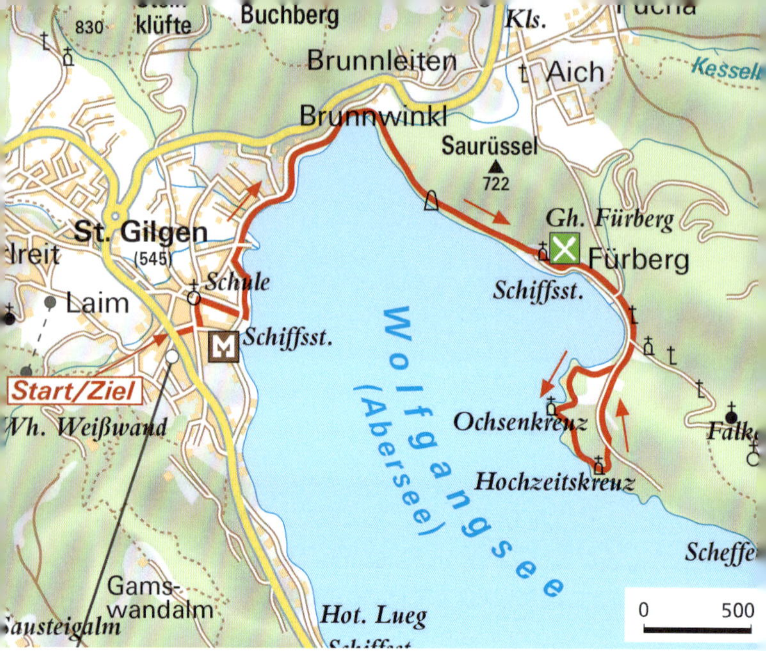

Überaus wertvoll ist in Salzburg auch der Name Mozart. Ihm begegnen wir ein paar Meter weiter, denn in dem denkmalgeschützten Haus an der Ischler Straße wurde Mozarts geliebte Mutter im Jahre 1720 geboren. Später lebte hier Mozarts Schwester Anna Maria, das „Nannerl", mit ihrem Gatten, dem Freiherrn von Berchtold zu Sonnenburg.

Gegen Ende des Zweiten Weltkriegs gelang Karl Ritter von Frisch und seinen Mitarbeitern in Brunnwinkl der entscheidende Durchbruch bei der Entschlüsselung der Bienentanzsprache: Er konnte nachweisen, welch komplexen Informationen im Rund- und vor allem im Schwänzeltanz der Bienen stecken. Im Jahr 1973 erhielt er gemeinsam mit Konrad Lorenz und Nikolaas Tinbergen den Nobelpreis.

Von St. Gilgen zum Gasthaus Fürberg

Von den kostenpflichtigen Parkplätzen nahe der Bus- und Seilbahnstation geht es zur unübersehbaren Pfarrkirche im Ortszentrum. Am stimmungsvollen Platz vor dem barocken Gotteshaus ist der Weg 19 nach Fürberg bereits angeschrieben. Beinahe noch interessanter aber ist der minimale Umweg, der Richtung Schiffsanlegestelle entlang der Ischlerstraße am Ferienhaus von Marie von Ebner-Eschenbach und an der St. Gilgen International School vorbeiführt. Beim Mozarthaus kurz vor dem See zweigt der als „Dorfrunde" bezeichnete Weg nach links ab. Er umrundet das weitläufige Gelände der International School, gibt schöne Blicke auf den See frei und trifft dann wieder auf den beschilderten Fußweg Richtung Fürberg. Am neu gestalteten Freibadgelände und am Yachthafen vorbei führt die Route nun weg vom See durch Siedlungsgebiet.

Kein optischer Nachteil, wunderbare Häuser im typischen Salzkammergutstil erinnern an die klassische Zeit der Sommerfrische. In einem lebte und arbeitete der deutsche Mediziner Theodor Billroth, einer der bedeutendsten Chirurgen des 19. Jahrhunderts. Das an gleicher Stelle errichtete Hotel Billroth ist ein Neubau, aber der alte Villengarten lässt noch den ursprünglichen Glanz erahnen. Nach dem kleinen Ausflug durch das dicht, aber stilvoll verbaute St. Gilgen, geht es von der kleinen Anhöhe schon wieder hinab an den See (1,8 km). Die Bucht von Brunnwinkl und der folgende Wegabschnitt dicht am See entlang gehören wohl zum beeindruckendsten

Teil der Route. Zunächst treffen wir auf das Haus des Bienenforschers Karl von Frisch.

Wenige Meter später führt der spektakuläre Weg nun direkt am steilen Felsufer entlang und eröffnet herrliche Ausblicke auf den See und auf kleine Einstiegsstellen für erste Badegelegenheiten. Mehr Platz zum Baden bietet dann freilich die Fürbergbucht. Aber zuvor treffen wir noch auf den überaus einladenden Gasthof Fürberg (3,3, km). Die Hausherren Karin und Bernhard Ebner teilen sich die Aufgaben. Sie zaubert in der Küche, und er besorgt die fangfrischen Zutaten aus dem Wolfgangsee. Wer möchte, kann im schattigen Gastgarten bei Speis und Trank auf das nächste Fährschiff nach St. Gilgen warten. Ein sehr lohnender, insgesamt knapp einstündiger und zweieinhalb Kilometer langer Abstecher führt aber auch noch weiter zum Ochsen- und zum Hochzeitskreuz.

Vom Gasthof Fürberg zum Ochsen- und zum Hochzeitskreuz und retour

Der Weg zu diesen beiden romantischen Orten folgt weiterhin der Uferstraße (Weg 19). Nach ein paar Minuten öffnen sich größere Liegewiesen mit bequemen Seezugängen. An sommerlich heißen Badewochenenden ist hier natürlich so einiges los, aber spätestens nach der Abzweigung zum Ochsenkreuz kehrt wieder Ruhe ein. Der kurze Waldpfad führt an kleinen Traumbuchten vorbei zu diesem winzigen Inselchen in Ufernähe, das an einen skurrilen Vorfall erinnert: Ein für die Schlachtbank bestimmter Ochse flüchtete in den See und rettete den ihm

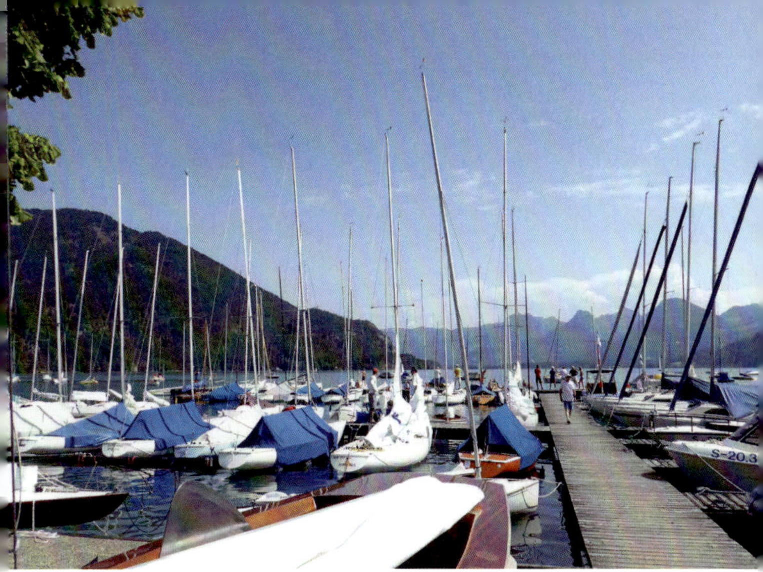

Flaute in St. Gilgen.

nacheilenden, schwimmunkundigen Besitzer das Leben, der seinerseits dem Ochsen die Freiheit schenkte und außerdem aus Dankbarkeit im Jahr 1567 den Bildstock auf der Insel errichten ließ. Weniger günstig ging die Geschichte für eine Hochzeitsgesellschaft aus, die auf dem zugefrorenen See feierte und von diesem prompt in die Tiefe gerissen wurde. So berichtet zumindest die schauerliche Sage. Aber der malerische kleine Felsvorsprung mit dem Hochzeitsmarterl ist viel eher ein Glücksplatz für Verliebte. Oder auch ein beliebter Badeplatz für die jungen Besucher, die hier vom Klippenspringen bis zur Baum-Wasser-Schaukel natürliche Attraktionen vorfinden, wie sie sonst von keinem Erlebnisbad geboten werden. Ein kurzer Stichweg führt vom Hochzeitskreuz zurück auf die Zufahrt und entlang dieser wieder zur Schiffsanlegestelle beim Gasthof Fürberg.

17 Zwischen Attersee und Mondsee

Der Zwei-Seen-Themenweg zwischen den Ortschaften Unterach am Attersee und Au am Mondsee widmet sich dem spannenden Leben des österreichischen Ingenieurs Viktor Kaplan (1876–1934), des Erfinders der gleichnamigen Turbine, der hier im geliebten Landsitz Rochuspoint seine letzten Lebensjahre verbrachte. Der Hinweg führt an diesem Naturparadies oberhalb von Unterach vorbei, der Rückweg orientiert sich an der idyllischen Seeache. An den Wehrstufen des Verbindungsflusses zwischen Mondsee und Attersee sind auch gleich Beispiele der berühmten Kaplan-Turbine zu sehen. Wer in den Sommermonaten unterwegs ist, sollte das Badezeug dabei haben, denn beim öffentlichen Bad in Unterach und auch im Mondsee gibt es gute Gelegenheiten zum Schwimmen.

In den 1960er-Jahren, als noch mit dem Schilling bezahlt wurde, war Viktor Kaplan ein gern gesehener Gast in den Portemonnaies der Österreicher, denn der geniale Erfinder zierte die 1 000-Schilling-Note. Wertvoll und unverzichtbar sind seine Errungenschaften aber bis auf den heutigen Tag. Die wichtigste Erfindung seiner atemberaubenden Karriere ist die nach ihm benannte Kaplanturbine. Durch die propellerartige und bewegliche Turbinenform konnte der Effizienzgrad der Laufkraftwerke enorm gesteigert werden. Zudem konnten

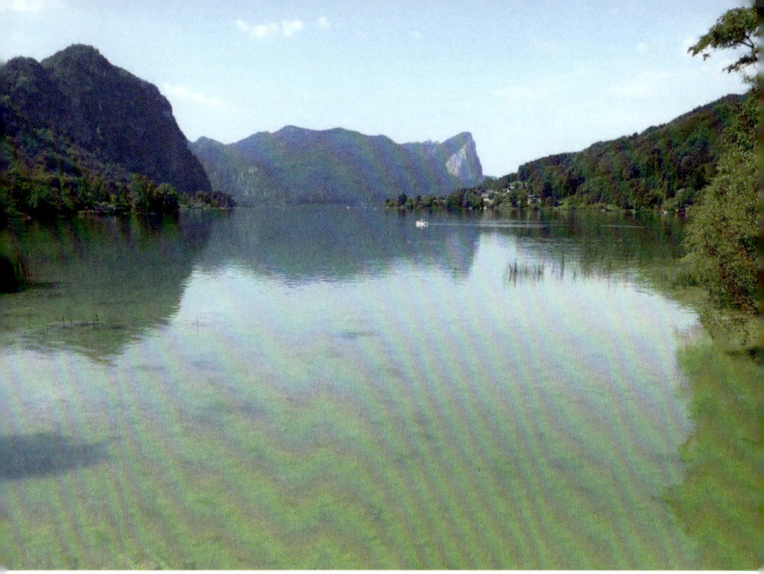

Hier am idyllischen Ostufer in See wurde das größte Pfahlbaufeld im Mondsee gefunden.

Schwierigkeit	leicht. Ideale Sommerwanderung mit einem hohen Waldanteil.
Steigung	130 hm
Länge	6,8 km
Gehzeit	2 ¾ Std.
Einkehr	Gasthof See, Tel. +43 (0)664 3035151, www.gasthof-see.at
Anreise	A 1, Abfahrt Mondsee. Durch den Ort Mondsee am Mondsee entlang auf der B 151 nach Unterach am Attersee. Bei der Abzweigung der B 152 Richtung Bad Ischl nach rechts, und gleich darauf auf den angeschriebenen, unterhalb gelegenen Parkplatz abfahren. **Öffentlicher Verkehr:** Bus 140 ab Salzburg Hbf. bis Mondsee Busterminal, Bus 596 bis Unterach OKA-Kreuzung

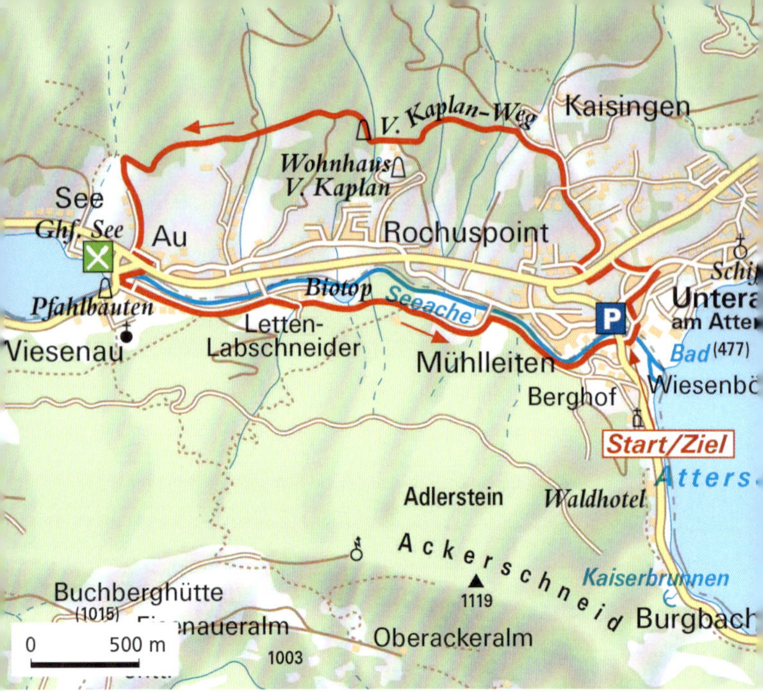

auch kleinste Wasserstufen mit geringen Fallhöhen genutzt werden. Ein weiterer Vorteil der Rohrturbine waren weniger einschneidende landschaftliche Eingriffe. Ein Punkt, der dem Naturliebhaber und Vordenker Kaplan besonderes am Herzen lag. Seit Kaplans Tod im Jahre 1934 hat sich der Energieverbrauch der Erde von rund 11 000 Milliarden KWh auf etwa 100 000 Milliarden KWh pro Jahr erhöht. Ein schonender Umgang mit den zur Verfügung stehenden Energiequellen ist notwendiger denn je.

An der Seeache wird auch die Funktion einer Fischleiter neben einer kleinen Kraftwerksstufe erklärt. Durch diese Einrichtung können die Fische zwischen den beiden Seen wandern, und trotz des relativ geringen Niveauunterschieds von sieben Metern kann die Energiewirtschaft auch noch profitieren.

Von Unterach am Attersee zum Gasthof See am Mondsee

Unterhalb der Abzweigung der Seeleitenstraße (B 152) Richtung Bad Ischl von der Atterseestraße (B 151) in Unterach befindet sich ein großer Parkplatz. Bevor es hier losgeht, können sich die an Viktor Kaplans Erfindungen interessierten Wanderer noch einen umfangreichen Überblick bei der zentralen Station im Freizeitgelände Unterach holen. Ein Pfeiler weist den Weg zur schattigen, rondellförmigen Anlage, in deren Mittelpunkt die Turbine steht. Recht verlockend ist speziell an heißen Sommertagen aber auch das großzügige, öffentliche Badegelände vis-à-vis.

Wieder am Parkplatz verläuft der Weg links am weiß-blauen Ärztehaus vorbei, quert die Straße und folgt bei der Bushaltestelle „OKA Kreuzung" dem hier abzweigenden Bergweg. Dieser führt über einige steile Höhenmeter hinauf zur Atterseestraße (B 151). Auf der anderen Straßenseite setzt nun auch die Beschilderung Kaplanweg ein, der wir durch den Ortsteil Kohlstatt folgen. Bei den letzten Häusern hat der Weg schon ordentlich an Höhe gewonnen, bevor er nach links in den angenehm kühlen Wald weiter verläuft (1,3 km). Allmählich wird der Anstieg flacher und nun öffnet sich auch bald der Blick auf eine große Lichtung mit einem herrlichen Anwesen. Dieses kleine Paradies über der Seelandschaft war zwischen 1920 und 1934 der Zufluchtsort für Viktor Kaplan, wo er seinen Traum vom naturnahen Leben verwirklichte. Ein Teich und ein Kleinkraftwerk mit einer 10 PS starken Turbine durften neben Bienenstöcken und großem Bauerngarten natürlich auch nicht fehlen. Wie eng verbunden Kaplan mit diesem Ort war, zeigt auch sein Wunsch, hier in einem einfachen Mausoleum bestattet zu werden.

Der Weg führt durch ein Quellgebiet (Station 4). Wenig später zweigt eine Routenvariante auf den steilen Verbindungsweg nach links ab (2,7 km), der in den Talboden verläuft und dort über eine Zufahrtsstraße in den Ortsteil Au und weiter zur Brücke über die Seeache führt. Der markierte Kaplanweg aber bleibt in der Höhe am Waldrand entlang und quert eine 110 kV-Leitung. Bei der dazu passenden Schautafel geht es mit dem Thema „Übertragung der elektrischen Energie“ um ein nicht unwesentliches Problem. Bei der folgenden Station sechs wird die Entstehung des Seeache-Tales erklärt und genau dorthin wendet sich der Weg scharf nach links talwärts (3,5 km). Über die Wiesenhänge geht es zum ersten Hof (Oberleiten 19), dann entlang der Zufahrt zum Feuerwehrhaus See-Au und weiter zur Brücke über die Seeache (4,3 km). Wer an diesem Punkt Hunger und Durst, oder Lust auf eine Erfrischung im Mondsee verspürt, ist beim Gasthof See bestens aufgehoben. Natürlich gibt es auch eine gute Auswahl an Fischgerichten. Schließlich war hier einer der aktivsten Mondseefischer zu Hause, bei dem sich die Speisekarte dann je nach Fangerfolg gestaltete. Aber auch heute wird von den jungen Betreibern großer Wert auf Regionalität gelegt.

Entlang der Seeache nach Unterach

Wer die Reinanken und Mondsee-Saiblinge lieber im glasklaren Wasser als auf dem Teller sieht, wird bei der Überquerung der Seeache sicher nicht enttäuscht. Was hier im Mondseewasser neben den delikaten Fischen auch noch vorhanden ist, sind Reste von rund 5 000 Jahren alte Pfahlbauten. Bereits 1872 wurde diese größte Anlage im Mondseegebiet entdeckt. Der Weg zweigt nach der Brücke nach links ab und umgeht auf der Achenseite die Wohn- bzw. Industriebauten. Nun beginnt ein angenehm kühler, beinahe flacher Abschnitt entlang der Ache. An einem Wehr vorbei trifft der breite Weg bald auf das kleine Biotop „Schwarzwasser“ (5,3 km). Der Seeache wird hier noch genug Raum und Platz zur Entfaltung gelassen. Das Resultat ist eine Auenlandschaft mit der dafür typischen Vegetation. Der moorige Untergrund führt zum schwarzen Wasser und damit zur Namensbezeichnung.

Mit Dunkelheit hat ebenso der Night-Club „Jaguar“ zu tun, an dem der Weg wenig später vorbei führt. Auch das gibt es hier und scheinbar kommen alle bestens miteinander aus. Eine Kneipp-Anlage sorgt wenig später für Abkühlung. Ein Kleinkraftwerk (Station 10) versorgt bald danach eine Arzneimittelfabrik mit Energie (6 km). An die Fische wurde ebenso gedacht, ihnen steht eine Fischtreppe zur Verfügung. Unser Weg aber verläuft noch einige erfrischende Minuten an der Ache entlang, führt dann unter der Seeleitenstraße (B 152) hindurch und überquert den Holzsteg Richtung Parkplatz (6,8 km).

18 Von Glasenbach zur Fageralm

Während der Wanderung durch die Glasenbachklamm hinauf zum Gasthof Fageralm gibt es viel zu sehen. Die Kinder werden vielleicht mehr die einladenden Uferplätze am Klausbach fixieren, während die an der Geologie interessierten Wanderer sicherlich von den fantastischen Gesteinsformationen fasziniert sind. Der Weg durch die Klamm ist ein Gang durch die Erdgeschichte, allerdings mit umgekehrten Vorzeichen. Die „jüngsten" Schichten liegen mit den 60 Millionen Jahre alten Gosaukonglomeraten am Klammeingang, die ältesten Gesteine in der Klamm sind vor 200 Millionen Jahren entstanden.

Die drei Kilometer lange Glasenbachklamm ist zu jeder Jahreszeit ein reizvolles Ziel. Besonders anziehend wirkt der kühle Ort aber augenscheinlich an heißen Tagen. Dann kommen viele Besucher nur wegen der herrlichen Uferplätze, die der Klausbach in die Gesteinsschichten gefräst hat. Ein anderer Nebeneffekt der jahrtausendelangen Erosion durch das Fließwasser sind die dadurch entstandenen Einblicke in den geologischen Aufbau der Region. Sehr hilfreich dabei sind einige Schautafeln, durch die wir etwa erfahren, dass die meisten Gesteine vor 80 bis 200 Millionen Jahren auf dem Grund der Tethys, des Ur-Mittelmeers, entstanden sind. Mit etwas Glück lassen sich Muscheln, Ammoniten oder Seeigel in der

Schwierigkeit	mittel
Steigung	430 hm
Länge	6 km
Gehzeit	2,5 Std.
Einkehr	Gasthaus Fageralm, Tel. +43 (0)662 622093.
Anreise	A 10, Abfahrt Puch Urstein. Auf der Halleiner Landesstraße durch Elsbethen bis zur Abzweigung „Erentrudisalm, Fager" gegenüber der ehemaligen Rainerkaserne und jetzigen Red-Bull-Zentrale. Parkplätze nach 600 m links, vor dem Beginn der Steigung. **Öffentlicher Verkehr:** Obus 7, Postbus 160 bis HS Elsbethen Glasenbach (Kreisverkehr). S-Bahn 3 bis Bhf. Salzburg Süd, umsteigen Obus 7 bis HS Elsbethen Glasenbach

Klamm entdecken. Manche dieser Fossilien liegen ganz einfach am Weg. Die richtigen Sammler kennen natürlich ihre Plätze, aber auch für die Ungeübten stehen die Chancen auf einen versteinerten Haifischzahn nicht schlecht. Es muss ja nicht gleich jener sensationelle Fischsaurierfund sein, der nun im Salzburger Haus der Natur zu bewundern ist. Frisches Fleisch in Form von perfekt in Butterschmalz herausgebratenen Schnitzeln findet dafür garantiert jeder im Gasthof Fageralm, am höchsten Punkt der Wanderung.

Von Glasenbach über Lettenbach zum Gasthaus Fageralm

Am Beginn der Glasenbachklamm steht für die Autofahrer ein großer Parkplatz zur Verfügung, aber auch die

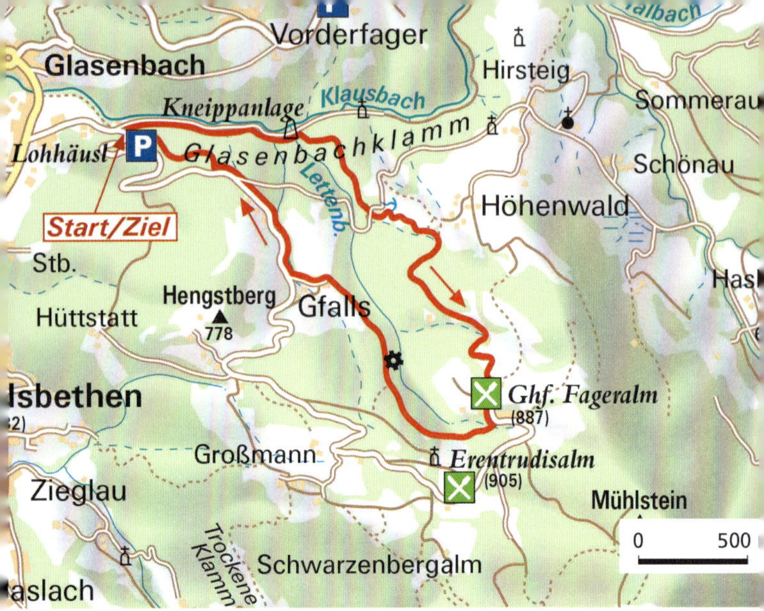

Busbenutzer kommen von der Haltestelle Glasenbach am Klausbach entlang ganz unkompliziert hierher. Der Bachname erinnert übrigens an die bis in das späte 19. Jahrhundert erfolgte Holztrift. Vor allem die Saline in Hallein benötigte Unmengen an Brennholz zur Befeuerung der Pfannen. Beim heute beinahe verlandeten Egelsee südöstlich der Fageralm ist noch die Staumauer der alten Klausanlage zu sehen, mit deren Hilfe die einheitlich langen Holzstämme zum Rechen nahe der Salzachmündung geschwemmt wurden. Der Rechenwirt erinnert noch heute an diesen historischen Platz.

Der Weg führt orientierungsmäßig einfach am Klausbach entlang hinein in die geologische Wunderwelt. Das erste Wegstück durchquert den auffallenden Gosaukonglomerat.

Die abgerundeten Gesteinsteile wurden durch kalkhaltige Bindemittel zu einer kompakten Einheit verkittet. Einige Minuten klammeinwärts haben wir in geologischer Zeit gemessen knappe 70 Millionen Jahre zurückgelegt und stoßen auf Radiolarit. Diese winzig kleinen Strahlen- und Gittertierchen sind vor 150 Millionen Jahren auf den Meeresboden gesunken und anschließend hierher verfrachtet worden. Die Bruchflächen dieses Gesteins sind so hart, dass sie schon vor 10 000 Jahren als Schneidewerkzeug verwendet wurden.

Der Uferweg gewinnt beinahe unmerklich an Höhe, bis bei einer Verengung eine kurze Steilstufe zu überwinden ist (0,9 km). Dafür werden wir nach der kleinen Anstrengung mit frischem Quellwasser belohnt. Der Brunntrog kann natürlich auch als „Kneippscher Espresso" verwendet werden. Auf jeden Fall ist ein kleiner Energieschub nicht schlecht, denn nun ist es mit der angenehmen Aufwärmstrecke vorbei. Genau gegenüber zweigt der steile Anstieg (Weg 8) zur Fageralm nach rechts ab. Faszinierend, wie tief sich der hier einmündende Lettenbach eingegraben hat. Zu weit sollte man sich daher nicht an den steilen Grabenrand des Zubringerbachs wagen. Das Auftauchen immer neuer Fossilien hängt schließlich auch mit der Instabilität der Gräben zusammen. Nach einer knappen halben Stunde quert der Weg 8 die Straße nach Höhenwald (1,7 km) und verläuft durch den schönen Hochwald weiter. Nach einer ersten Lichtung ist auch bald das Ziel unserer Wanderung, das Gasthaus Fageralm, erreicht (3 km).

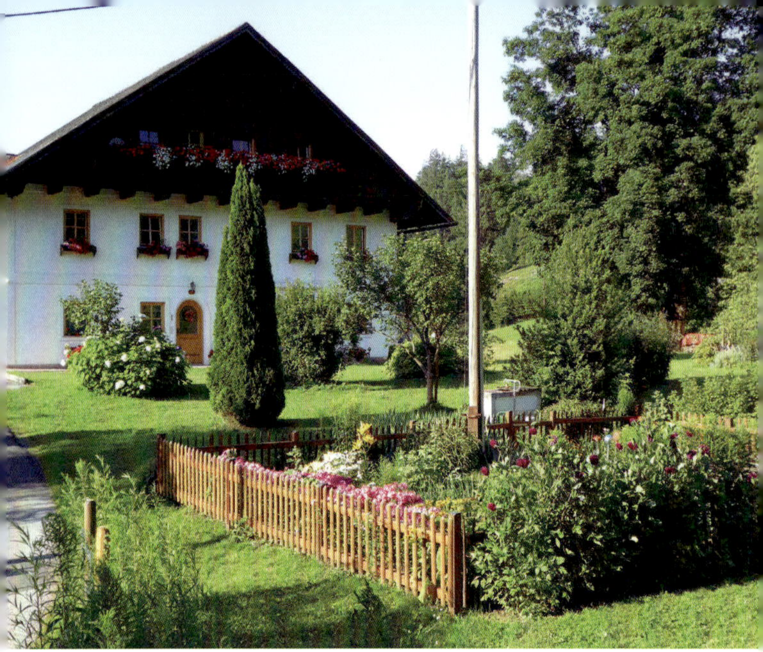

Das Anwesen mit dem herrlichen Bauerngarten steht am höchsten Punkt der Runde beim Gasthaus Fageralm.

Vom Gasthaus Fageralm über Gfalls nach Glasenbach

Der Abstieg vom aussichtsreich gelegenen Gasthaus Fageralm kann auf zwei Wegen erfolgen. Die häufiger gewählte Route folgt dem Weg 8 zur Erentrudisalm und verläuft über Wildlehen in eineinviertel Stunden zurück an den Ausgangspunkt beim Klammeingang. Der selten benützte Abstieg über Gfalls (Weg 9) verläuft vorerst ebenfalls auf dem Weg Richtung Erentrudisalm, zweigt dann aber nach der Querung des Lettenbachgrabens nach rechts ab und orientiert sich an der Beschilderung „Glasenbach über Gfalls“.

Der Weg führt durch den kühlen Wald an einem einsamen Haus vorbei, dass sehr geschmackvoll auf einen modernen Stand gebracht wurde (4 km).
Vor vielen Jahren bin ich hier mit meinem Vater vorbeigewandert. Er, der Sport- und Geografielehrer, erzählte mir damals, dass genau hier die ersten Schulskikurse nach den Kriegsjahren stattgefunden haben. Lift gab es natürlich keinen, der freie Hang am Lettenbach wurde von den Schülern und Lehrern präpariert, übernachtet wurde in der Mühle. Mittlerweile sind Schulskikurse beinahe schon wieder eine Rarität, aber dieser hier in der Mühle am Lettenbach war sicher einzigartig. Dass der Weg nicht sehr häufig begangen wird, merkt man auch an der schwachen Markierung, aber nach einer halben Stunde sollte dann doch die wunderschöne Hofgruppe Gfalls auftauchen (4,7 km). An den blumengeschmückten Höfen und an einem Wegkreuz vorbei führt uns der Weg 9 auf die Zufahrtsstraße zur Erentrudis, der wir 800 Meter lang talwärts folgen. Bei einem Wendeplatz zweigen die nun vereinten Wege 8 und 9 nach rechts in den Wald ab und erreichen nach 20 Gehminuten den Ausgangspunkt (6 km).

19 Von St. Jakob zur Erentrudisalm

Im Wanderdreieck St. Jakob-Vollererhof-Erentrudisalm gibt es viele bekannte Wege, aber auch solche, die trotz guter Voraussetzungen eher selten begangen sind. Oft fehlt es ganz einfach, aus welchen Gründen auch immer, an zusätzlichen Markierungen. Solch ein stiller Weg zum Vollererhof, dann weiter zur Erentrudisalm und retour nach St. Jakob, am einzigartigen Kehlbach-Wasserfall vorbei, soll wieder wach geküsst werden, bevor Gras drüber wächst. In diesem Fall ist es also besonders wichtig, mit offenen Augen unterwegs zu sein: wegen der schwachen Markierung und wegen der unglaublich vielfältigen Naturschönheiten.

Schwierigkeit	mittel. Auf die Wegführung achten, die nicht durchgehend markiert ist!
Steigung	450 hm
Länge	7,3 km
Gehzeit	3,5 Std.
Einkehr	Bio-Gasthaus Schützenwirt, St. Jakob am Thurn, Tel. +43 (0)662 632020–20, www.gasthaus-schuetzenwirt.at
Anreise	A 10 Abfahrt Puch Urstein. Auf der Halleiner Landesstraße Richtung Elsbethen, nach 2,5 km in Haslach nach rechts (St. Jakob) abzweigen. Parkplätze nach 2 km beim Feuerwehrhaus St. Jakob. **Öffentlicher Verkehr:** Bus 160 ab Bhf. Salzburg bis Haltestelle Elsbethen Haslach (Gehzeit nach St. Jakob 25 Min.)

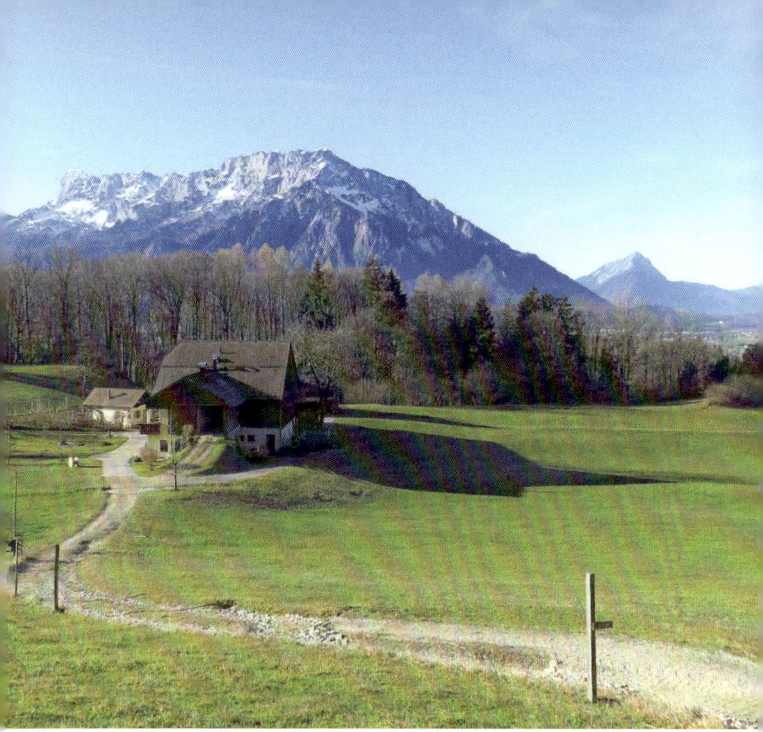

Der Anstieg führt über sonnige Ebenen und lichte Wälder.

Während die beliebte Erentrudisalm sehr zum Leidwesen unzähliger Ausflügler in einen hoffentlich nur vorübergehenden Dornröschenschlaf verfallen ist, tut sich beim alten Schützenwirt in St. Jakob so allerhand. Daniell Porsche hat hier in den vergangenen Jahren seinen Traum verwirklicht und mit Paracelsusschule, Veranstaltungsort und Bio-Wirtshaus eine sinnvolle Einheit geschaffen, die sich gegenseitig bestens ergänzt. Der ehrwürdige Wallfahrtsort ist zur Pilgerstätte von Menschen geworden, die über den Tellerrand hinausblicken wollen. Aber auch die althergebrachten Traditionen haben in St. Jakob

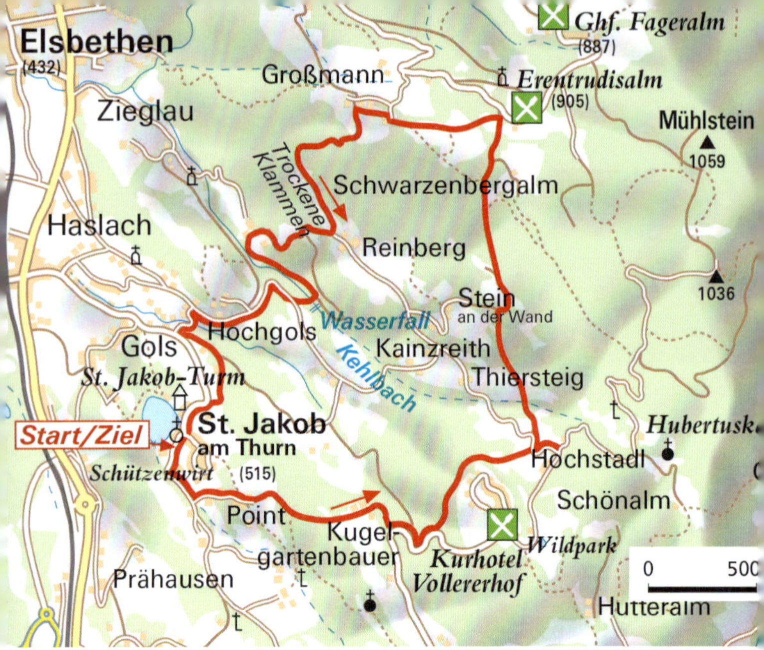

ihren festen Platz. Einmal im Jahr, Ende Juli, treffen sich die Jakobischützen und feiern ihr großes Fest. Der Salzburger Ochs am Spieß gehört dann genauso dazu wie der weithin hörbare Auftritt der Jubilare. Seit rund einem halben Jahrtausend gibt es die Schützen schon, die Jakobibruderschaft wurde im Jahr 1476 als Bauernwehr gegen die Türkengefahr gegründet. Im idyllischen St. Jakob bietet sich auch eine nette kleine Begrüßungsrunde an, die ganz einfach und unkompliziert in einer knappen halben Stunde um den Teich führt. Empfehlenswert ist der Spaziergang selbst im Winter, vielleicht sogar in Verbindung mit dem reizenden Weihnachtsmarkt, der an den Adventwochenenden vor der Kirche unter der mächtigen Linde stattfindet. Ausgangspunkt ist die Pfarrkirche, die

Gehrichtung spielt keine Rolle und auch Orientierungsprobleme sollten sich keine einstellen. Wichtig ist allerdings, auf der anderen Seeseite die Augen zu öffnen, denn dort stehen mitten im Wald ganz fantastische Kunstwerke.

Von St. Jakob zur Erentrudisalm

Der Weg 11 zum Vollererhof und zur Erentrudisalm führt von der Kirche an der Paracelsusschule vorbei zur Feuerwehr und zweigt bei der nächsten Gabelung nach links ab. Auch hier zahlt es sich aus, in den Wald zu schauen. Weit oben im Geäst hängen Transparente, deren Inhalte zum Nachdenken anregen. Leicht bergansteigend quert der breite Weg, an einem stolzen Gehöft vorbei, die sonnige Wiese und verschwindet dann wieder im lichten Mischwald. Eine weitere Lichtung wird gequert, auch hier thront am oberen Rand der Wiese ein schöner Hof, der Kugelgartenbauer (1,2 km). Wir folgen der nun asphaltierten Zufahrt ein kurzes Stück in den Wald bis zu jenem Punkt, an dem die Oberleitung nach links verläuft. Auch wir zweigen auf den unmarkierten Weg nach links ab und folgen ganz einfach dem Weg- bzw. dem Leitungsverlauf. Diese erhebliche Abkürzung hat auch den Vorteil, dass sie asphaltfrei auf einem stillen Waldweg unterhalb der Häuser, die rund um den Vollererhof stehen, vorbei führt. Später tauchen einige rote Markierungspunkte auf, aber die Route ist leicht erkennbar und trifft bei einem markanten, leerstehenden Hof wieder auf den offiziellen Weg 11 (2,3 km).

Vom Vollererhof zur Erentrudisalm

Der in die Jahre gekommene Hof steht auf einer freien Kuppe, dort zweigt unser Weg 11 zuerst nach links und 100 Meter weiter unterhalb nach rechts ab. Ein Wiesenpfad führt nach einer leichten Linksbiegung zu einer auffallenden, mit einer roten Markierung versehenen Birke und verläuft nun ohne Orientierungsprobleme durch den schönen Mischwald. Mit kleineren Gegenanstiegen, nach denen sich dann immer wieder Lichtungen öffnen, geht es, einmal eine Forststraße querend, auf die Wiese unterhalb der Schwarzenbergalm (3,7 km). An den mächtigen Ahornbäumen vorbei, folgen wir der Zufahrt bis zur Einmündung in die Gemeindestraße. Von hier aus sind es nur wenige Minuten hinauf zum ehemaligen Ausflugsgasthof Erentrudisalm (905 m), das zum Besitz des Klosters Nonnberg gehört. Bei Drucklegung war der Gastbetrieb eingestellt, aber immerhin ein Getränkeautomat wurde zur Notversorgung der Wanderer beim ehemaligen Ausschank aufgestellt. Einen Besuch wert ist natürlich die kleine Kapelle, und auch der unvergleichliche Spielplatz mit dem schönsten Ausblick auf die Stadt Salzburg hat nach wie vor eine hohe Anziehungskraft.

Von der Erentrudisalm über die Trockenen Klammen nach St. Jakob am Thurn

Wieder bei der Abzweigung folgen wir nun vorübergehend dem Weg 8 „Glasenbach über Wildlehen“. Er führt zwar nicht mehr wie bisher mitten über die schöne freie Buckelwiese, sondern verläuft durch einen Stacheldrahtzaun getrennt am rechten Rand, aber weiter unten nach der Abzweigung beim Erbhof (4,8 km) gibt es wieder grenzenloses Wandern. Der angeschriebene Weg 7b (Trockene Klammen, Archstein, St. Jakob) biegt hier beim Hof scharf nach links und führt an den oberen Rand der Trockenen Klammen. Wer noch nie in diesem fantastischen Felslabyrinth mit seinen bizarren Gängen und überhängenden Felswänden war, sollte die Gelegenheit zu einem Besuch nützen. Allerdings, speziell der obere, nach rechts verlaufende Einstieg muss ein recht anspruchsvolles Teilstück queren und auch danach ist Trittsicherheit gefragt. Aber es ist wirklich ein magischer Ort zum Staunen und Wundern, der da nach dem Abfließen der Gletscher durch die ungeheuren Zerreißkräfte entstanden ist.

Dieses Wunderwerk aus zersprungenem Fels kann aber auch ganz einfach am linken Rand umgangen werden. Gemeinsamer Treffpunkt ist jedenfalls der riesige Archstein, der wie ein schützender Eingangswächter vor einem Hof steht (5,8, km). Genau hier zweigt unser Weg nach links, am Wiesenhangrand entlang, Richtung Süden ab. Wir queren den Kehlbach und nun folgt ein letzter großartiger Höhepunkt. Ein kurzer Stichweg führt zu einem mystischen Wasserfall, der noch dazu eine badetaugliche Gumpe geschaffen hat. Wieder bei der Abzweigung geht es Richtung St. Jakob weiter. Der Wiesenweg trifft auf eine Zufahrt, der wir rechter Hand folgen. Bevor diese Straße in die Auffahrt nach St. Jakob mündet, bietet sich in der letzten Kurve noch eine Abkürzung nach links an. Zehn Minuten später stehen wir wieder vor der malerischen Kirche in St. Jakob (7,3 km).

20 *Die Anifer Schlossrunde*

Das Wasserschloss Anif zeigt sich bei dieser exquisiten Runde zwar nur selten, doch das ganze Umfeld hat durchaus etwas Majestätisches an sich. Wir wandern auf den Spuren von Grafen, Fürsterzbischöfen und prominenten Persönlichkeiten und sind dennoch recht bodenständig unterwegs. Das Erdreich gefällt offensichtlich auch den Störchen und Reihern, die in der warmen Jahreszeit auf den Schlosswiesen besonders reiche Nahrung finden.

Schwierigkeit	leicht. Auch im Winter meist gut begehbar.
Steigung	nicht nennenswert.
Länge	2,7 km
Gehzeit	1 Std.
Einkehr	Schlosswirt zu Anif, Tel. +43 (0)6246 72175, www.schlosswirt-anif.at; Friesacher Betriebe, Tel. +43 (0)6246 8977; www.friesacher.com; Husarenwirt, Tel. +43 (0)6246 72354.
Anreise	A 10, Abfahrt Salzburg Süd. Über die Alpenstraße in das Ortszentrum Anif, Parkplätze. Fünf Gehminuten zum Startpunkt Schlosswirt. Parkplätze direkt beim Schlosswirt nur für Gäste. **Öffentlicher Verkehr:** Bus 25 ab Salzburg Bhf. bis Anif, Friesacher. Bus 840 ab Salzburg Bhf. bis Anif Schlosswirt Alpenstraße. Bus 170 ab Salzburg Bhf. bis Anif Schlosswirt

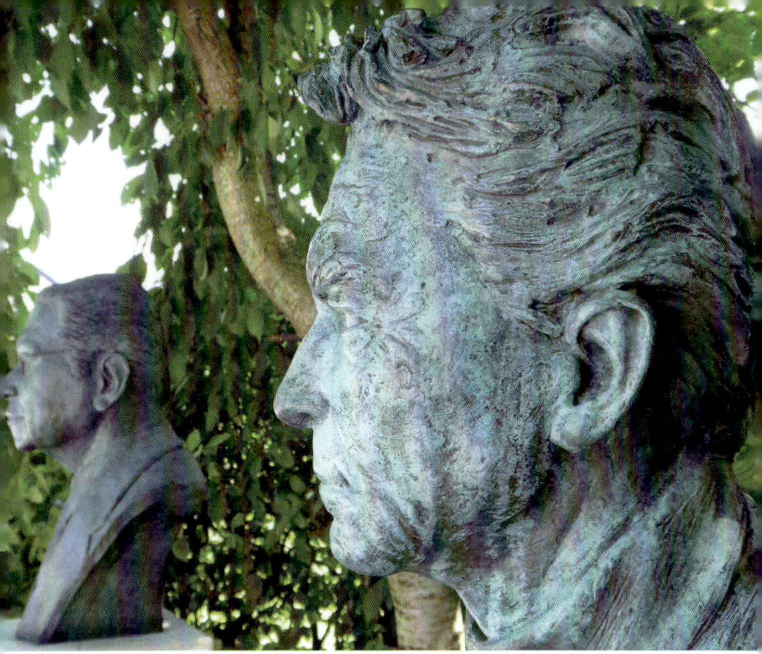

Büsten von zwei genialen Vordenkern: Herbert von Karajan, der in Anif lebte (re.), und der Gründer von Sony-Anif, Norio Ohga.

Das romantische Wasserschloss hat eine ereignisreiche, zumindest 500 Jahre währende Geschichte hinter sich. Um 1530 gelangte es in den Besitz des Salzburger Erzbischofs, später diente es dann als Sommerresidenz der Bischöfe von Chiemsee. Nach der Umwandlung von einem geistlichen in einen weltlichen Besitz im Zuge der Säkularisierung änderte das Schloss im Jahre 1838 auch sein Äußeres. In zehnjähriger Bauzeit wurde das Gebäude, dem Geschmack der Zeit entsprechend, im neugotischen Stil umgestaltet. Einen großen Auftritt hatte das Wasserschloss im Jahr 1918, als der Bayernkönig Ludwig III. nach der Novemberrevolution auf

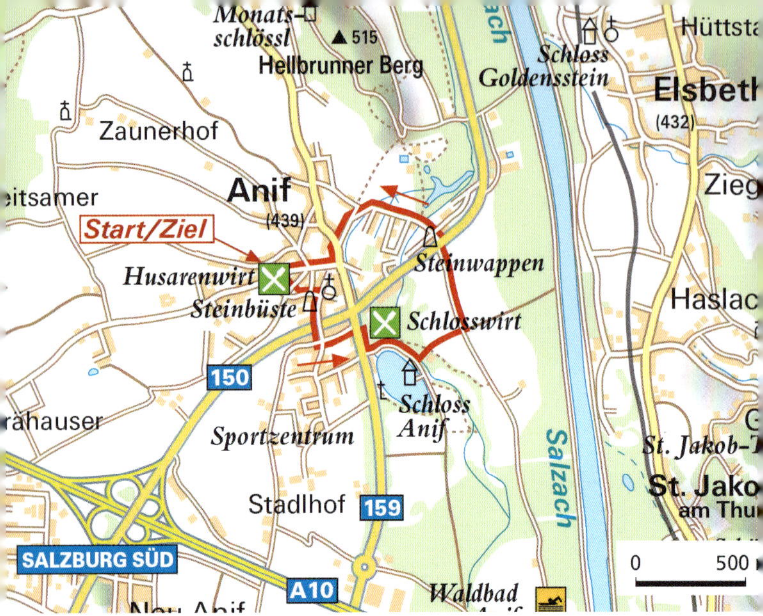

der Flucht von München mitsamt Familie und Gefolge nach Anif kam. Hier unterzeichnete er nach längerem Ringen die „Anifer Erklärung“, welche die bayerischen Beamten, Soldaten und Offiziere von ihrem Eid an den königlichen Hof entband. Ludwig III. verweigerte zwar seine Abdankung, aber das Ende der Wittelsbacher Herrschaft in Bayern war gekommen. Der benachbarte Schlosswirt ist seit vier Jahrhunderten ein Treffpunkt der Reisenden. Ursprünglich war es ein Bauerngut und gehörte den Salzburger Landesherren. 1607 wurde dem Hof mit dem Namen „Schönauergut“ das Schankrecht verliehen. Aus der „Oberen Taverne“, wie sich das Wirtshaus damals nannte, wurde 1843 der „Schlosswirt“.

Vom Schloss Anif in den Ort

Genau hier vor dem edlen Schlosswirt zu Anif beginnt unsere Wanderung. Für die Busbenutzer sind es nur ein paar Schritte von der Haltestelle Schlosswirt, die Autofahrer kommen aus dem Ortszentrum hierher, oder sie sind als Restaurantgäste parkberechtigt. Ganz standesgemäß startet der Weg direkt links neben dem schattigen Gastgarten und führt durch das elegant geschwungene, schmiedeeiserne Eingangstor in eine kleine Wunderwelt. Zuvor werfen Sie aber bitte noch einen Blick auf die Bachlounge auf der linken Seite, oder auf den Kräutergarten, oder auf die vielen anderen liebevollen Details. Manchmal wähnt man sich wie in einem englischen Gartenparadies, dann wieder wie vor einem verwunschenen Schloss. Auf jeden Fall märchenhaft! Der unbeschilderte Weg führt am Schlosszaun entlang, der hin und wieder Einblicke gewährt, überquert dann auf einer schmalen, hölzernen Brücke den Bachverlauf und trifft auf eine Lindenallee (0,5 km). Wer den weitläufigen Schlosspark einmal von innen sehen will, muss entweder zur Fronleichnamsprozession oder zum Anifer Turmblasen am Abend des 8. Dezember kommen. Zu diesen Anlässen ist das gräfliche Areal der Familie Moy frei zugänglich.

Wir verabschieden uns jetzt aber vom Schlossblick und folgen der Allee 300 Meter bis zur nächsten Querverbindung nach links. Der Weg führt nun über das freie Feld zur Alpenstraße, überquert diese und folgt dann der Mühleistraße. An einer alten Mauer rechts ist das markante Steinbock-Wappen von Markus Sittikus (1574–1619) angebracht, jenem

Fürsterzbischof, dem wir den Zauber von Hellbrunn zu verdanken haben. Nach der bald folgenden Ebnermühle bietet sich natürlich ein Abstecher rechter Hand in den Hellbrunner Park oder in den Zoo an, doch unser Weg verläuft diesmal nach links in das Ortszentrum von Anif (1,7 km).

Von Anif zum Schlosswirt

An herrschaftlichen Häusern aus der Zeit der Jahrhundertwende vorbei führt der Weg, die Hellbrunnerstraße querend, in die Ortsmitte. Neben den alten, prachtvoll herausgeputzten Höfen, dominieren hier die gastronomischen Betriebe der Familie Friesacher: die Einkehr, der Heurige, der Stadel oder das Restaurant stehen zur Auswahl. Etwas versteckt in einer Nebengasse befindet sich dann aber doch noch der Husarenwirt, der ebenfalls mit einer ausgezeichneten gutbürgerlichen Küche begeistern kann. Der Name dürfte übrigens auf die Zeit der letzten Franzosenkriege im Jahr 1809 zurückgehen. Am Husarenwirt vorbei folgen wir der Aniferstraße und wandern in einem Linksbogen auf den kleinen Platz vor der Pfarrkirche. Hier sind die Büsten von bedeutenden Anifern aufgestellt. Landeshauptmann Hans Katschthaler (1933–2012) gehört genauso dazu wie natürlich der Dirigent Herbert von Karajan, der in seinem Anifer Landhaus am 16. Juli 1989 verstarb. Sein schlichtes Grab befindet sich auf dem Friedhof vis-à-vis. In enger Kooperation mit dem Musikgenie Karajan befand sich Zeit seines Lebens der Sony-Präsident Norio Ohga (1930–2011). Die Sony-Werke in Anif und in Thalgau sind Produkte

dieser fruchtbaren Zusammenarbeit. Auch der große Musikpionier aus Japan wurde von der Künstlerin Anna Chromy mit einer Büste verewigt.
Die Pfarrkirche besticht durch ihre Schlichtheit. Der Turm stammt aus der Zeit der Spätromanik, während das Langhaus im 19. Jahrhundert neu errichtet wurde. Ein ganz moderner Bau ist hingegen das neue Kulturhaus, an dem unser weiterer Weg vorbei führt. Die Römerstraße überquert die stark befahrene Alpenstraße und zweigt dann nach links in den Fürstenweg ein. Diese alte Verbindungsstraße von der Residenzstadt in die südlichen Landesteile war früher einmal den Adeligen und dem erzbischöflichen Hof vorbehalten, wir aber beenden über den Fürstenweg unseren abwechslungsreichen Rundgang um Anif vor dem Schlosswirt (2,7 km).

Auf liebevoll gepflegten Wegen am Park rund um das Wasserschloss Anif entlang.

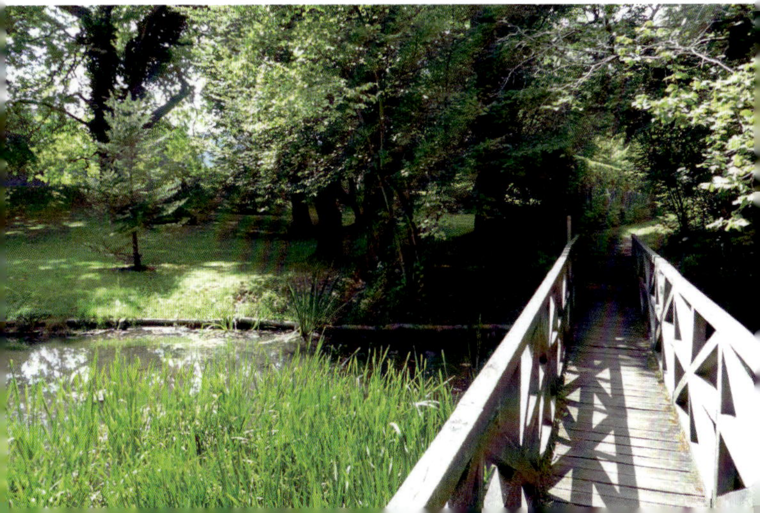

21 Von Niederalm nach St. Leonhard

Auch Gebiete, an denen wir häufig vorbeifahren und die wir gut zu kennen glauben, haben noch ihre unbekannten, manchmal sogar ihre dunklen Seiten. Die Straßen zwischen Niederalm, Neu-Anif und St. Leonhard sind wichtige Zubringer zur Autobahnabfahrt Salzburg Süd. Aber dass sich in diesem Dreieck vor mehr als 100 Jahren ein Kriegsgefangenenlager für bis zu 40 000 Insassen befand, ist nur wenigen bewusst.

Schwierigkeit	leicht
Steigung	gering
Länge	5,5 km
Gehzeit	1 ¾ Std.
Einkehr	Gasthof Schorn, Tel. +43 (0)6246 72334, www.gasthofschorn.at; Gasthof Simmerl, Tel. 06246 72466, www.simmerl.at
Anreise	A 10, Abfahrt Salzburg Süd Richtung Grödig. Bei der zweiten Ampel nach links in die Neu-Anifer-Straße nach Niederalm. Nach 1 km befindet sich rechts ein großer Parkplatz in Kirchennähe. **Öffentlicher Verkehr:** Mit dem Bus 170 ab Salzburg Hbf. bis Niederalm Ortsmitte

Bald nach dem Ausbruch des Ersten Weltkriegs, am 2. Jänner 1915, begann der Bau des ersten Internierungslagers östlich von Grödig zwischen der Niederalmerstraße und dem kleinen Goishügel. Zwei weitere sollten kurz darauf noch folgen.

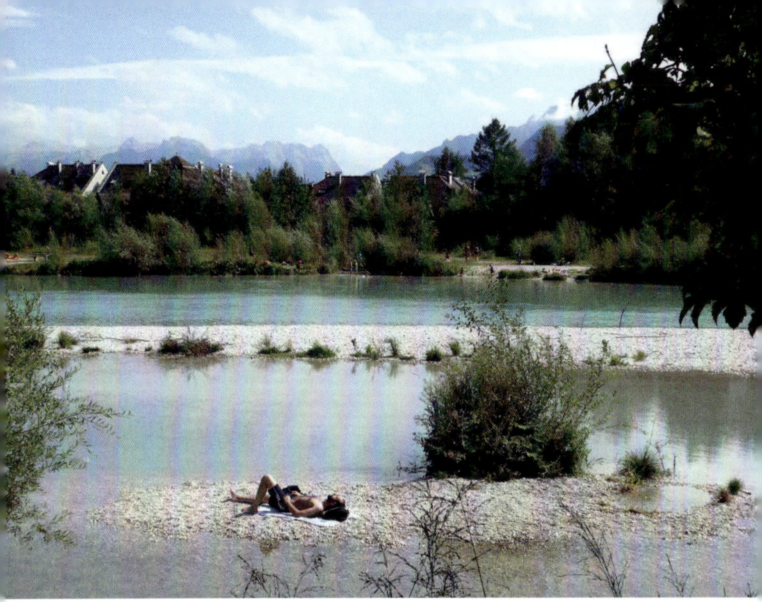

Baden in der Königseeache: erfrischender Ausklang einer sommerlichen Wanderung.

Nach der letzten Ausbaustufe lebten in dieser Lagerstadt bis zu 40 000 Insassen auf engstem Raum unter denkbar schlechten hygienischen Bedingungen zusammen. Häufige Epidemien waren die Folge. Die meisten Kriegsgefangenen kamen aus dem Osten und vom Balkan, aber auch italienische Soldaten wurden hier festgehalten. Von der Anlage ist heute nichts mehr zu sehen, nur der Friedhof mit den unzähligen Kreuzen erinnert an ein dunkles Kapitel der Salzburger Geschichte.

Von Niederalm zum Russenfriedhof in Neu-Anif

Ein guter Ausgangspunkt für die Autofahrer ist der große Parkplatz vor dem Spielplatz nahe der Niederalmer Kirche.

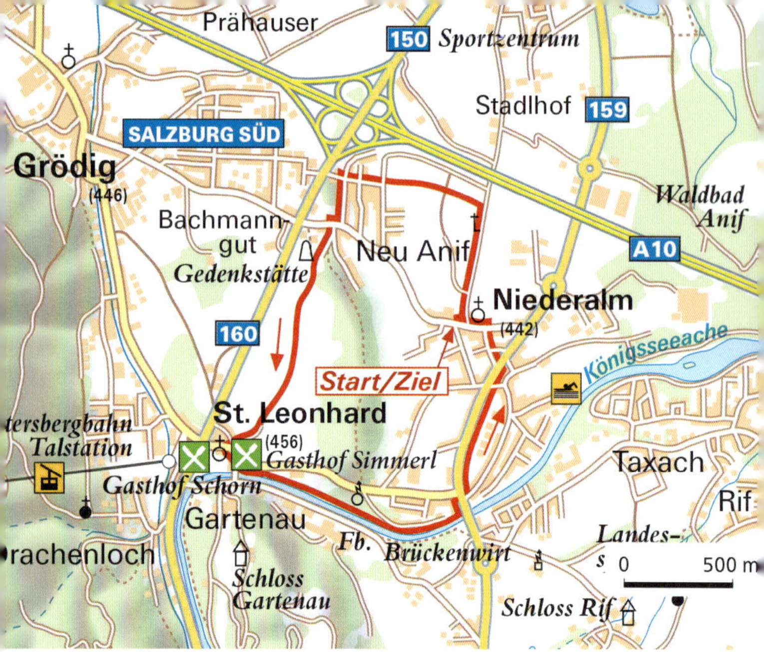

Die Busbenutzer kommen von der Bushaltestelle im Ortszentrum am Feuerwehrhaus vorbei und über den Gangsteigweg hierher. Es ist der kleinen Kirche nicht unbedingt anzusehen, aber im Kern stammt sie aus der Zeit der Spätgotik. Genauso wie das gut verborgene Schloss Lasseregg im Hintergrund. Das heutige Aussehen erhielt es aber durch einem Umbau zu Beginn des 16. Jahrhunderts. Wir folgen nun dem Fürstenweg, der an der Kirche und am Friedhof vorbei über das freie Feld zu einem Wegkreuz unter einer mächtigen Lindenbaum-Gruppe führt. Wenige Meter nach diesem stimmigen Ensemble zweigt unser Rundweg vor der Autobahnunterführung nach links ab. Er verläuft nun für 500 Meter entlang der Autobahn und folgt auch bei der kommenden Kurve der schmalen Zufahrt an der Polizeistation vorbei nach Neu-Anif. Über die Eichenstraße geht es durch das Siedlungsgebiet, bei der nächsten Kreuzung dann kurz rechts und anschließend links. Hier empfängt uns die Beschilderung „Weg 43 Goisrunde", der wir zur Gedenkstätte Lagerfriedhof folgen. Ein paar Meter geht es zu diesem denkwürdigen Ort hinauf, der vor allem für viele russische Kriegsgefangene im Ersten Weltkrieg zur letzten Ruhestätte wurde.

Von Neu-Anif über St. Leonhard nach Niederalm

Nach einer besinnlichen Gedenkpause zwischen den vielen namenlosen Kreuzen unter den schattigen Bäumen führt der Weg 43 wieder hinab auf das sonnenüberflutete Feld auf der Westseite des Goishügels. In ziemlich gerader Linie und ohne Orientierungsproblem peilt der Feldweg die unübersehbare Wallfahrtskirche St. Leonhard an. Davor erinnern zwei ausgezeichnete Wirtshäuser, der Schorn und der Simmerl, auch an die irdischen Genüsse.

Auf dem Gutratweg geht es nun der Route 44 folgend zur Königseeache. Der Weg bleibt auf der linken Uferseite und verläuft einen Kilometer entlang der Ache bis zur nächsten Brücke zwischen den Ortsteilen Niederalm und Taxach. Zugleich verbindet die Brücke aber auch den Flachgau mit dem Tennengau, denn die Königseeache ist auf diesem kurzen Abschnitt bis zur Salzachmündung der Grenzfluss zwischen den beiden Salzburger Gauen. Bei der Brücke queren wir auf die Bundesstraße hinauf und folgen dieser in das Ortszentrum von Niederalm.

22 Auf dem Almerberg

Der Almerberg (726 m) ist keine sehr auffallende Erhebung: bis oben hin bewaldet, und dort wartet auch nur ein kleines verstecktes Gipfelkreuz. Wege gibt es viele, Markierungspunkte wenige. Trotzdem ist dieser kleine Berg jeden Schritt wert. Ideal zum Luftholen und In-sich-hinein-Hören. Der erfrischend andere Hammerwirt am Fuß des Almerberges passt da wunderbar dazu.

Schwierigkeit	leicht
Steigung	200 hm
Länge	6,5 km
Gehzeit	2 ¼ Std.
Einkehr	Landgasthaus Hammerwirt, Tel. +43 (0)6245 21659, www.hammerwirt-salzburg.at.
Anreise	A 10, Abfahrt Puch Urstein oder Abfahrt Hallein. Auf der Halleiner Landesstraße nach Oberalm. Angeschriebener Parkplatz nahe der Kirche. **Öffentlicher Verkehr:** Bus 160 ab Salzburg Hbf. bis Oberalm Ortsmitte. Bahn S 3 ab Salzburg Hbf. bis Bhf Oberalm

Oberalm kann auf eine lange Geschichte zurückblicken. Durch den Markt führte die wichtige Römerstraße und hier wurde Recht gesprochen. Beides hat Spuren hinterlassen. In Oberalm wurde ein römischer Meilenstein freigelegt,

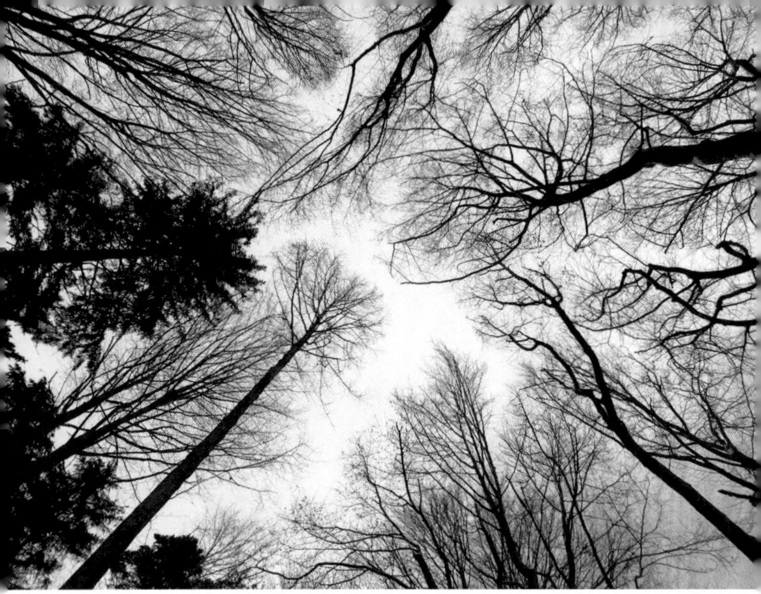

Der Almerberg eröffnet auch im Spätherbst interessante Perspektiven.

ein anderer befindet sich noch in der benachbarten Ortschaft Puch an der Landesstraße neben der Kirche. Der „Oberalmer Thaidingtisch“, eine grob behauene Marmorplatte unter der Kaiser-Jubiläumslinde nahe dem Pfarrhof, bezeichnet die historische Richt- und Rechtsstätte. Wegen seiner großen Bedeutung für die Salzburger Rechtsgeschichte steht der quadratische Steintisch unter Denkmalschutz. Ein anderer, viel frequentierter Ort ist das Filzhofgütl schräg vis-à-vis. Das Bauernhaus im typischen Tennengauer Stil macht immer wieder mit spannenden Kulturveranstaltungen von sich reden.
Eine besondere Rolle spielt in der Region der Baustoff Marmor, der im nahen Adnet abgebaut wird. Im Marmorwerk

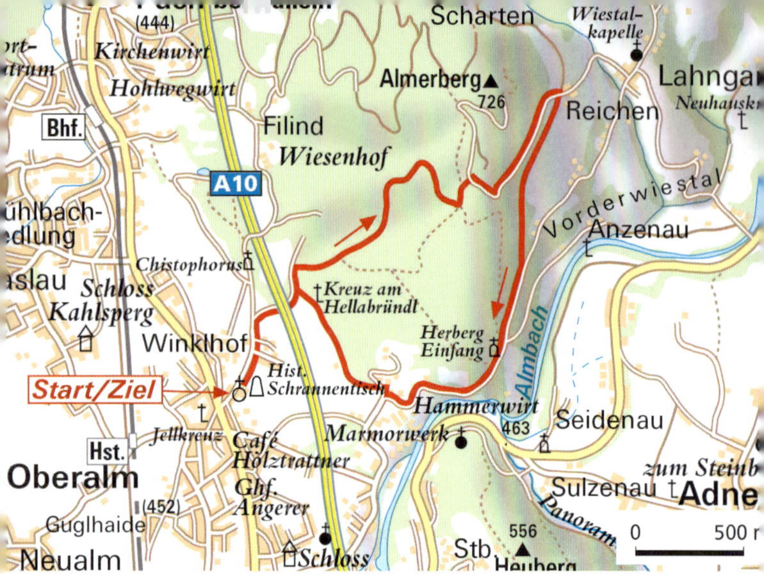

Kiefer in Oberalm wurden die beiden acht Meter hohen Säulen aus Adneter rot-grauem Schnöll bearbeitet, die im Parlament in Wien für Staunen sorgen. In den 1950er-Jahren arbeiteten im Werk bis zu 300 Personen.

Der Hammerwirt direkt neben dem Werk wird in dieser Zeit kaum über mangelnde Frequenz geklagt haben. Tut er aber auch heute nicht, denn das junge Wirtshaus-Team ist für seine unkonventionellen Ideen bereits weit über die Landesgrenzen hinaus bekannt. Dabei kommt vor allem regionale Qualität auf den Tisch oder ins Glas: der Fisch vom Grüll aus Grödig, der Schnaps vom Guglhof aus Hallein, und das Bier aus Obertrum. Das Konzept zu fairen Preisen kommt bestens an. Wie gut die Verbindung alt mit neu funktionieren kann, zeigt auch die gelungene Revitalisierung der ehemaligen Verwaltungsgebäude hinter dem Hammerwirt.

Von der Kirche in Oberalm auf den höchsten Punkt

Vom Parkplatz nahe der Kirche gelangen wir mit wenigen Schritten auf den neu gestalteten Platz, in dessen Umfeld sich einige Attraktionen befinden, wie der Thaidingtisch oder das Filzhofgütl. Auch ein Marmorbrunnen neben der Figur des hl. Nikolaus gehört dazu. Unsere Route führt an der Kirche und an den Tennisplätzen vorbei, folgt noch kurz dem Radweg Richtung Puch und zweigt dann mit der Beschilderung Almerberg (Weg 15, 101) nach rechts in den Wald ab (0.8 km). Nun heißt es die Augen aufmachen, denn die blau-roten Markierungen sind eher spärlich angebracht. Vor allem die erste größere Weggabelung (1,2 km) schafft Verwirrung: hier bitte nach links, danach sind die farbigen Markierungspunkte wieder besser erkennbar. Durch den artenreichen Mischwald, in dem auch einige der schattenliebenden Eiben wachsen, geht es stetig bergan, bis der Steig nach einer halben Stunde auf einen breiten Wirtschaftsweg trifft (2,4 km). Nun ist der höchste Punkt (640 m) der Runde erreicht.

Vom Almerberg zum Hammerwirt

Nach links führt der Weg zwar in 20 Minuten auf den Gipfel (726 m), aber der Abstecher auf den dicht bewaldeten Almerberg lohnt kaum. Daher wenden wir uns gleich nach rechts und folgen dem mit sanftem Gefälle verlaufenden Wirtschaftsweg talwärts. Auf der linken Seite können wir einen Blick in den geologischen Aufbau des Almerberges werfen: Die eindrucksvoll gebankten Kalkschichten geben anschaulich Auskunft

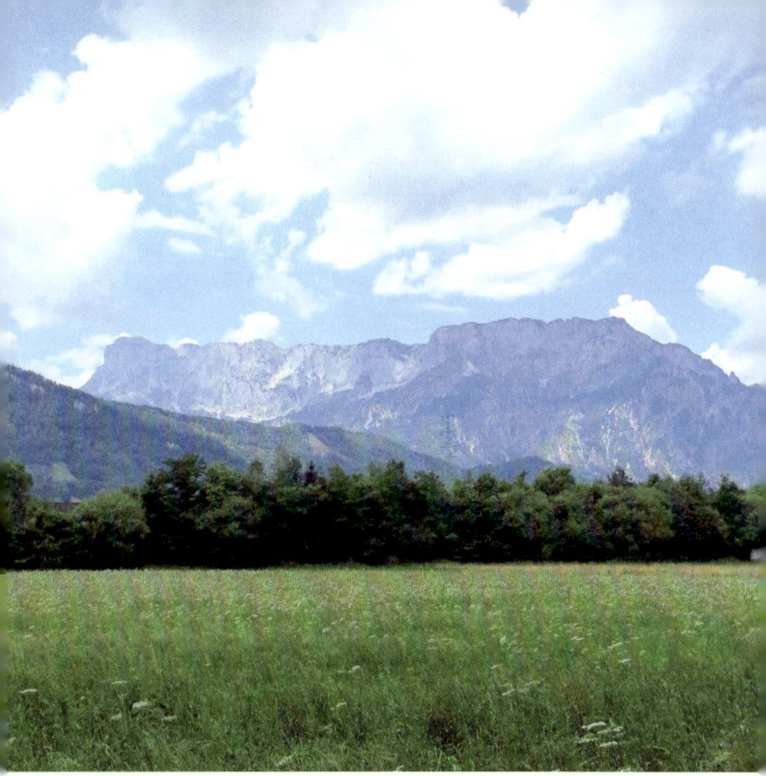

Der Untersberg ist die dominante Gestalt auf der anderen Salzachseite.

über das tektonische Kräftespiel. Der auf der sonnigen Südost-Seite verlaufende Hangweg wird immer lichter und führt schließlich hinaus auf eine Wiese mit freiem Blick bis zum Pass Lueg. Zum Glück steht genau hier an diesem schönen Punkt eine höchst einladende Rastbank (3,1 km).

Im spitzen Winkel zweigt der Weg nach rechts ab und führt am Wiesenrand entlang wieder in den Wald. Nach einem kurzzeitig etwas steileren Wegstück ist die alte Wiestalstraße bald erreicht (4 km). Entlang dieser geht es rechter Hand Richtung Oberalm zurück. Erhöhte Aufmerksamkeit erfordert jene, leider nicht angeschriebene Abzweigung, die nach der letzten S-Kurve, bei einem Verkehrsspiegel, scharf nach rechts verläuft (5 km). Wer allerdings zuvor noch beim Hammerwirt vorbeischauen will, muss der Straße 300 Meter folgen. Interessant sind dabei die Einblicke in das traditionsreiche Marmorwerk Kiefer, das auf diesem Weg halbseitig umgangen wird.

Wieder retour bei der Abzweigung folgen wir nun dem Marterlweg Richtung Oberalm. Am Wiesenrand entlang geht es zum Hellabründlkreuz (5,6 km). Ein romantischer Ort, an dem die Gesteine der Oberalmer Schicht noch einmal für einen faszinierenden Hintergrund sorgen. Einzig der Lärm der nahen Autobahn stört etwas. Gleich nach der Unterführung ist ein Kulturschaugarten angelegt (6,1). Wer also einmal die verschiedenen Getreidesorten zu Vergleichszwecken nebeneinander sehen will, sollte hier noch kurz vorbeischauen, bevor sich die Runde vor der Kirche in Oberalm schließt (6,5 km).

23 Der Krispler Höhenweg

Der Höhenweg vom kleinen Kirchweiler Krispl nach Zillreith ist meist stark frequentiert, nicht nur von den Spaziergängern, die sich an der herrlich sonnigen Lage und der grandiosen Aussicht erfreuen. Im Sommer genießen auch viele Weidetiere die Zeit im Freien, bis es wieder einen Stock tiefer in die heimatlichen Ställe zurück geht. Die gar nicht scheuen Walliser Schwarznasenschafe und die Kühe teilen sich friedlich die saftigen Wiesen. Um diesen überaus harmonischen Eindruck zu bewahren, bietet ein Schild am Beginn des beliebten Weges um Rücksichtnahme: Besonders die Mutterkühe mit ihren Jungtieren sehen nicht in jedem Hund einen Freund, sondern eine Bedrohung für ihre Kälber.

Es gibt drei sinnvolle Möglichkeiten, um zu Fuß an den Endpunkt nach Zillreith zu gelangen: Hin- und Rückweg auf dem Krispler Höhenweg (Variante A), hin auf dem Höhenweg und retour auf der schmalen Zufahrtsstraße (Variante B) und für Freunde von ausgefallenen Rundwanderungen die Variante C mit dem etwas mühsamen Aufstieg über die Ostseite und als Belohnung mit dem Abstieg über den famosen Höhenweg.

Der malerische Seerosenteich auf dem Höhenkamm mit dem Hohen Göll im Hintergrund.

Schwierigkeit	leicht bis mittel. Die Ostweg-Variante erfordert eine gute Orientierungsfähigkeit.
Steigung	200 hm
Länge	6 bis 7 km
Gehzeit	2 ¾ Std.
Einkehr	Gasthaus Alpenrose, Tel. +43 (0)6240 244, www.gasthaus-alpenrose.at; Gasthaus Zillreith, Tel. +43 (0)6240 363, www.zillreith.skyone.at; Halleiner Haus, Tel. +43 (0)6240 21702, www.halleinerhaus.at.
Anreise	A 1 Abfahrt Hallein. Über den Kreisverkehr in das Wiestal und im Ort Seefeldmühle nach Krispl. Parken in Höhe Krispl entlang der Straße. **Öffentlicher Verkehr:** Bus 450 ab Hallein Bhf. bis Krispl

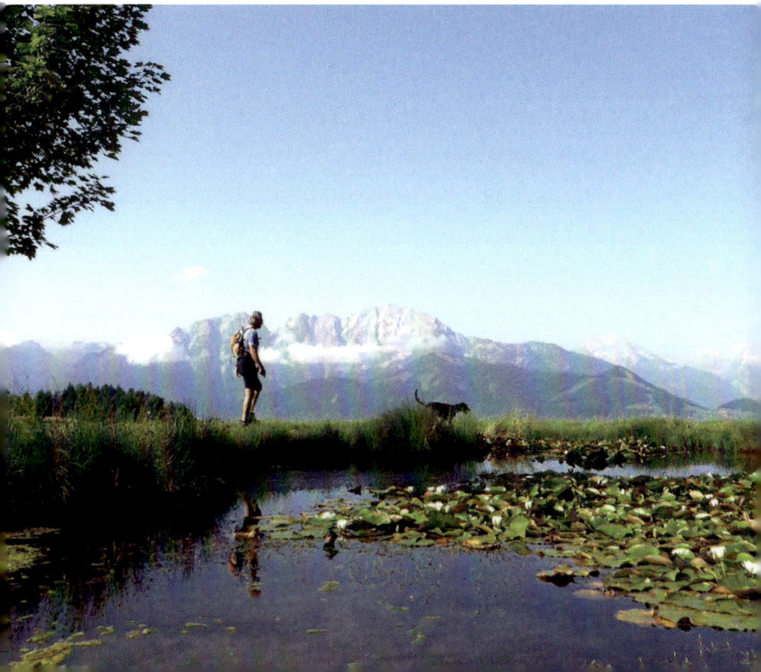

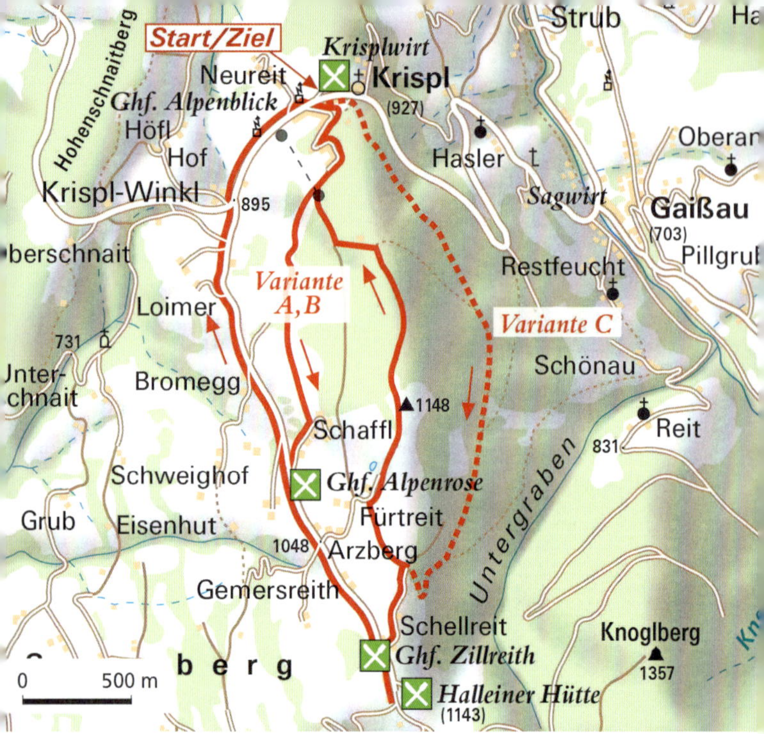

Von Krispl nach Zillreith (Variante A und B)

Die beiden einfachen Varianten A und B folgen der gelben Beschilderung 73, die auf der südlichen Straßenseite, schräg gegenüber der Krispler Kirche beginnt. Nach einem kurzen Stück entlang der Zufahrt schwenkt der Weg 73 nach rechts in den Wald, quert die Hänge, die im Winter als Skipiste dienen, und verläuft immer sonniger und aussichtsreicher bis zur Einmündung in die Zufahrt nach Zillreith (2,1 km). Auf dieser schmalen Straße wandern wir wenige Minuten später am schön gelegenen Gasthaus Alpenrose vorbei, das einen ausgezeichneten Ruf als Schnitzelwirt hat. Nach einem Kilometer entlang der Straße ist auch das Wirtshaus Zillreith erreicht (3,1 km). Hier endet die offizielle Autostraße. Wer möchte, kann auch noch dem Halleiner Haus (Gehzeit 15 Min.) einen Besuch abstatten. Jeder der drei gastronomischen Betriebe ist auf seine Art empfehlenswert. Hüttenflair bietet das Halleiner Haus, die beiden Gasthöfe sind gediegene, traditionelle Einkehrmöglichkeiten.

Von Krispl nach Zillreith (Variante C)
Eine ausgefallene, eher selten gewählte Möglichkeit, nach Zillreith zu gelangen, eröffnet ein alter, schwach markierter Almsteig, der auf der steilen Ostflanke des Höhenrückens verläuft. Ausgangspunkt ist wieder der Parkplatz gegenüber der Kirche, aber bereits nach den ersten Metern zweigt diese Route nach links zum Heim der Krispler Wandschützen ab. Der Weg verläuft links am Blockhaus vorbei. In der Folge tauchen immer wieder verwitterte, grün-weiße Markierungspunkte auf. Der Wegverlauf ist gut zu erkennen, etwas Aufmerksamkeit erfordert die Routenführung, die immer auf der Ostseite des Rückens bleibt, aber schon. Eine offene Weidefläche wird gequert (2 km), danach verengt sich der Steig noch mehr. Nach einem kurzen Steilstück treffen wir auf einen Zaun und folgen diesem schräg nach links. Der alte Steig erreicht wenig später eine Hofzufahrt, die in die Verbindungsstraße Krispl–Zillreith einmündet (3,2 km). Entlang dieser geht es linker Hand in wenigen Minuten zum Gasthof Zillreith (3,4 km) oder noch weiter bis zum Halleiner Haus.

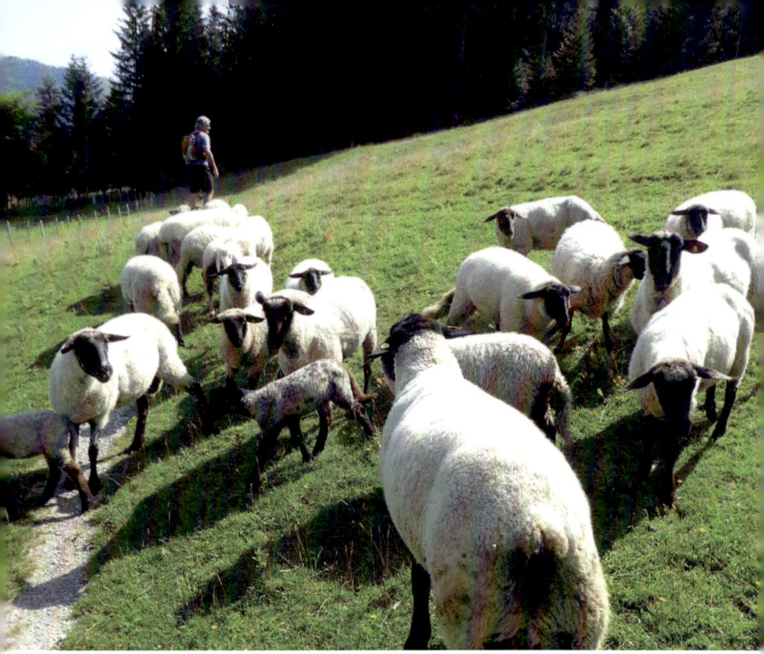

Die Schwarznasenschafe sind Wanderer gewohnt.

Abstieg von Zillreith nach Krispl

Als einfachste Abstiegsvariante bietet sich, neben der bereits bekannten Route auf dem Höhenweg, die asphaltierte Zufahrtsstraße Krispl–Zillreith an.

Abwechslungsreicher ist jene beschilderte Möglichkeit, die zwischen Zillreith und Alpenrose von der Straße nach rechts abzweigt und dann dem leicht ansteigenden Rückenverlauf folgt. Der absolute Höhepunkt dieser Variante ist ein versteckter Seerosenteich, der sich knapp vor dem höchsten Punkt und vor einem Übergang auf der linken Wegseite befindet. Interessant, oder vielmehr ernüchternd, ist die Entstehungsgeschichte

dieses idyllischen Ortes, an dem sich regelmäßig Naturliebhaber für ihre stillen Yoga-Übungen treffen: eine fehlgeleitete Fliegerbombe am Ende des Zweiten Weltkriegs erzeugte diesen Krater, der sich im Laufe der Jahrzehnte, wie zum Trotz, mit Leben und Blumen füllte.
Der Weg führt vom Teich immer geradeaus dem Kamm folgend, beinahe unmerklich den höchsten Punkt (1148 m) querend, über die Buckelwiese auf ein Holzhaus am Waldrand zu. Zwei Zäune müssen noch überstiegen werden, dann schwenkt der Weg leicht nach rechts und trifft auf eine Forststraße. Entlang dieser geht es, immer dem Rückenverlauf in nördlicher Richtung folgend, zu einer einsamen Holzhütte im Wald. Wenig später trifft der mitunter morastige Weg auf den letzten Teil des Krispler Höhenweges, auf dem es an den Startpunkt in Krispl retour geht (3,2 km).

24 Die Schlenkenrunde

Der Schlenken (1648 m) gehört ja nicht zu den ganz unbekannten Zielen im Salzburger Zentralraum. Beliebt ist er zu jeder Jahreszeit, wobei im Herbst besonders viele Wanderer zum Sonne-Tanken auf den Berg mit der ausgeprägten Süd-West-Ausrichtung pilgern. Der Tag mit dem stärksten Besucherandrang ist jedoch mit ziemlicher Sicherheit der 31. Dezember. Die Wetterlage ist egal, es finden sich bei jeder Witterung Hunderte Bergfreunde zum Anstoßen auf ein gutes kommendes Jahr unter dem Gipfelkreuz ein. Dieser Wandervorschlag allerdings bleibt im mittleren Bergdrittel und verbindet den Broswirt bei Bad Vigaun mit der Halleiner Hütte und dem Adneter Ortsteil Spumberg.

Bei dieser sonnigen Genussrunde über dem Salzachtal wandern wir an vielen Höfen in prachtvoller Lage vorbei. Die liebevoll gepflegten Bauerngärten sind da oft wie ein Vorhof zum Paradies, und die Obststreuwiesen präsentieren sich im Frühling genauso bunt wie zur Erntezeit im Herbst. Einer dieser ganz besonderen Plätze ist der Hof Unteregg in Adnet, bei dem ein umfangreiches Kräutergartl angelegt wurde. Von Christine Brunauer, der Gestalterin dieses kleinen Paradieses

An klaren Spätherbsttagen rückt der Dachstein scheinbar immer näher in Richtung Trattberg und Schlenken.

Schwierigkeit	mittel
Steigung	700 hm
Länge	11 km
Gehzeit	3 ¾ Std.
Einkehr	Broswirt, Bad Vigaun, Tel. +43 (0)6245 83409; Halleiner Hütte, Tel. +43 (0)6240 21702 oder +43 (0)664 88674277, www.halleinerhaus.at
Extratipp	Unteregg's Kräutergartl, Christine Brunauer, TEH Praktikerin, Tel. +43 (0)664 73725978 oder +43 (0)6245 74348, www.untereggs-kraeutergartl.at
Anreise	A 10, Abfahrt Hallein, dann auf der B 159 nach Bad Vigaun und weiter Richtung St. Koloman bis zur Abzweigung Rengerberg, links. Nach 2 km Parkplatz Broswirt

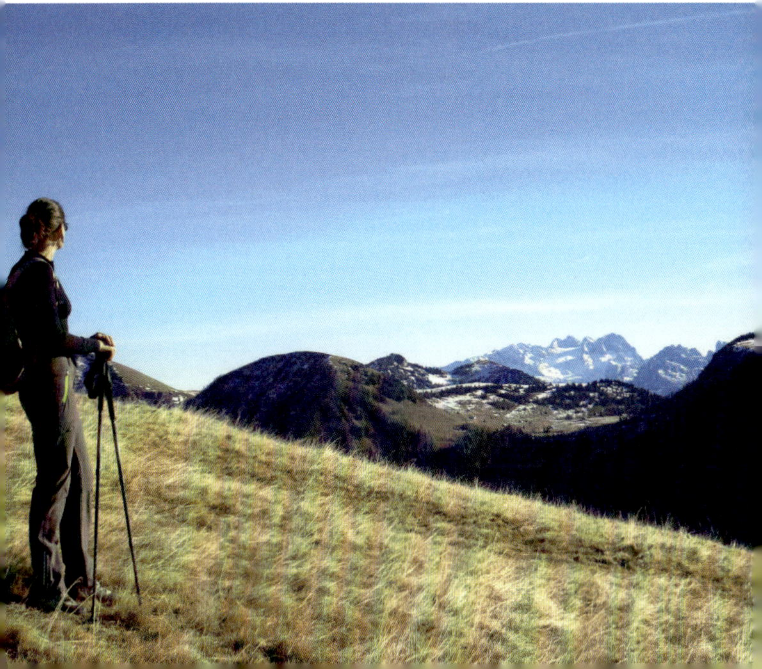

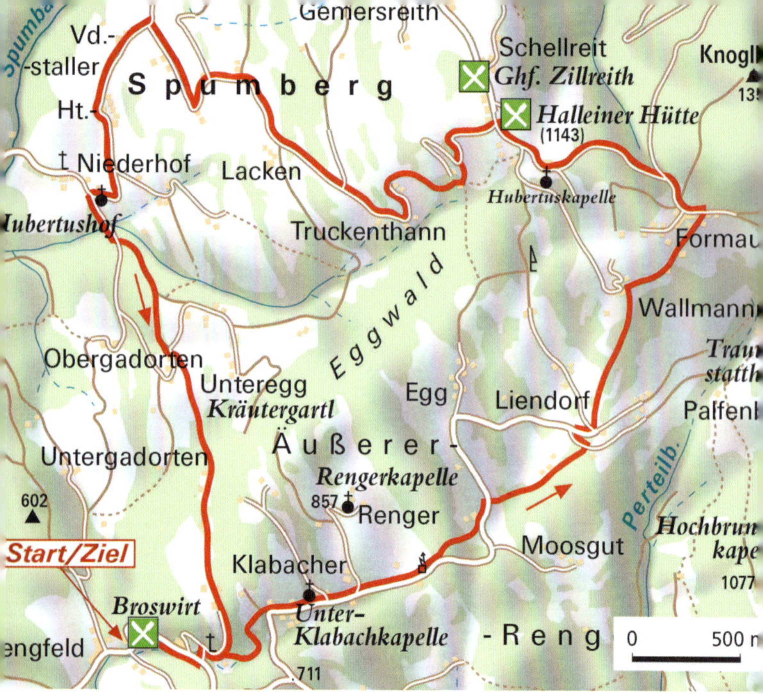

am Fuße des Schlenken, erhalten wir wertvolle Tipps. Bei ihr werden die Kräuter nicht nur zum Würzen der Speisen verwendet, hier bekommen Fenchel & Co. ihren großen Auftritt auch als Hauptgang in der Speisenfolge. Schmecken Sie ruhig rein, es zahlt sich aus.

Auch die bekannte Salzburger Volkskundlerin Nora Watteck, die sich unter anderem bei der Bergung der weltberühmten Schnabelkanne am Halleiner Dürrnberg Verdienste erwarb, lebte zwischen 1939 und 1949 auf dem Spumberg bei Adnet. In dieser brisanten und entbehrungsreichen Zeit, in der es an vielen Grundnahrungsmitteln mangelte, entschied sich die Forscherin zum Schritt in die Selbstversorgung. Mit den Produkten aus der kleinen, autonomen Landwirtschaft kam sie gut über die Runden. In dem bewegenden Buch „Alltag ohne Wiederkehr. Bergbauernleben vor einem halben Jahrhundert“ (erschienen im Verlag Anton Pustet, 1991) beschreibt sie ohne Pathos die Höhepunkte und die Rückschläge dieser Zeit.

Vom Broswirt über Formau zur Halleiner Hütte

Vom Ausgangspunkt Broswirt an der Rengerbergstraße zweigt der Weg 841 („Formau“) nach links ab. Weiter oben trifft der Waldweg wieder auf die Äußere Rengerbergstraße und folgt dieser an der Unterklabach Kapelle vorbei, einen knappen Kilometer lang bis zu einer neuerlichen Abzweigung. Durch schönen Mischwald führt der stille Steig zum Liendorfparkplatz (1050 m), dem Endpunkt der Äußeren Rengerbergstraße (2,3 km). Nun verläuft der Weg wieder über sonnigere und aussichtsreichere Regionen. Interessant ist auch die bauliche und architektonische Entwicklung der Ferienhäusersiedlung Formau-Wallmannreit. Hier gibt es vom Luxus-Anwesen mit Videoüberwachung bis zum einfachen Schrebergartenhaus so ziemlich alle nur möglichen Bau- und Geschmacksstile. Nach diesem Höhepunkt der Wanderung, zumindest was die relative Seehöhe betrifft (1 250 m), geht es nun links abzweigend (3,4 km) mit dem Weg 840 Richtung Zillreith zur Halleiner Hütte weiter (4,3 km).

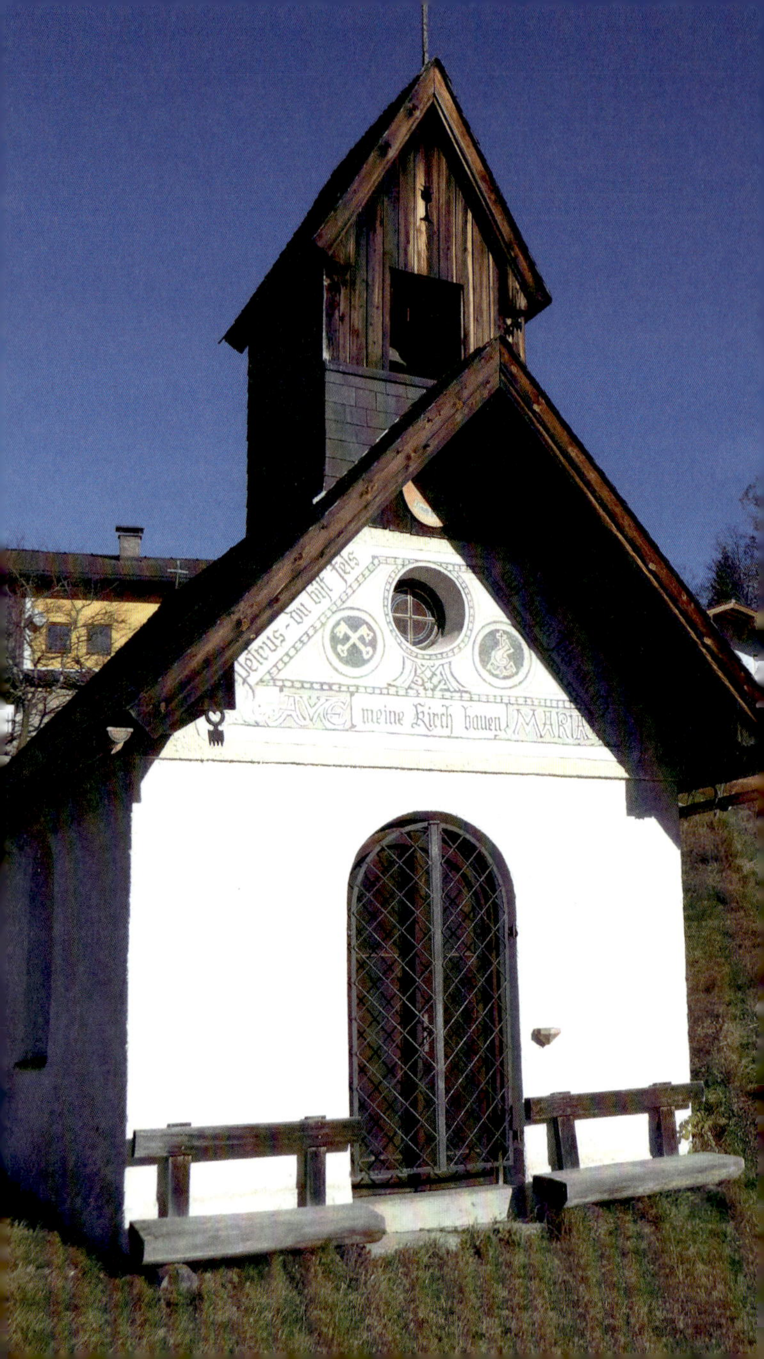
Petrus - du bist Fels
AVE meine Kirch bauen MARIA

Von der Halleiner Hütte über Spumberg zum Broswirt

Die gemütliche Halleiner Hütte (1 150 m) ist eine angenehme Mischung aus Alpengasthaus und Berghütte. Das Haus ist ganzjährig geöffnet, aber ein besonderer Genuss ist natürlich die herrliche Sonnenterrasse mit Blick auf das Salzachtal. Der Weg führt von der Halleiner Hütte noch ein Stück entlang der Zufahrt und zweigt dann Richtung „Waidach, Adnet" nach links ab. Über 100 Höhenmeter bis zum Hof Druckentann (5,7 km) folgt nun ein steiles, mitunter auch rutschig feuchtes Wegstück, danach orientiert sich die Route 840 über zweieinhalb Kilometer an der wenig befahrenen Zufahrt. Bei einer Wegkapelle (8,2 km) verläuft die Rundwanderung Richtung Unteregg's Kräutergartl leicht bergansteigend nach links. Bei diesem schön gelegenen Hof endet die Zufahrt (9,5 km), nun quert der Weg einen Hang und überwindet zum Schluss noch eine kurze Steilstufe, bevor der Ausgangspunkt Broswirt wieder erreicht ist (11 km).

Die Unterklabach-Kapelle an der Äußeren Rengerbergstraße ist die größte Kapelle im Gemeindegebiet von Bad Vigaun.

25 Auf der Latschenalm

Das Gebiet Spielbergalm im Gemeindegebiet Gaißau ist sowohl im Sommer als auch im Winter ein beliebter Treffpunkt der Freizeitsportler. Wir nähern uns allerdings diesmal von einer weniger stark frequentierten Seite. Den Römer-Rundwanderweg, der beim herrlich gelegenen Hof Lasser beginnt, gibt es in dieser Form auch noch nicht sehr lange. Ob er den römischen Siedlern als Weg gedient hat, ist eher unwahrscheinlich, aber er führt zu einer Stelle, die tatsächlich stark an eine Römerstraße erinnert.

Schwierigkeit	leicht
Steigung	400 hm
Länge	7,7 km
Gehzeit	3 Std.
Einkehr	Latschenalm, Tel.+43 (0)6240 547 oder +43 (0)664 105037, www.latschenalm.at
Anreise	A 10, Abfahrt Hallein. Auf der Wiestal Landesstraße 9 km bis Abzweigung Gaißau, Krispl (nach rechts). Sechs Kilometer zum Parkplatz der Bergbahnen Gaißau, an diesen vorbei und nun zuerst der Richtung Schmittenstüberl, dann der Beschilderung „Lasser" folgen. Parkplatz am Ende der Straße beim Lasserbauer auf 1 020 m Seehöhe, freiwillige Parkplatzspende

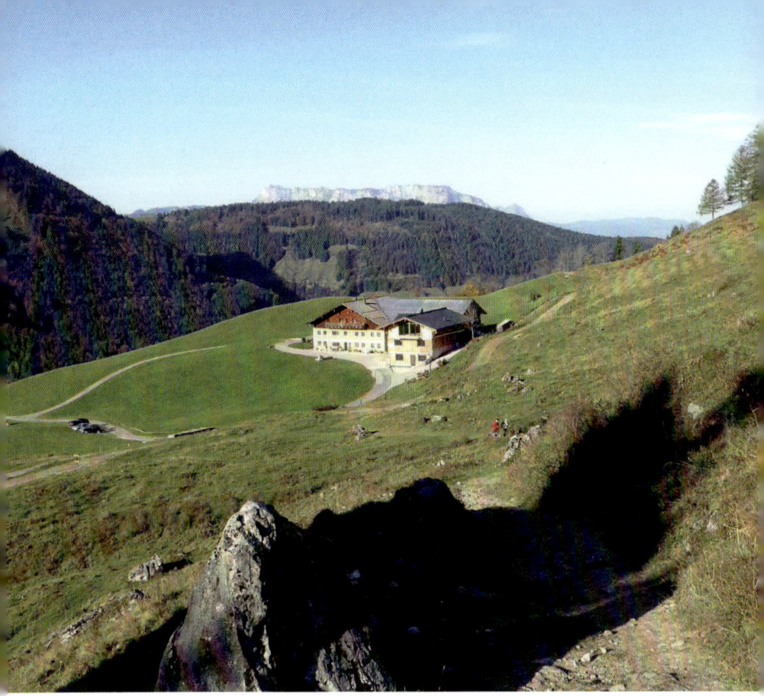

Der Hof Lasser ist der wunderschön gelegene Ausgangspunkt.

An einigen Stellen im Land Salzburg haben die römischen Siedler, die zwischen Christi Geburt bis zur Völkerwanderung (um 470) für eine lange, friedliche Phase in der Provinz Noricum sorgten, tatsächlich gut erkennbare Spuren hinterlassen. In der nahen Ortschaft Puch etwa steht bei der Kirche ein römischer Meilenstein und erinnert an die wichtige Handelsstraße, die den Norden mit dem Süden des Reiches verband und quer durch das Salzburger Land verlief. Auch einige Almnamen, wie etwa die Gugelanalm auf der Schmittenstein-Südseite, deuten auf römische Ursprünge hin. Jenes freiliegende,

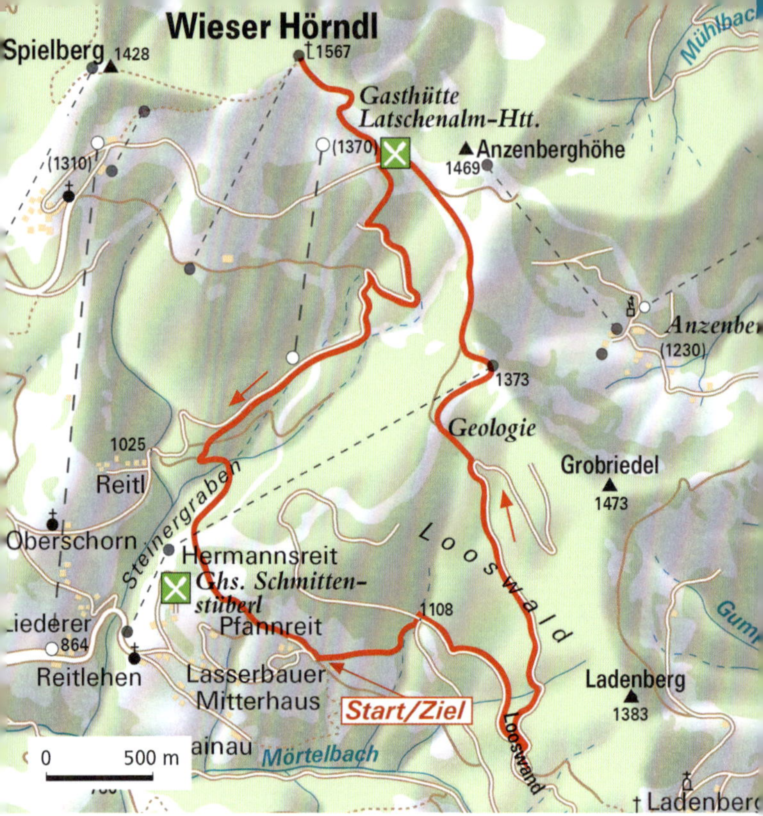

kahle Felsband mitten im Wald nahe beim Kurvenlift Gaißau könnte ebenfalls als Straßenverlauf aus dieser Zeit gedeutet werden – wenn die römischen Straßenbau-Ingenieure je einen so einen steilen Abschnitt zugelassen hätten. Doch wäre in diesem Fall keines der genormten Fuhrwerke zur Latschenalm hinaufgekommen. Des Rätsels Lösung ist ein erfinderischer Forstmann, für den dieser markante Punkt im Wald ganz einfach römische Ursprünge hat. Firste, Törl und Bichel gibt es als Landmarkierungspunkte ja wirklich schon genug.

Vom Hof Lasser über die „Römerstraße" zur Latschenalm

Vom Parkplatz beim Lasserbauer wandern wir entweder auf dem markierten Abkürzungssteig oder auf dem gemütlicheren Wirtschaftsweg der Markierung „Römer-Rundwanderweg 80" (RRWW) folgend zu einer Weggabelung (1,7 km). Unsere Route 80 führt nach links und folgt dem Forstweg teils durch lichten Wald, aber insgesamt angenehm sonnig zu jenem etwa 50 Meter langem und vier Meter breiten Felsband im Boden, welches da so unvermittelt an einer kleinen Steilstufe auftaucht. Wie absichtlich gepflastert schaut die Stelle aus, aber alles ist nur eine Laune der Natur bzw. der Geologie. Überraschend ist allerdings, wie dünn hier die Vegetationsdecke ist. Nur einige Zentimeter Erdreich liegen seitlich auf und erlauben trotzdem ergiebiges Wachstum. Bis jetzt hat das Skigebiet Gaißau-Hintersee keine (optische) Rolle gespielt, aber nun treffen wir auf die Abfahrtstrasse des Kurvenliftes, der wir rechts abzweigend bis zur Bergstation folgen (3,7 km). Von diesem Punkt auf 1 370 Meter Seehöhe führt ein gemütlicher Verbindungsweg in 20 Minuten zur malerisch gelegenen Latschenalm (1407 m) unter dem Wieserhörndl (4,8 km). Die Hütte ist mit vielen liebevollen Details ausgestattet, und auch in der Küche wird mit der gleichen Hingabe gezaubert.

Von der Latschenalm über die Skiabfahrt zum Hof Lasser

Die Latschenalm ist nicht nur ein guter Einkehrpunkt, von hier aus könnte bei Bedarf auch ein g'schmackiger, leicht verdaulicher Gipfel als Nachtisch oder als Dessert am Programm

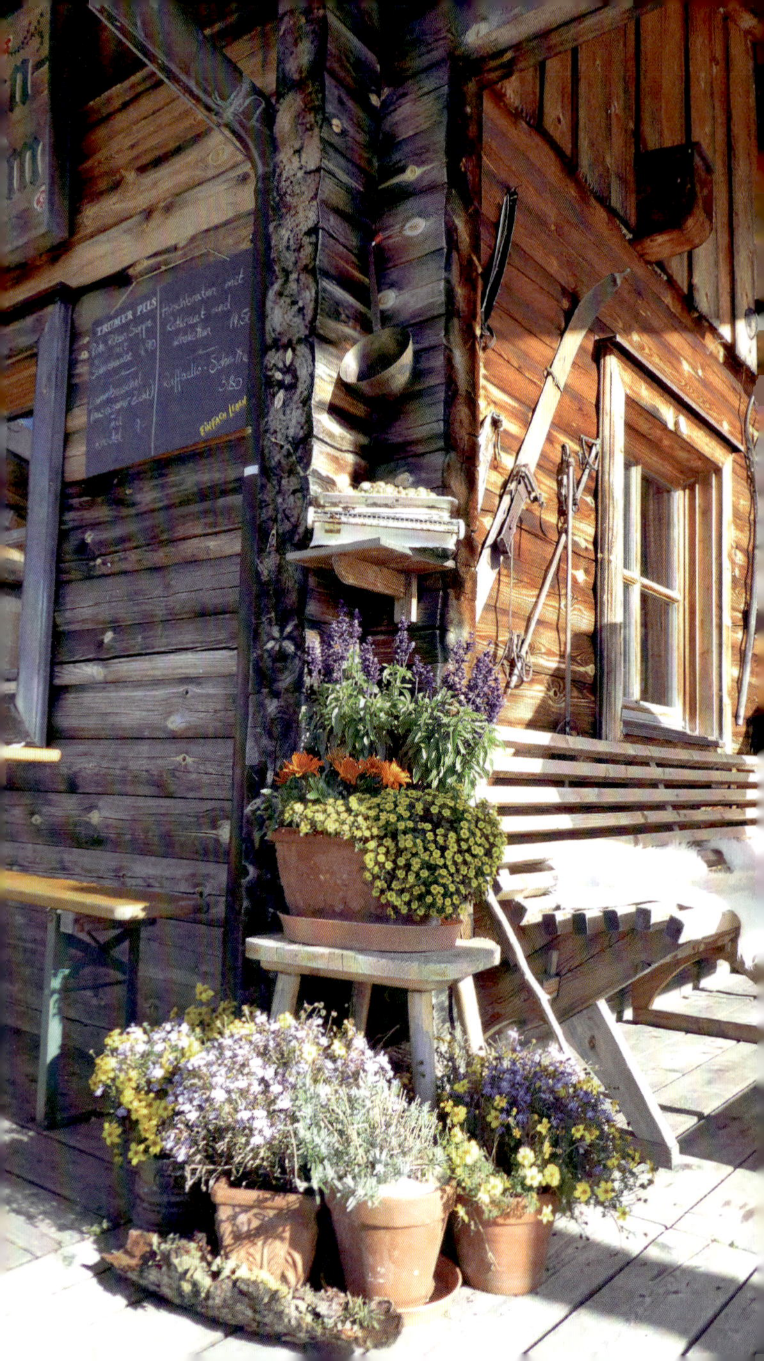
TRUMER PILS
Hirschbraten mit

stehen. Der unkomplizierte Anstieg auf das Wieserhörndl (1 567 m) nimmt eine halbe Stunde oder etwa 420 Kalorien in Anspruch. Und da oben am Gipfel warten nicht nur herrliche Ausblicke, die vom Wallersee bis zum Dachstein reichen, sondern auch die namensgebenden Latschen. Der Abstieg von der Latschenalm (Schild RRWW 80) zurück zum Lasserbauer folgt der Piste in südlicher Richtung. An der Talstation des Vierer-Sessellifts vorbei bleibt der Weg noch auf der Piste, zweigt dann aber an einer markierten Stelle nach links zum Kurvenlift hinüber. Die Schleppliftspur wird gequert (6,9 km), wenig später führt der Pfad in das offene, sonnige Gelände hinaus. An nicht zu übersehenden Steinmandln vorbei geht es auf einen Wirtschaftsweg hinab und auf diesem linker Hand retour zum Hof Lasser (7,7 km).

Auf der Latschenalm erfreuen viele liebevolle Details.

26 Am Zinkenkogel

Der Zinkenkogel (1336 m) oberhalb von Bad Dürrnberg ist im Sommer wie im Winter das erklärte Ziel vieler Freizeitsportler. Die grenzüberschreitende Runde über Gmerk führt an alten Salzstollen vorbei und folgt dann dem Wasserleitungsweg Richtung Zinkenkogel. Von der Bergstation am Zinken bieten sich drei Möglichkeiten für die Rückkehr an: mit dem Sessellift, mit der Sommerrodelbahn oder zu Fuß über den bequemen Wirtschaftsweg.

Schwierigkeit	mittel
Steigung	500 hm
Länge	7,5 km
Gehzeit	3 Std.
Einkehr	Zinkenstüberl, Tel. +43 (0)6245 70367, www.zinkenstueberl.at
Anreise	Über die A 10 oder die B 159 nach Hallein und vor der nördlichen Stadteinfahrt 4 km weiter nach Bad Dürrnberg auf den Parkplatz der Zinkenbahn. **Öffentlicher Verkehr:** Bus 41 ab Hallein Bhf. bis Haltestelle Bad Dürrnberg Zinkenlift.
Zinkenlifte	Weißenwäschweg 19, 5422 Bad Dürrnberg, Tel. +43 (0)6245 85105, www.duerrnberg.at
Extratipp	Keltenmuseum Hallein, Tel. +43 (0)6245 80783, www.keltenmuseum.at

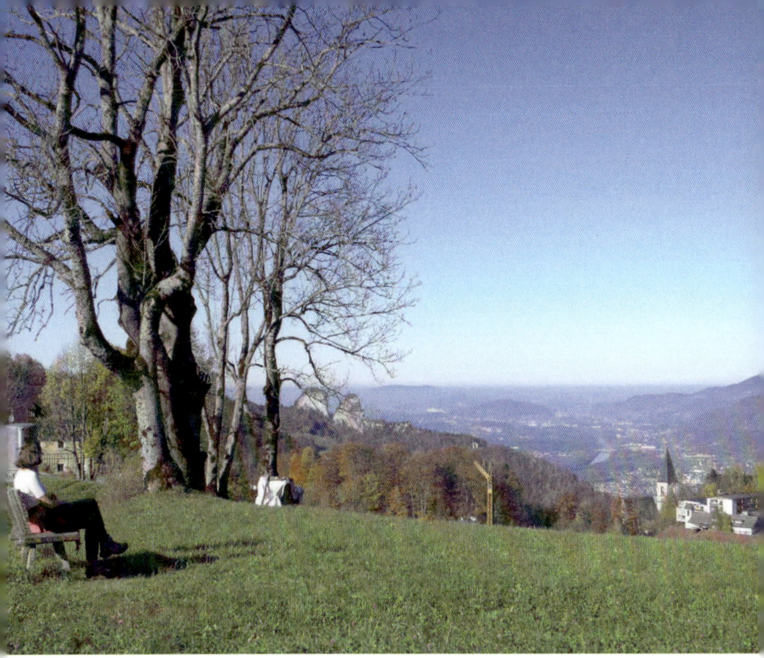

Der Blick Richtung Norden über Bad Dürrnberg
und die beiden Barmsteine.

Die Landschaft rund um Bad Dürrnberg ist sowohl oberirdisch als auch unter der Erdoberfläche voller Schätze. Das Salz im Berg war schon vor über zweieinhalb Jahrtausenden für die Kelten der Grund zur Ansiedlung. Nach dem Erlöschen dieser glanzvollen Epoche ging auch das Wissen um das Salz verloren. Es dauerte über 1 000 Jahre, bis die Qualität der Dürrnberger Salzvorkommen erneut erkannt wurde. Dafür aber gleich in einem Ausmaß, das den Fürsterzbischöfen als Besitzer der Bergwerke ermöglichte, die Residenzstadt Salzburg mit größtmöglicher Pracht auszustatten. Die Stadt Hallein, in der sich die rußenden Sudpfannen befanden, bekam vom Glanz des

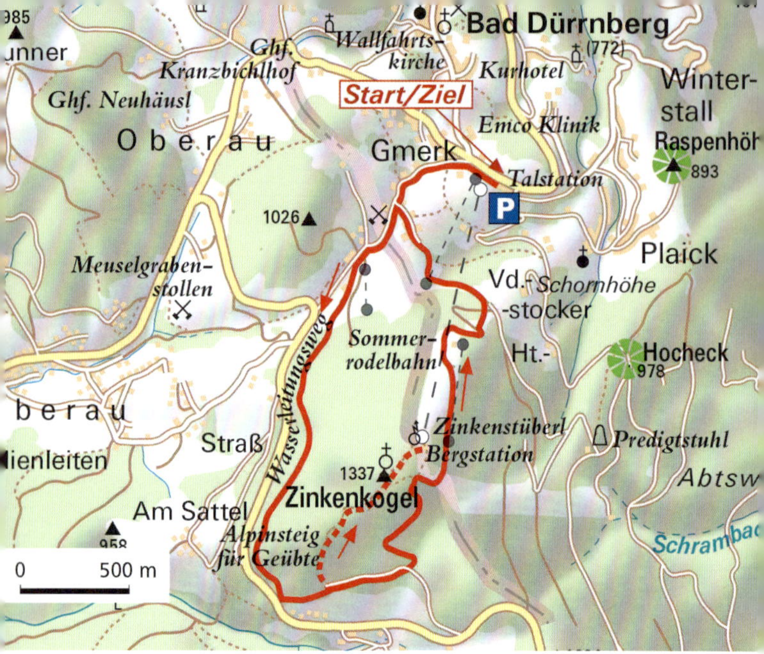

weißen Goldes nicht viel mit. Immerhin wurde am Dürrnberg eine reich geschmückte Wallfahrtskirche erbaut, die bei ihrer Einweihung im Jahr 1596 als „gläserne Kirche“ bezeichnet wurde, weil die Marmorfassade so spiegelte.

An die Kelten dachte kaum noch jemand, auch nicht, als die völlig unversehrte Leiche eines keltischen Knappen im Jahre 1577 aus dem Freudenbergstollen geholt wurde. Einmal an der Luft, verfaulte der unheimliche Fund innerhalb weniger Wochen vor der Friedhofsmauer. Für die Wissenschaft kam der Sensationsfund um einige Jahrhunderte zu früh. Heute ließen sich mit einem derart gut konservierten Körper viele Rätsel rund um dieses geheimnisvolle Volk lösen. Aber die Kelten am Dürrnberg hinterließen auch zahlreiche andere Gegenstände: die einzigartige Schnabelkanne bei der Hexenwand unterhalb der Kirche, oder zahlreiche Gräber mit wertvollen Grabbeigaben. Die Funde am Dürrnberg sind noch lange nicht abgeschlossen, beinahe jedes Jahr haben die Archäologen Grund zum Jubeln. Das sehr sehenswerte Keltenmuseum in Hallein ist eines der wichtigsten europäischen Forschungszentren für diese Epoche und hier sind auch die wertvollsten Exponate ausgestellt.

Von Bad Dürrnberg über Gmerk auf den Zinkenkogel

Ausgangspunkt für die Autofahrer ist der große Liftparkplatz in Bad Dürrnberg. Von diesem geht es über den Weißenwäschweg nach rechts zur Talstation der Zinkenlifte und dann über einige Stufen hinab zur Weggabelung bei der Dürrnbergstraße (Bushaltestelle), wo die Route 12 auf den Zinkenkogel beginnt. Dort befindet sich mit dem Hoswaschberg der älteste nachweisbare Stollenaufschlag des Dürrnberger Salzbergwerkes. Begangen wurde er von 1309 bis 1600. Wir folgen der steilen Rumpelgasse nach rechts, die wenig später am ehemaligen Tagschurfwerk Gmörkberg vorbeiführt. Weiter oben zweigt eine Routenvariante nach links ab, wir bleiben aber auf der Rumpelgasse, die an einem weiteren Stolleneingang vorbei zum Grenzübergang Gmerk führt (1 km). Der rot-weiße Grenzbalken ist zwar meistens geschlossen, aber vorbei sind die Zeiten, als hier scharf kontrolliert wurde. In die jeweiligen Grenzhäuschen ist neues Leben eingezogen, nur die Tafel und der alte Grenzstein erinnern an den Übergang von Österreich nach Bayern. Und

die Sprache vielleicht auch noch: Die Jause wird zur Brotzeit, und das „a“ wird zum „o“.
An schönen Höfen und geschmackvoll renovierten Stadeln vorbei wandern wir hinein nach Gmerk und zweigen dort nach links Richtung Zinkenkogel (Weg 12, 12a) ab. Der Pfad quert leicht ansteigend eine Wiese und führt in den Wald. Wir folgen dem Wasserleitungsweg, der oberhalb der Roßfeldstraße auf der Westseite des Zinkenkogels verläuft und lernen dabei die (lebens-)wichtige Funktion eines gesunden Schutzwaldes kennen. Als Anschauungsbeispiel für eine fehlende Schutzfunktion dient eine kleine, ungefährliche Hangrutschung bei einem baumfreien Graben mitten im Wald. Der Wasserleitungsweg trifft auf eine Abzweigung, von der ein alpiner Steig (Weg 12) nach links auf den Zinkenkogel verläuft (2,8 km). Wer in der Art des bisherigen Wegs weitergehen will, zweigt erst bei der nächsten Gabelung nach links ab und folgt diesem breiten Wirtschaftsweg (Weg 12a). Beide Varianten, entweder alpin über den Gipfelkamm, oder etwas länger und gemütlicher über den Wirtschaftsweg, führen zum Zinkenstüberl bei der Bergstation der Zinkenlifte (4 km).

Von der Bergstation der Zinkenlifte nach Bad Dürrnberg

Das Zinkenstüberl verfügt über eine feine Auswahl an Speis' und Trank, über einen gewaltigen Panoramablick und sogar über ein kleines Skimuseum. Die in arabischer Schrift verfasste Speisekarte lässt vermuten, dass im Sommer viele Gäste aus diesem Sprachraum auf den Zinken kommen. Im Winter wiederum treffen sich hier heimische Tourengeher, besonders am Abend ist das Zinkenstüberl ein beliebter Treffpunkt für Late-Night-Sportler. Gesellig geht es hier immer zu, aber irgendwann muss die Entscheidung zum Abstieg fallen. Die Mutigen könnten über die Sommerrodelbahn ins Tal flitzen, für die Wanderer mit Knieproblemen ist die Talfahrt mit dem Sessellift eine Option. Die sportlichen Geher werden sich für den Rückweg über den Wirtschaftsweg entscheiden. Dieser führt unterhalb der Einstiegsstelle Richtung Südosten und verläuft dann in einem weiten Bogen über die begrünten Skipisten hinab zur Bergstation des untersten Schleppliftes (5,9 km). Dort wird die Wiese zuerst Richtung Gmerk gekreuzt, dann wandern wir scharf nach rechts, wieder eine Wiese querend, zum asphaltierten Protestantenweg hinüber, auf dem es in 10 Gehminuten an den Startpunkt retour geht (7,5 km).

Wahrscheinlich die schnellste Möglichkeit für den Rückweg vom Zinken nach Bad Dürrnberg.

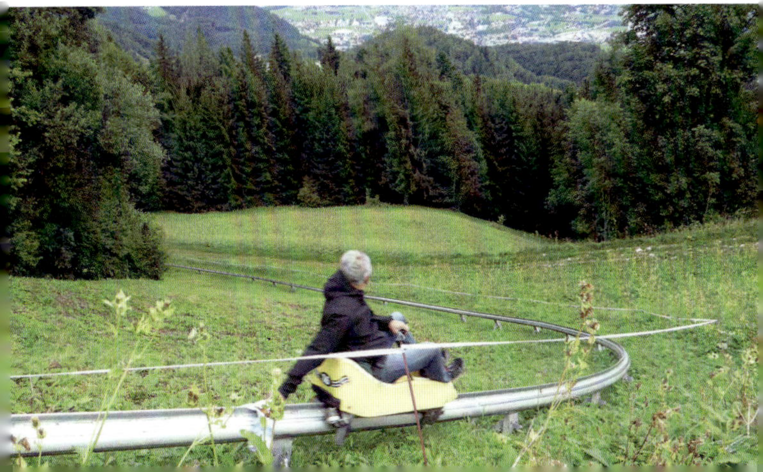

27 Das Tauglgries

In Bad Vigaun sprudelt die Barbaraquelle aus einer Tiefe von 1354 Metern mit 38 Grad ans Tageslicht und befüllt die Becken des Heilbades. Ein anderer unterirdischer Wasserschatz ist ein riesiger Grundwassersee unter dem Tauglgries, der den Norden Salzburgs mit bestem Trinkwasser versorgt. Die für unsere Zwecke aber wichtigste Wasserschiene ist die Taugl, der wir zwei Kilometer flussaufwärts bis zur sogenannten Römerbrücke folgen. Auf dieser kontrastreichen Strecke mit weiten Schotterflächen bis hin zur klammartigen Verengung wird ein überaus wertvoller Lebensraum von seltenen Tierarten durchquert.

Schwierigkeit	leicht
Steigung	40 hm
Länge	5,5 km
Gehzeit	2 Std.
Einkehr	Gasthof Neuwirt, Tel. +43 (0)6245 83434, www.neuwirt-badvigaun.at.
Anreise	A 10, Abfahrt Hallein, auf der B 159 Richtung Golling bis Kreisverkehr Bad Vigaun. Parkplatz nach der Kirche rechts. **Öffentlicher Verkehr:** ab Salzburg Hbf mit S 3 bis Hallein Bhf oder Bad Vigaun Bhf, weiter mit Bus 460 bis Bad Vigaun Gemeindeamt
Extratipp	Heimatmuseum „Mesnerhäusl", Info zu Führungen unter Tel. +43 (0)6245 83438, www.badvigaun.at

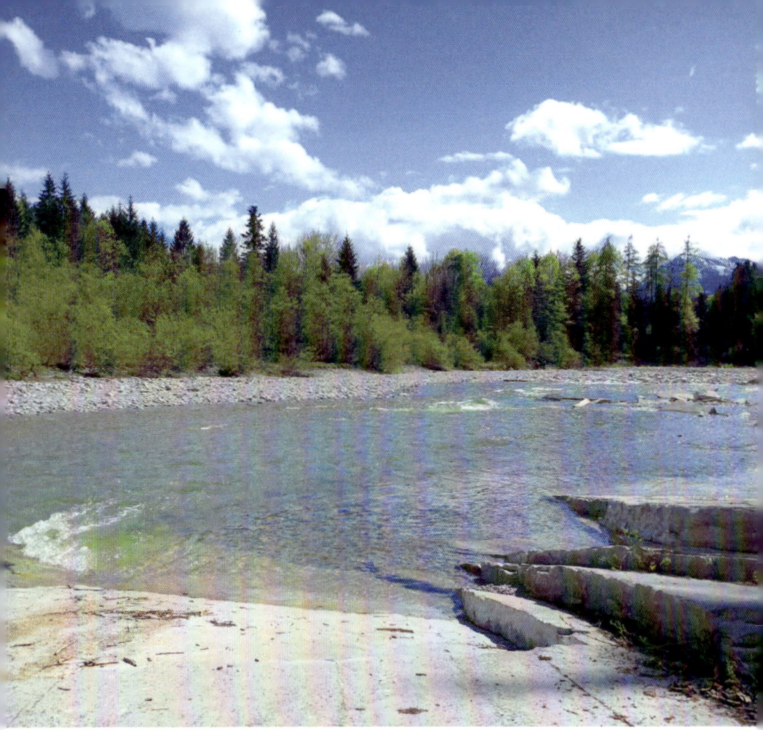

Die Taugl am Übergang vom wilden Gebirgsbach zum breiten Geschiebefluss.

Unter der Bezeichnung „Lebensader Taugl“ wird der interessierten Öffentlichkeit ein Lebensraum vorgestellt, der es verdient, genauer unter die Lupe genommen zu werden. Zu verborgen sind da die Raritäten und oft mit ungeschultem Auge kaum wahrnehmbar. Wer hätte schon gedacht, dass hier eine der seltensten Heuschreckenarten Österreichs vorkommt? Oder dass es nur mehr wenige Schotterflächen wie diese gibt, die für einige Vogelspezialisten den idealen, überlebensnotwendigen Brutort darstellen. Nach der faszinierenden

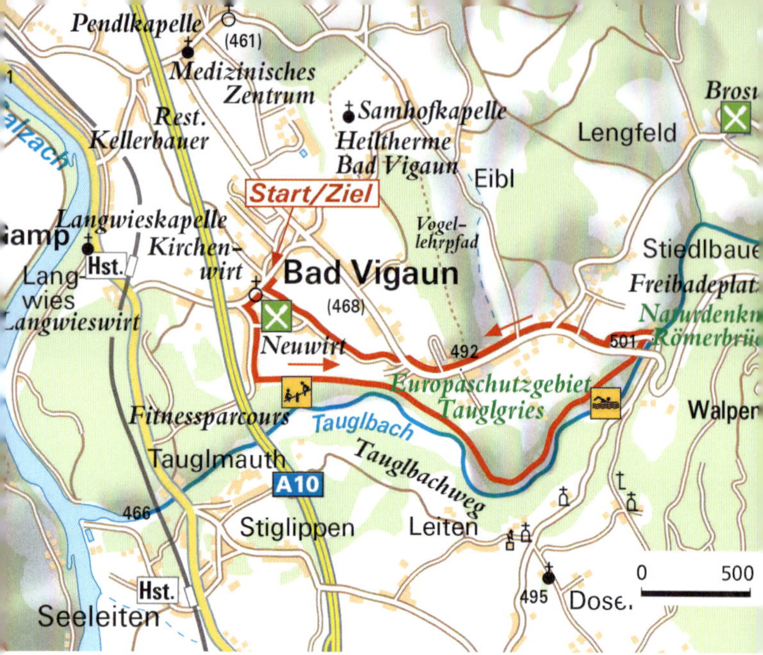

Exkursion durch das Naturschutzgebiet wissen wir mehr und schätzen das kahle Gries genauso wie die fantastischen Felsformationen am Ende des Tauglweges. Dort gibt es auch die besten Einstiegsstellen für Badenixen.

Von Bad Vigaun zur Römerbrücke

Ausgangspunkt ist der zentrale Parkplatz nahe der Pfarrkirche in Bad Vigaun. Die Gelegenheit zu einem Besuch in der gotischen Kirche sollten wir nützen, die aufwendig renovierte Kirche erstrahlt in schönstem Glanz. Der wertvolle Marmor aus den Brüchen im benachbarten Ort Adnet ist hier in vielen meisterhaften Kunstwerken vergangener Jahrhunderte präsent. Aber auch ein moderner Brunnen vor der

Friedhofsmauer ist ganz diesem faszinierenden Material gewidmet, das uns durch die eingeschlossenen Fossilien bis in das tiefste Erdmittelalter zurückblicken lässt. Von der Kirche wandern wir durch das Ortszentrum am Gasthof Neuwirt vorbei und folgen der Dorfstraße bis kurz vor der Autobahnunterführung. Hier zweigt unser Weg zur Taugl nach links ab und durchquert einen originellen Spielplatz, der für die Kinder im wahrsten Sinn ergreifend ist (0,7 km). Der Weg trifft auf die Schotterflächen, auf denen sich erstmals die Taugl zeigt, oder, je nach Wasserstand, eben auch nicht. Ein Umstand, den die römischen Straßenbauer nutzten, um hier an dieser seichten oder meist wasserlosen Furt das Ufer zu wechseln. In der finsteren Zeit der Hinrichtungen war an diesem abgeschiedenen Ort der Richtplatz, später dann ein Holzrechen für den enormen Holzbedarf der Saline. Für das Gelege des seltenen Flussregenpfeifers bietet der Schotter auch heute beste Verstecke. Weil es sich um ein so wertvolles Brutgebiet handelt, herrscht für bestimmte, ausgewiesene Abschnitte ein Betretungsverbot zwischen dem 1. April und dem 31. Juli. Aber keine Sorge, es kommen noch genug Orte zum Verweilen und Rasten. Zunächst aber wandern wir an dem für diesen flussnahen Naturraum so typischen Strauch- und Weidenbewuchs vorbei und erreichen einen langen Holzsteg, der einen guten Überblick über das breite Gries und die Flussdynamik ermöglicht.

Etwas weiter flussaufwärts hat sich die Taugl-Ansicht schon wieder ziemlich verändert. Nun dominieren die dynamischen

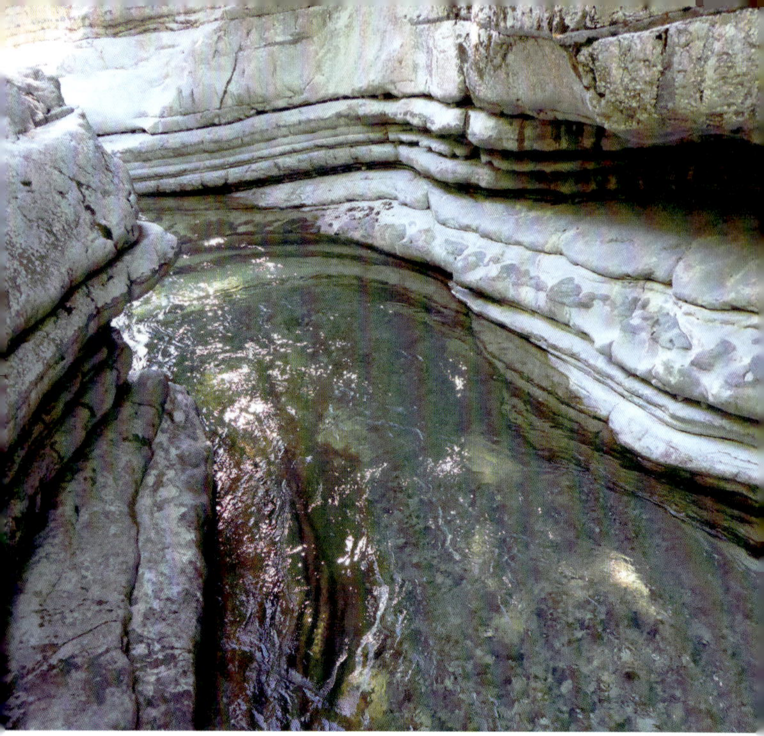

Der schluchtartige letzte Abschnitt der Taugl.

„Prallufer“, die durch die wechselnden Strömungsverhältnisse entstehen. Von einer Plattform aus können wir die Auswirkungen auf der gegenüberliegenden Seite erkennen, aber auch die Veränderungen an unserem Ufer wahrnehmen. Der Weg führt durch einen beeindruckenden Bergsturzwald zu einer ersten Verengung (2 km) und erreicht dann eine Uferregion, in der schräg verlaufende Kalkplatten dominieren. Über einige Stufen geht es nun bergauf zur Römerstraße Nord und entlang dieser rechts abzweigend zur Römerbrücke (3 km).

Von der Römerbrücke nach Bad Vigaun

Nach Möglichkeit vermieden die römischen Straßenerrichter den Bau von Brücken. An der Taugl fanden sie einen günstigeren Übergang an einer seichten Stelle weiter flussabwärts. Obwohl die Römerbrücke also nicht auf die römischen Einwanderer zurückgeht, ist sie immerhin die vermutlich älteste Steinbrücke im Land Salzburg. Bis zur Errichtung der neuen Brücke im Jahre 1974 lief der gesamte Verkehr nach St. Koloman über diese schmale Rundbogenbrücke. Von diesem, im Volksmund auch als „Teufelsbrücke" bezeichneten Übergang ergibt sich ein beeindruckender Ausblick auf einen Wasserfall, der trotz beachtlicher Sturzhöhe einigen besonders mutigen Kanufahrern als Übungsstrecke dient. Unsere Route ist einfacher, aber auch hier gibt es nun zwei Möglichkeiten. Entweder wir wandern wenige Meter zur St. Kolomaner Landesstraße hinauf und folgen dann dem Gehweg entlang dieser über einen Kilometer lang bis zur Abzweigung des Feldlweges nach links (4,7 km), oder wir gelangen zu diesem Punkt, indem wir auf dem bereits bekannten Weg entlang der Taugl bis zur Gabelung „Bad Vigaun" zurückgehen. Hier nun nach rechts und nach der kurzen Steigung dann über den Feldlweg, bzw. den Schulweg geht´s retour auf den Parkplatz (5,5 km).

28 Am Trattberg

Über 400 Pferde und Rinder verbringen jedes Jahr den Sommer auf der Trattbergalm. Mit der Christl-Alm, der Enzianhütte, der Moosangerlalm und der Wimmerhütte laden vier von den 20 bewirtschafteten Almhütten zur Einkehr ein. Im Herbst wird es ruhiger, aber gerade dann bieten die sonnigen Wanderwege, zumindest bis zum ersten Schneefall, höchst einladende Bedingungen. Nebelsicher, ein Maximum an Sonne und eine grenzenlose Fernsicht sind bestechende Argumente für einen letzten Herbstausflug auf den sympathischen Trattberg. Wege gibt es für alle Anlässe, wir folgen ganz einfach dem zeitweise beinahe promenadenartig verlaufenden Kamm auf den Hohen First und den Dürlstein.

Schon die Fahrt auf der neun Kilometer langen Panoramastraße ist ein Erlebnis für sich. Auch das Ende ist bemerkenswert und steht bei den Geologen hoch im Kurs: anstelle eines betonierten Parkplatzes, wie sonst oft üblich, dient ein riesiges verwittertes Kalkfelsplateau als natürliche Abstellfläche. Auch später treffen wir dann immer wieder auf die Verwitterungsformen des Karsts. Höhlen und Dolinen gibt es am Trattberg also einige. Eine davon ist der „Feuchte Keller". Diese Naturhöhle kann man sogar nach Absprache besichtigen. Sie ist nur wenige Gehminuten vom Parkplatz Hintertrattberg entfernt und wird von der Salzburger Höhlenrettung seit rund

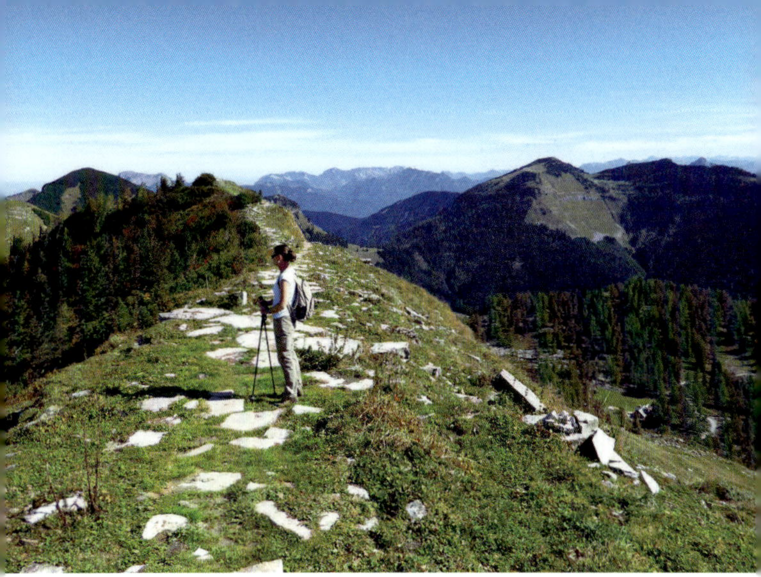

Über den promenadenartigen Kammweg geht es auf den Dürlstein (li.) weiter.

Schwierigkeit	mittel
Steigung	500 hm
Länge	6,5 km
Gehzeit	3 Std.
Einkehr	Moosangerlalm, Tel. +43 (0)664 9867763, www.moosangerlalm.com; Wimmeralm, Tel. +43 (0)6241 239, +43 (0)664 22 11 768
Anreise	A 10 Abfahrt Hallein und B 159 nach Bad Vigaun. Nun Richtung St. Koloman bis zur Abzweigung „Trattberg". Auf der Mautstraße neun Kilometer bis zum letzten Parkplatz Hintertrattberg. **Öffentlicher Verkehr:** Bus 460 ab Hallein Bhf. bis St. Koloman Hintertrattberg. Der Bus fährt nur Samstag und Sonntag bis Ende Oktober.
Extratipp	Höhlenbegehung „Feuchter Keller", Anm. A. Bernberger, Tel. +43 (0)650 69 704 02 oder über Wimmeralm (s.o.)

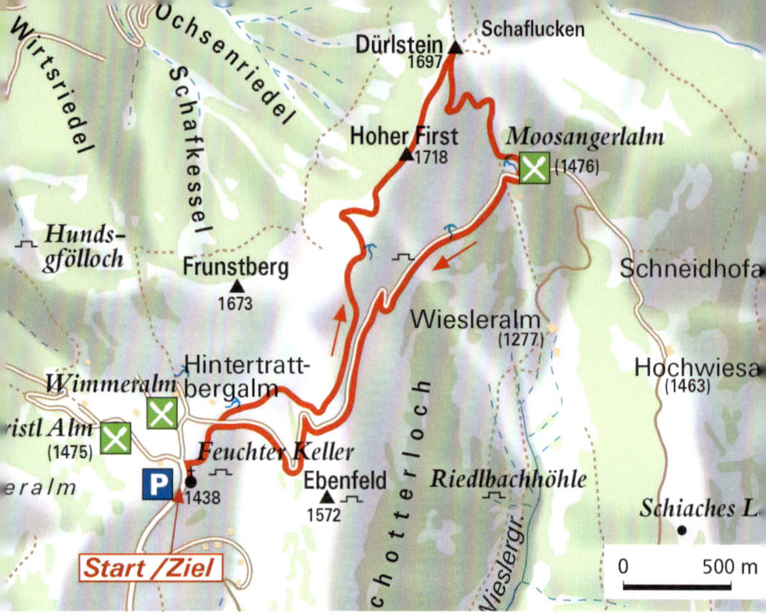

30 Jahren immer wieder für Übungen genützt. Von Juni bis Oktober wird ein regelmäßiger Führungsbetrieb angeboten. Nähere Informationen gibt es bei der Wimmeralm.

Von Hintertrattberg über den Hohen First auf den Dürlstein

Vom umzäunten Parkplatz geht es also zunächst der Richtung „Moosangerlalm" folgend über die Wiese zur Wirtschaftsstraße. Diese wird wenig später, kurz vor einer Aussichtsbank, links abzweigend verlassen (0,4 km). Einige alte Markierungspunkte stellen sich ein, aber der Weg ist immer gut ersichtlich, quert eine steilere Flanke und tritt dann wieder hinaus auf das sanfte Weidegebiet. In nördlicher Richtung steht der Hohe First wie eine formschöne Pyramide vor uns, auch hier verläuft der Anstieg orientierungsmäßig ganz einfach über den steilen Südrücken. Nun haben wir eigentlich schon den höchsten Punkt (1 718 m, 2,3 km) erreicht, aber der weitere Weg peilt den gegenüberliegenden Dürlstein an. Der ist zwar mit 1 697 Meter Seehöhe etwas niedriger, dazwischen liegt aber ein Gegenanstieg über 100 Höhenmeter. Dafür bereitet der schöne Kammweg den reinsten Gehgenuss und die Sicht bietet auch immer mehr Höhepunkte.

Vom Dürlstein über die Moosangerlalm nach Hintertrattberg

Im Sommer werden die fruchtbaren Hänge zwischen Hohem First und Dürlstein oft von unzähligen Schafen in Beschlag genommen, aber als „durchziehende" Gäste sind auch wir willkommen. Platz zum Rasten ist am Dürlstein (2,8 km) auf jeden Fall genug, bevor es wieder ein kurzes Stück Richtung First bis zu einer Weggabelung zurückgeht. Hier zweigt der halbstündige, stellenweise etwas steile Steig zur Moosangerlalm nach links (S) ab. Sie liegt gut geschützt im typischen Karstgelände auf 1 476 Meter Seehöhe (3,7 km). Frisch gestärkt machen wir uns von dort auf den knapp einstündigen Rückweg. Dieser folgt ganz einfach dem bequemen Wirtschaftsweg, der aber den kleinen Nachteil hat, dass er zuerst noch einmal 100 Höhenmeter auf den Sattel hinaufführt (5,4 km), bevor er dann auf dem Parkplatz Hintertrattberg endet (6,5 km). Dieser Abschnitt eignet sich auch recht gut für eine nette Kinderwagentour.

29 Von Kuchl nach Golling

Zwischen Kuchl und Golling gibt es viele Verbindungen: den Tauernradweg, die Tauernautobahn, die Tauernbahnlinie und schließlich die Salzach, die ebenfalls aus den Tauern kommt. Ihrem reizvollen, elegant geschwungenen Verlauf folgt unser Weg nach Golling. Dabei treffen wir auf Stellen, die wir diesem weitgehend gezähmten Fluss gar nicht mehr zugetraut hätten: wunderbare Sand- und Schotterbuchten, Auwälder und kleine Biotope. Nach dieser eineinhalbstündigen Flusswanderung geht es in wenigen Minuten mit dem Postbus oder der Schnellbahn an den Startpunkt nach Kuchl zurück.

Schwierigkeit	leicht
Steigung	unbedeutend
Länge	4,5 km
Gehzeit	1,5 Std.
Einkehr	Gastronomie in Kuchl und Golling.
Anreise	A 10, Abfahrt Kuchl. Auf der B 159 zwei Kilometer nach Kuchl, dort nach rechts durch die Bahnunterführung auf den fallweise gebührenpflichtigen Parkplatz Bürgerausee. **Öffentlicher Verkehr:** Bus 170 oder S 3 ab Salzburg Hbf. bis Haltestelle Kuchl.
Extratipp	Museum Burg Golling, Tel. +43 (0)664 5321270, www.burg-golling.at; Museum Kuchl, Tel. +43 (0)6244 30386, www.cucullis.at

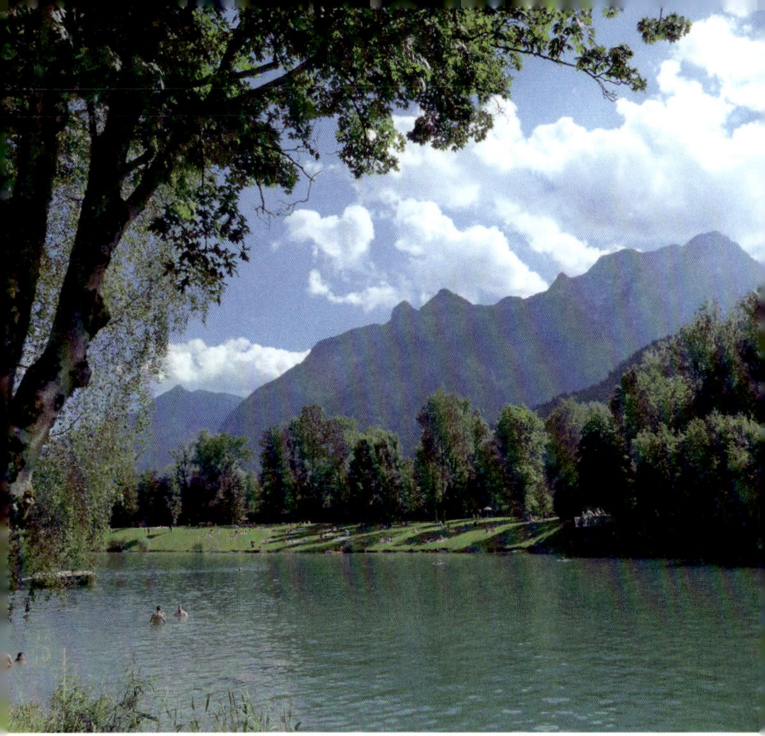

Die schöne Badeanlage Bürgerausee in Kuchl ist an heißen Sommertagen eine große Versuchung für einen kühlen Seitensprung.

Die Salzach ist mit einer Gesamtlänge von 225 Kilometern der mit Abstand längste und wichtigste Fluss im Bundesland Salzburg. Das gesamte Einzugsgebiet beträgt stolze 6734 Quadratkilometer, womit beinahe 75 Prozent der Landesfläche zur Salzach hin entwässert werden. Bis zum Durchfluss in Kuchl sind immerhin 3600 Quadratkilometer Einzugsfläche betroffen. Auf jeden Fall auch ausreichend für verheerende Überschwemmungen. Der höchste Wasserstand in der jüngeren Geschichte wurde im August 1959 gemessen, dann noch

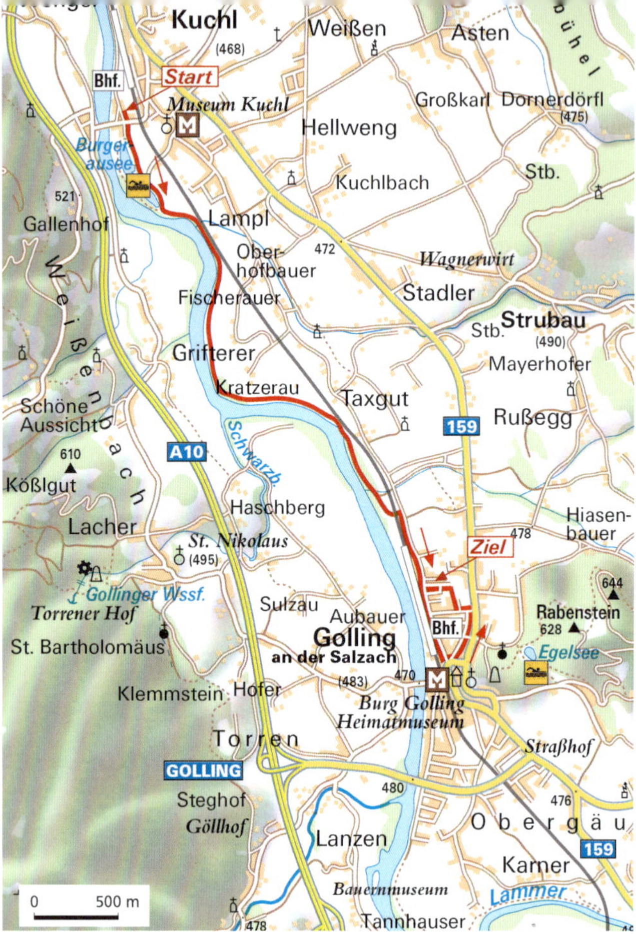

einmal in den Katastrophenjahren 2002 und 2013. Die Folge waren umfangreiche bauliche Schutzmaßnahmen gegen die Hochwasserfluten in den Kerngebieten Kuchl und Golling, die 2017 abgeschlossen wurden. Dort, wo es noch möglich ist und keine Siedlungen bedroht sind, hat man dem Fluss Platz gelassen. Eine wichtige Rolle in diesem Kreislauf spielen die Auen.

Früher gab es wesentlich mehr von diesen natürlichen Lebensräumen, die nach Überschwemmungen regelrecht aufblühen. Auf der Karte sind die alten Bezeichnungen noch vorhanden: der Aubauer, der Fischerauer, die Bürgerau, die Kratzerau, die Sulzau und etliche andere mehr. In der Wirklichkeit gibt es nur noch kleine Restbestände. Aber es macht sich ein Umdenken bemerkbar. Einige Bereiche wurden schon renaturiert, was gut ist für die Umwelt, schöner für das Auge und mehr Sicherheit bei Hochwasser bietet.

Von Kuchl über den Bürgerausee zur Kratzerau

Vom großen Parkplatz beim Freizeitgelände Bügerausee führt der Weg zum malerischen Badesee, dessen Entstehung eng mit dem Autobahnbau zusammenhängt. Rund um den begrünten Schottersee hat die Gemeinde zahlreiche Freizeiteinrichtungen finanziert. Es gibt einen fantasievoll bestückten Spielplatz, ein Feld für Beachvolleyball, eine Kneippanlage, ein Labyrinth aus Schilf und einen Felsblock, auf dem die Hochwassermarken eingezeichnet sind. Dabei wird ersichtlich, dass die Bürgerau natürlich bei allen Hochwasserereignissen unter Wasser gestanden ist. Der geschichtliche Hintergrund der Bürgerau sind ganz einfach bürgerliche Besitzverhältnisse, im Gegensatz zur landwirtschaftlich geprägten Umgebung. Diese Au gehörte den Bürgern von Kuchl und auch heute ist das so, wenn sich an schönen Badetagen der halbe Ort am See trifft. Der Weg bleibt am linken Seeufer und führt an der modernen Kneippanlage vorbei zur Salzach. Der Kertererbach wird von einer besonders auffälligen Holzbrücke überspannt. Die Planung und Ausführung des Meisterstücks wurde im Rahmen eines Abschlussprojektes von Schülern des Kuchler Holztechnikums verwirklicht. Aber auch die Salzachbuchten zeigen sich von ihrer schönsten Seite. Ideale Plätze zum Rasten und Sinnieren im Angesicht der Naturgewalten Göllmassiv und Salzach und des sprudelnden Wassers: Panta rhei, alles fließt – und wir wandern weiter in die Kratzerau (2 km).

Von der Kratzerau nach Golling

In Ansätzen gibt es noch Auwälder mit den typischen Baumarten, aber der Nutzungsdruck durch landwirtschaftliche Flächen ist natürlich groß. Eine kleine Vorstellung, wie verästelt und verwachsen die Bereiche zwischen den Uferschlingen früher waren, erhält man aber doch. Der Uferweg nähert sich dann wieder der begradigten Bahntrasse, das beruhigende Flussgeräusch wird gleich Konkurrenz durch die vorbeibrausenden Züge bekommen. Der Weg trifft auf eine Bahnunterführung (3 km). Hier kann entweder auf die andere Seite gewechselt werden, in diesem Fall folgt der letzte Abschnitt nach Golling ganz einfach der rechts abzweigenden, wenig befahrenen Straße. Oder wir bleiben auf der rechten Bahntrassenseite und können interessierte Blicke in die dicht herangebaute Schrebergartensiedlung werfen. Der schmale Privatweg zwischen Schrebergärten und Lärmschutzwand endet bei einem Umspannwerk der ÖBB (4 km). Noch einige Meter weiter südlich öffnet sich ein Fußgängerdurchgang, der auf die andere Gleisseite führt. Auf der linken Seite befindet sich in kurzer Distanz der Bahnhof und die Busstation, direkt vor uns liegt das Gollinger Ortszentrum, das immer einen Besuch wert ist (4,5 km). Alleine schon wegen der ausgezeichneten Gastronomie und der wunderbaren Konditorei Maier, in der es die besten Kardinalsschnitten gibt. Aber auch das Burgmuseum ist überaus sehenswert und macht mit bemerkenswerten Sonderausstellungen auf sich aufmerksam. Ein besonderes Steckenpferd der Verantwortlichen sind historische Räder. Wir aber besteigen den im Halbstundentakt verkehrenden Zug oder Bus und fahren nach Kuchl zurück.

In der mächtigen Höhenburg Golling befindet sich ein sehenswertes Museum.

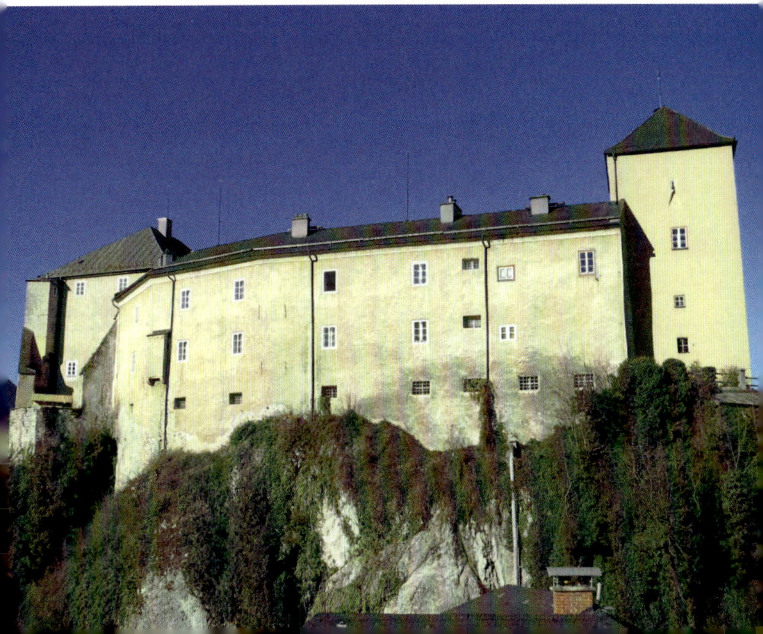

30 Zwischen Golling und Bachrain

Der Schwarzerberg (1584 m) ist eine markante Erhebung östlich von Golling. Zu seinen Füßen auf der sonnigen Westseite breitet sich recht unvermutet eine wunderbar anmutige Hochfläche aus. Generationen von Gollinger Kindern haben hier heroben in der relativ schneesicheren Höhenlage Voregg-Moosegg das Skifahren gelernt. Nicht wenige der Eltern sind zwischendurch in der nahen Gastwirtschaft Bachrain eingekehrt, denn der Biohof bietet nicht nur den Blick auf den Kinderlift, sondern ist auch eine Feinschmeckeradresse auf höchstem Niveau (932 m). Wem der zweieinhalbstündige Weg von Golling herauf aber doch zu weit ist, der könnte auch den Spuren des Komponisten Franz Schubert folgen, der im Jahre 1825 um den Rabenstein gewandert ist.

Gemeinsam mit seinem Freund, dem Hofopernsänger Johann Michael Vogl, unternahm Franz Schubert eine Reise in das Gasteiner Tal. In ausführlichen Briefen an seinen Bruder Ferdinand berichtet er anschaulich von dieser kleinen Expedition, die ihn auch über den Pass Lueg führte. „Nachdem wir den großen Berg langsam hinaufkrallten … blickten wir am höchsten Punkt in eine entsetzliche Schlucht hinab, und es drohte einem im ersten Augenblicke das Herz zu schüttern." Das Schaudern Schuberts ist noch nachfühlbar, aber in Golling hat er zur Beruhigung der Nerven ein landschaftliches Paradies vorgefunden,

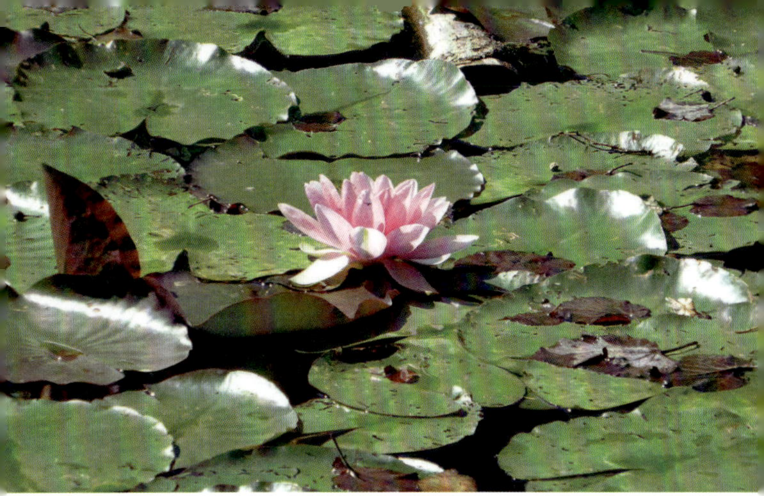

Der mit Seerosen überwachsene Egelsee in Golling begeisterte schon den Maler Gustav Klimt.

Schwierigkeit	leicht (Rabenstein), mittel (Bachrain)
Steigung	70 hm (Rabenstein), 500 hm (Bachrain)
Länge	4,3 km (Rabenstein), 9 km (Bachrain)
Gehzeit	1,5 Std. (Rabenstein), 3,5 Std. (Bachrain)
Einkehr	St. Anton, Tel. +43 (0)660 5049100 oder +43 (0)664 1328334; Biogasthof Bachrain, Tel. +43 (0)6244 6166 oder +43 (0)664 2422969, www.bachrain.at
Anreise	Parkplatz Trögergasse (Rabenstein): A 10, Abfahrt Golling. Im Zentrum Abzweigung Parkplatz Trögergasse nach rechts. **Anreise Hinterkellau (Bachrain):** A 10, Abfahrt Kuchl. Auf der B 159 Richtung Golling. Kurz vor dem Ortsschild Golling zweigt die Hinterkellaustraße (Schild St. Anton) nach links ab. Dieser zwei Kilometer bis zur Brücke über den Mitterbach folgen. Fahrverbotsschild und kleiner Parkplatz. **Öffentlicher Verkehr:** Bus 170, Bahn S 3 ab Salzburg Hbf. bis Golling Bhf. Gehzeit 10 bis 30 Min.

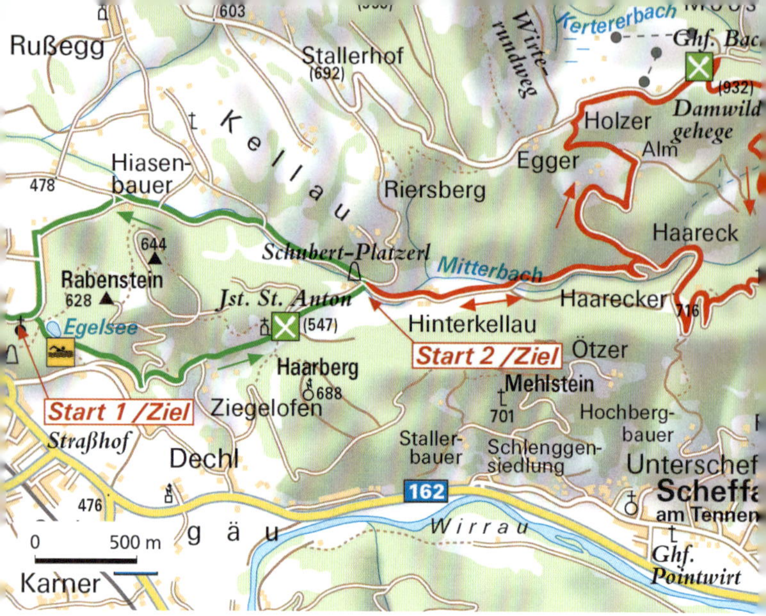

das ihn vielleicht zu seinen musikalischen Dichtungen anregte. Bei der Runde um den Rabenstein hört man förmlich die Schubertlieder, die da von Bächen, Mühlen und Linden künden. Der berühmte Musiker wurde so zum Vorläufer einer Bewegung, die einige Jahrzehnte später mit dem Bau der Giselabahn (1875) zu einer ersten Reisewelle für betuchte Sommergäste führte. Unter ihnen war auch der Maler Gustav Klimt (1862–1918) aus Wien. Sein berühmtes Bild vom Egelsee in Golling entstand 1899 und hängt heute im Museum Leopold in Wien. Eine zweite Welle von „Sommerfrischlern“ kam in den 1960er- und 1970er-Jahren. Diesmal mit dem Auto und mit Kind und Kegel. Danach ist es etwas ruhiger geworden in Golling, aber die so vielseitig inspirierende Landschaft lädt noch immer zum Schauen, Entdecken und Staunen ein.

Zwei Varianten stehen zur Auswahl: die unkomplizierte Runde um den Rabenstein, oder die etwas anspruchsvollere Tour zum Biogasthof Bachrain.

Tour 1:
Vom Parkplatz Trögergasse in Golling rund um den Rabenstein

Vom zentrumsnahen Parkplatz Trögergasse, der auch für die Bus- oder Bahnreisenden in wenigen Minuten gut erreichbar ist, geht es hinauf auf die kleine Kuppe – und schon breitet sich der, von Klimt so gekonnt ins Bild gesetzte Egelsee vor unseren Augen aus. Im Dezember findet hier ein stimmungsvoller bäuerlicher Weihnachtsmarkt statt, Ende Juli als Kontrast das große und lautstarke Egelsee-Sommerfest. Der markierte Weg 26 nach St. Anton führt am Ufer entlang zu einer Gabelung, dort zweigt er leicht ansteigend nach links in den lichten Wald ab und erreicht nach einer halben Stunde St. Anton (1,6 km). Auf dem sanften Übergang, unter den mächtigen Bäumen, erwartet uns ein weiteres kleines Paradies. Bei Schönwetter werden im Gastgarten Erfrischungen und Imbisse gereicht, die faszinierenden, über den Hof und den Garten verteilten Kunstwerke des hier tätigen Bildhauers Hermann Eibl aber gibt es immer zu bewundern. Der Weg 26 folgt der Zufahrt und zweigt bei der nächsten Gabelung nach links ab. Die Hinterkellaustraße führt am Schubert-Platzerl vorbei und am Mitterbach entlang zum Rabensteinweg. Über diesen geht es zurück an den Startpunkt Egelsee.

Tour 2:
Von Hinterkellau nach Voregg-Moosegg

Der Ausgangspunkt dieser Runde zum Biohof Bachrain kann entweder auch beim Parkplatz Trögergasse liegen und führt wie oben beschrieben über St. Anton zur Brücke über den Mitterbach in Hinterkellau (Gehzeit 40 Min.). Bis hierher ist aber auch die Zufahrt mit dem Auto möglich. Ein kleiner Parkplatz ist vor der Fahrverbotstafel eingerichtet.
Unsere Route folgt dem vorerst noch flachen Weg 92 in die Hinterkellau. Am letzten Hof vorbei wandern wir durch eine beeindruckende, hochtalartige Landschaft mit einer steil aufragenden Felswand auf der linken Seite. Der Wirtschaftsweg führt in den Wald und gewinnt nun auch an Höhe. Bei einer Weggabelung folgen wir dem Weg 27a nach links, der über einige Kehren zu schönen Almwiesen führt. Diese queren wir wie markiert, danach im Wald wird der Weg kurzfristig etwas steiler und auch leicht morastig. Aber schon mündet der Steig wieder nach rechts in die bequeme Zufahrt ein, auf der es in 20 Minuten zum vielfach ausgezeichneten Biohof Bachrain weitergeht (Gehzeit ab Parkplatz Hinterkellau 1 ¾ Std., 4,4 km). Sehr viel näher, aber weitgehend unbemerkt, befinden sich nordwärts unterhalb bedeutende Gipsgruben. Immerhin handelt es sich dabei um das größte Gipsvorkommen in Österreich.

Von Voregg-Moosegg über Haareck nach Hinterkellau

Eine sehr schöne Rückwegvariante folgt vom Biohof Bachrain der angeschriebenen Route „92a Golling über Haareck“ nach

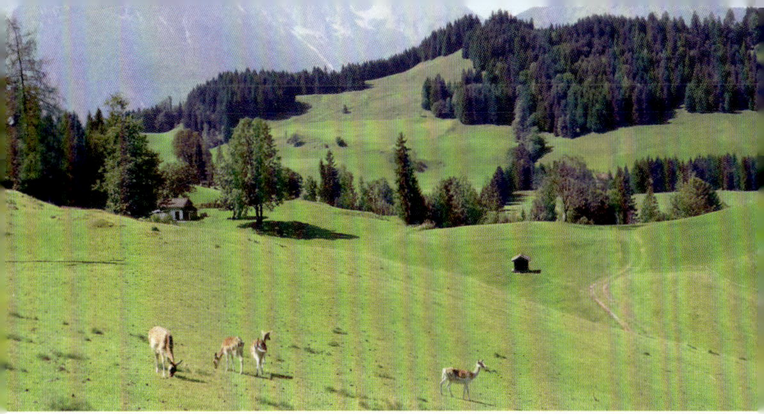

Das großzügige Damwildgehege bei Bachrain mit Ausblick auf den Hohen Göll.

rechts. Zunächst geht es noch einige Höhenmeter am Damwildgehege entlang bergauf. Auf einer Kuppe zweigt die Variante 92a dann nach rechts ab und folgt noch kurz dem breiten Forstweg. Nun heißt es aber bitte aufpassen, denn unsere Route verlässt in einer scharfen Kurve den Forstweg. Der Abzweigepunkt ist durch ein Steinmandl gekennzeichnet, das auf der rechten Wegseite auf einem auffallenden Baumstumpf errichtet wurde. Der schmale, schön angelegte Pfad mündet dann wieder in einen tiefer gelegenen Forstweg ein und folgt diesem ohne Orientierungsproblem. Kurz nach einem besonders stimmungsvollen Besinnungsort unter einer mächtigen Eibe zweigt nach rechts eine gut ersichtliche Abkürzung ab. An einem einsamen Haus in Haareck vorbei (6,7 km) führt der Wirtschaftsweg über einige Kehren talwärts und trifft dann wieder auf den bereits bekannten Wegabschnitt. Über diesen wandern wir links abzweigend an den Ausgangspunkt bei der Brücke oder beim Egelsee retour (9 km).

31 Dorfrunde in Großgmain

Durchatmen im Luftkurort Großgmain. Ein sonniger Schnupperspaziergang rund um den Ort mit den besten Aussichten auf Kultur, Landschaft und Kulinarik. Für Liebhaber alter Gemäuer empfiehlt sich auch noch der kurze Abstecher auf die Plainburg, die zu den ältesten Burgruinen Österreichs gehört.

Schwierigkeit	leicht
Steigung	150 hm
Länge	5 km
Gehzeit	2 Std.
Einkehr	Hotel Restaurant Kaiser Karl, Tel. +43 (0)6247 20125, www.restaurant-kaiserkarl.com; Hotel-Restaurant Vötterl, Tel. +43 (0)6247 8203, www.voetterl.at; Wastis Stüberl, Tel. +43 (0)6247 8602.
Anreise	A 1 oder A 10, Abfahrt Salzburg West. Über Wals und die Salzburger Straße nach Großgmain. Parkplätze nahe der Kirche. **Öffentlicher Verkehr:** Bus 180 ab Salzburg Hbf. bis Haltestelle Großgmain Ortsmitte

Umgeben von Untersberg, Lattengebirge und Staufen konnte sich in der gut geschützten Lage des Gmainer Beckens eine rege Siedlungstätigkeit entwickeln. Die beeindruckende Plainburg ist das zu Stein gewordene Zeichen mittelalterlicher

Machtfülle. Hin und her gerissen zwischen den Interessen des Kaisers und denen des Fürsterzbistums war das Wirken der hier ansässigen Grafen von Plain zwar nur von kurzer Dauer (um 1100–1260), dafür aber umso nachhaltiger. Im Auftrag von Kaiser Friedrich I. Barbarossa vollzogen die Plainer 1167 die Reichsacht und verwüsteten die Stadt Salzburg. Eine lebendige Vorstellung vom Aussehen der früheren Plainburg

Die Dorfrunde ist auch im Winter ein sonniges Erlebnis.

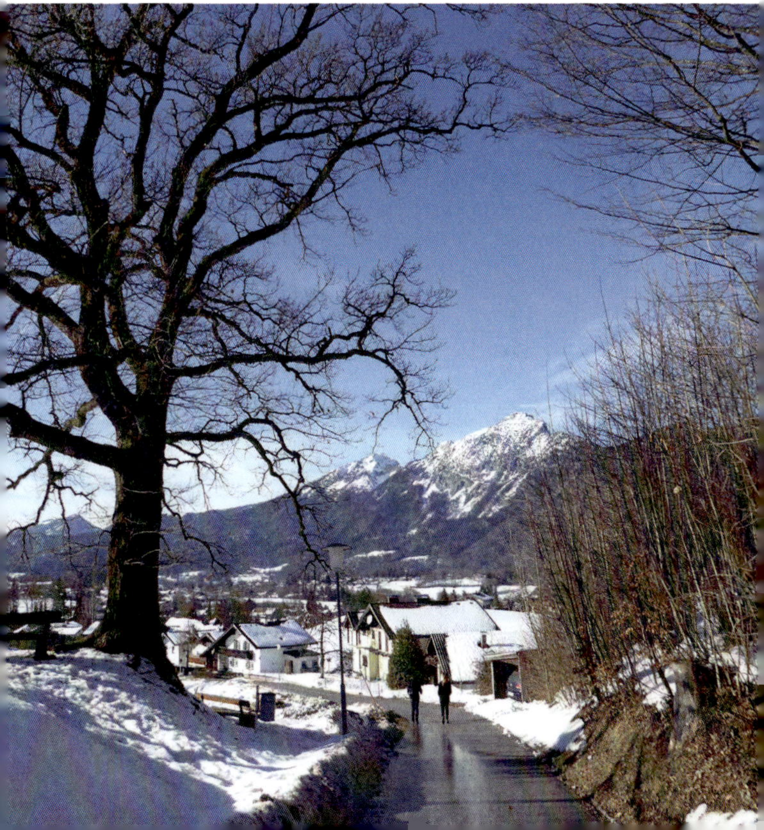

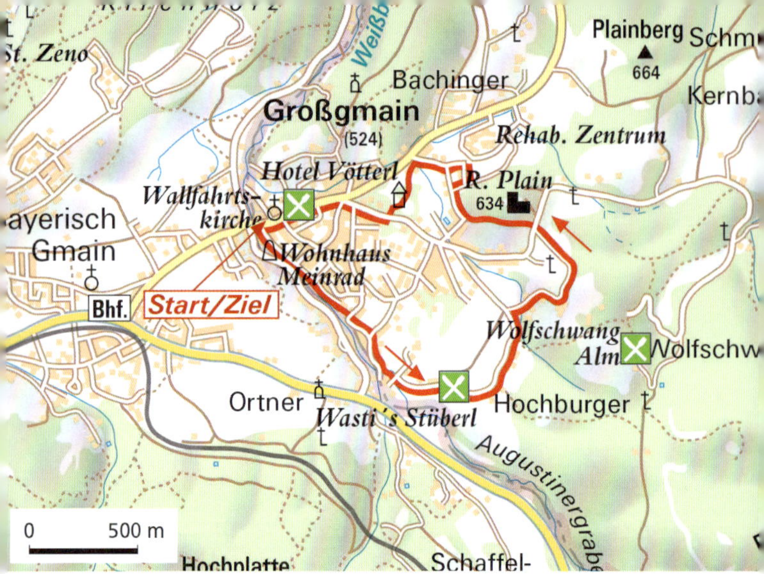

erlaubt das etwa bau- und altersgleiche Schloss Staufeneck bei Piding. Das Plateau der Plainburg war allerdings schon in der Bronzezeit ein begehrter Siedlungsplatz, wie sich bei Grabungen in den 1970er-Jahren herausstellte. Im Lauf der Jahrhunderte diente die Plainburg dann vor allem zur Verteidigung der Salzhandelswege zwischen Bad Reichenhall und Salzburg. Ende des 18. Jahrhundert verließ der letzte Soldat die Burg. Ab den 1970er-Jahren wurde die Anlage für Besucher zugänglich gemacht.

Das angenehme Kleinklima im Gmainer Becken hatte auch gute Auswirkungen auf die Landwirtschaft und sehr viel später auf den Kurtourismus. Das unübersehbare Hotel Vötterl im Ortszentrum war ursprünglich ein großer Bauernhof, der sich 1928/1929 zum sechsstöckigen, heilklimatischen Zentrum entwickelte und in dieser Form das Ortsbild bis heute prägt. Auch das, in veränderter Form, noch immer bestehende Freibad der Gemeinde wurde 1929 errichtet. Der Bau-Boom ging vorüber, was blieb, sind die herrschaftlichen Villen aus der Zeit der Jahrhundertwende und wunderbare Plätze zum Durchatmen und Staunen.

Von der Wallfahrtskirche Großgmain auf die Plainburg

Ausgangspunkt der Dorfrunde ist der Platz vor der Marienwallfahrtskirche. Mit welchen Notfällen die Bittgänger hierher kamen, zeigen die Tafeln in der Portalvorhalle. Von Verbrennungen bis zum kinderfressenden Schwein spannt sich der Bogen der dramatischen Geschehnisse. Alle notariell beglaubigt und mit dem Wappen des Salzburger Erzbischofs Leonhard von Keutschach (1442–1519) versehen. Im Altarraum der Wallfahrtskirche hängen zudem prachtvolle Tafelbilder aus dem Jahre 1499, die zu den wertvollsten spätgotischen Kunstschätzen in Österreich zählen. Der Meister dieser einzigartigen Werke ist unbekannt. Der Weg quert nun aber zum Hotel Vötterl vis-à-vis und zweigt beim Gasthof Kaiser Karl nach links ab. Der bedeutende österreichische Schriftsteller Thomas Bernhard kam 1949 zur Rekonvaleszenz in das zum Sanatorium umgebaute Hotel Vötterl. In seinem autobiografischen Roman „Der Atem. Eine Entscheidung“ schreibt er über diese schwierige Phase seines Lebens. Nur unweit vom Gasthof Kaiser Karl steht das ehemalige Wohnhaus von Josef Meinrad (1913–1996). Seine letzte Ruhestätte befindet sich auf dem Friedhof der Pfarrkirche Großgmain. Am Meinrad-Haus

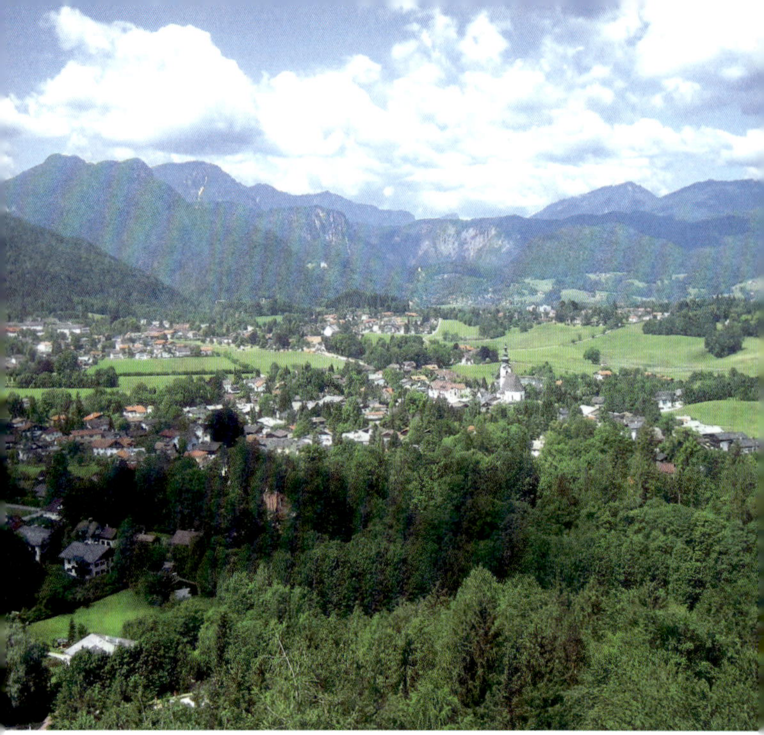

Das Gmainer Becken mit den beiden Orten Bayerisch Gmain und Großgmain.

vorbei führt die Route 56 durch Siedlungsgebiet und folgt bei einer Weggabelung der Richtung Hochbürgerhöhe. Wir folgen der leicht ansteigenden Anrainerstraße am Tennisplatz und an Wastis Stüberl vorbei bis zur Abzweigung Helmbichlweg (2 km). Dieser rechts abzweigende Weg führt zum letzten Hof, geht dann in einen Wiesenpfad über und verläuft am Bamacherhof vorbei direkt auf die Plainburgstraße am Fuße des Burghügels (2,7 km).

Von der Plainburg zurück in den Ort

Bevor sich die Runde in Großgmain über die Plainburgstraße schließen wird, ist noch der kurze Abstecher hinauf zur mächtigen Ruine empfehlenswert. Von der ursprünglichen Anlage sind heute nur mehr die über fünf Meter hohen und durchschnittlich 1,50 Meter dicken Außenmauern, der Innenhof und der Eingangsbereich mit dem Torhaus erhalten. Im Burghof befindet sich einer der tiefsten Brunnen Österreichs. Eine hölzerne Treppenanlage führt auf die Ringmauer und eröffnet von dort einen prachtvollen Blick auf das Gmainer Becken. Wieder zurück am Fuße des Burghügels geht es entlang der Plainburgstraße talwärts zu den Häusern (3,1 km). Kurz vor dem ersten Haus auf der rechten Seite zweigt ein vorerst leider nicht markierter Waldweg ab und verläuft in einem weiten Bogen auf der Südwest-Seite des Burghügels zur Berg-, bzw. zur Schwimmbadstraße hinab (3,8 km). Entlang dieser geht es nach links abzweigend an der Badeanlage vorbei und dann wieder über die Plainburgstraße in das Ortszentrum retour (5 km).

32 Zwischen Latschenwirt und Wolfschwang

Latschenwirt und Wolfschwang sind zwei bekannte Einkehrstationen auf der Nordseite des Untersbergs. Zwischen diesen beiden Adressen mit den klingenden Namen liegt ein erstklassiges Naherholungsgebiet, das sich während einer unkomplizierten Runde bestens erkunden lässt. Dabei werden die Wünsche der Kinder genauso berücksichtigt wie die Vorlieben der älteren Generation. Vom spannenden Waldquizweg bis zu bequemen Liegen, von denen man sich gar nicht mehr erheben möchte, ist alles vertreten.

Schwierigkeit	leicht
Steigung	80 hm
Länge	5,5 km
Gehzeit	2 Std. Ab Haltestelle Großgmain Steinerwirt 3 Std.
Einkehr	Latschenwirt, Tel. +43 (0)6247 84476, www.latschenwirt.at; Wolfschwangalm, Tel. +43 (0)6247 20050, www.wolfschwang-alm.at
Anreise	A 1 Abfahrt Salzburg West, auf der B 1 Richtung Walserberg bis Abzweigung Großgmainer Landesstraße (links). Nach vier Kilometern Abzweigung Fürstenbrunn, Latschenwirt (links). Parkplatz beim Latschenwirt nach 1,5 Kilometern. **Öffentlicher Verkehr:** Bus 180 ab Salzburg Hbf. bis Haltestelle Großgmain Steinerwirt

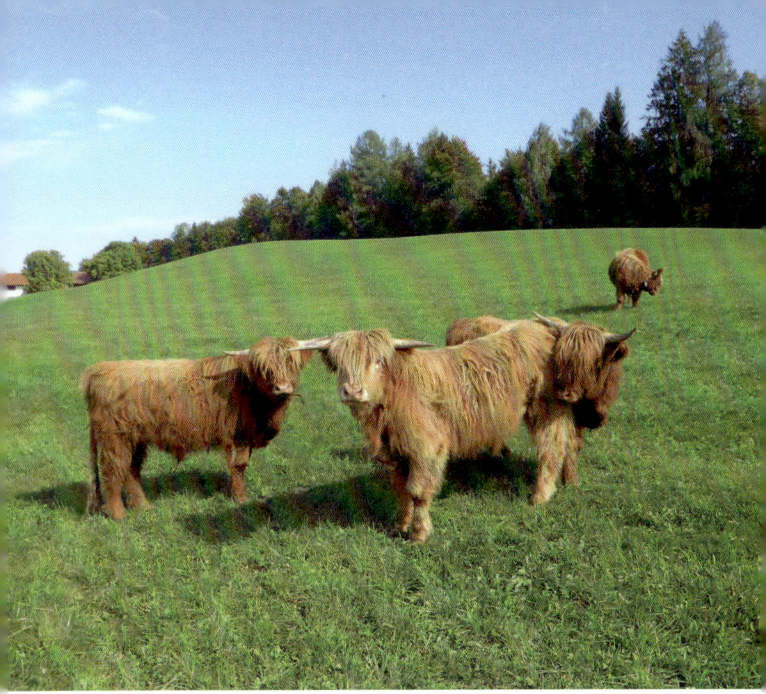

Auch den schottischen Hochlandrindern gefällt der Tannenwinkel.

Die Naturparkidee Untersberg wurde 1972 verwirklicht, doch diese Seite des Massivs war schon lange davor ein überaus beliebtes Ausflugsgebiet. Während unserer Wanderung über den Tannenwinkel hinüber nach Wolfschwang wird auch klar, warum dem so ist. Wie kleine Königreiche liegen da die uralten Höfe über dem Gmainer Becken verteilt: umgeben von bestem Weideland, gut geschützt gegen Unwetter und Hochwasser und dazu alles im Blick, was sich nähert. Gute Voraussetzungen für eine kontinuierliche Wohlstandsentwicklung. Viele Höfe sind schon über Jahrhunderte in Familienbesitz.

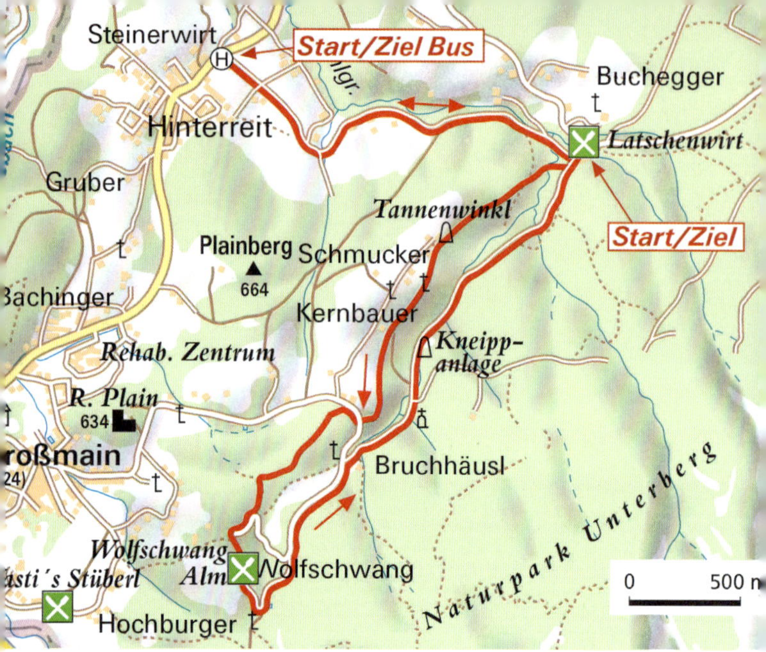

Ein Großteil des nördlichen Untersbergs wird von der Familie Mayr Melnhof verwaltet, deren Wohnsitz sich auf Schloss Glanegg befindet. Ihr gehören neben Grund und Boden des länderübergreifenden Naturparks auch die beiden gastronomischen Betriebe Latschenwirt und Wolfschwang.

Der Latschenwirt war ursprünglich eine Latschenbrennerei, in der Kiefernöl und Kolophonium für Streichinstrumente produziert wurden. Im Jahre 1911 wurde die Brennerei zum Gasthaus Wegscheid umgebaut, später bürgerte sich der Name Latschenwirt ein. Auch der Name Wolfschwang kommt nicht von ungefähr. Hin und wieder schaut zwar auch im Salzburg des 21. Jahrhunderts noch ein Wolf vorbei, aber große Chancen werden ihm für eine dauerhafte Rückkehr nicht eingeräumt. Der Name Wolfschwang erinnert an jene vergangene Zeiten, als die Furcht vor dem Raubtier tatsächlich noch groß und wahrscheinlich auch berechtigt war. Das ist vorbei, das seltsame Felsgebilde namens „Schlafende Hexe" am Grat des Lattengebirges vis-à-vis ist dagegen noch genauso vorhanden wie seit vielen tausend Jahren.

Vom Latschenwirt über Tannenwinkel nach Wolfschwang

Ausgangspunkt ist der große Parkplatz neben dem Latschenwirt. Das Gasthaus wurde behutsam renoviert und offeriert, wie sollte es auch anders sein, hervorragende Wildgerichte. Der folgende Waldquizweg bietet dazu gleich einige interessante Zutaten. Eine der insgesamt 13 Stationen widmet sich den Wildtieren, eine andere den Pilzen. Aber auch die verschiedenen Baum- und Gesteinsarten werden genauer erklärt. Wir folgen vorerst einmal dem Weitwanderweg 404, zweigen nach 200 Metern aber gleich wieder nach rechts auf den Weg 54 Richtung Tannenwinkel ab. Auf dem stellenweise ziemlich unterspülten Hohlweg geht es steil bergan, nach einer holprigen Viertelstunde haben wir aber schon den relativ ebenen Kamm erreicht, von dem sich der herrliche Blick über Tannenwinkel hinüber zum Hochstaufen öffnet. Links abzweigend erreichen wir bald eine Stelle, die sich besonders gut zum Rasten eignet, hier gibt es sogar eine bequeme Liege (1,1 km). Der Aussichtspunkt ist vielleicht sogar besser als jener von der Ruine Plainburg, die sich eineinhalb Kilometer weiter westlich unterhalb sehr malerisch abhebt. Unser Ziel

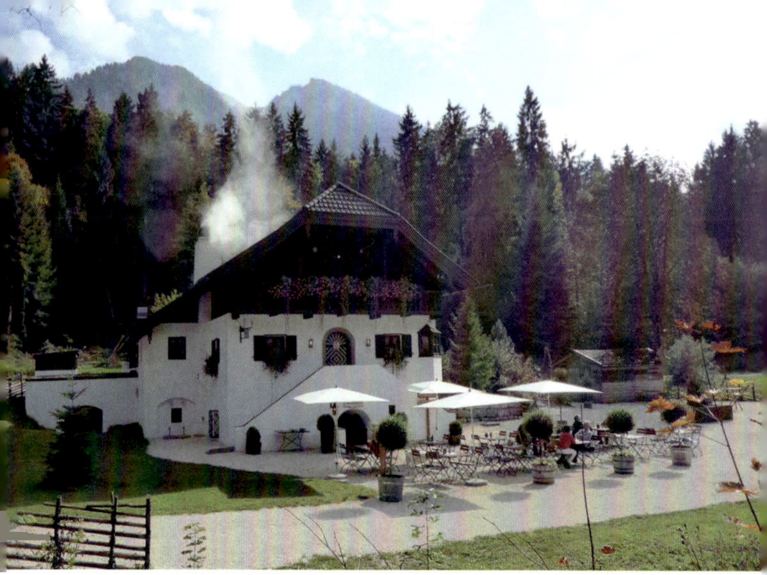

Der Latschenwirt gibt ein kräftiges Lebenszeichen von sich.

ist aber diesmal das Panoramarestaurant Wolfschwang. Dazu spazieren wir auf dem Kammverlauf weiter, queren dann die Straße und folgen dem Waldweg 54 über zwei kurze Gegenanstiege hinweg nach Wolfschwang (2,8 km).

Von Wolfschwang retour über Latschenwirt

Das große Rotwildgehege unterhalb der Panoramaterrasse in Wolfschwang ist zwar momentan verwaist, aber der großartige Blick auf die weiter entfernten Glanzpunkte entschädigt. Besonders schön erkennbar ist die „Schlafende Hexe", eine bizarre Felsformation am gegenüberliegenden, östlichen Lattengebirgskamm. Die Rotofentürme, so benannt wegen der rötlichen Gesteinsfärbung, bilden von unten nach oben Nase, Kinn und

Hexenbusen. Die Restauration ist nicht immer geöffnet, aber für durstige Wanderer steht ein Getränkeautomat zur Verfügung. Wir wandern wieder die paar Schritte auf den Parkplatz retour und nehmen nun aber die kürzere Variante entlang der Zufahrt Richtung Latschenwirt. Beim Bruchhäusl (3,6 km) queren wir die Straße und folgen nun dem breiten Weg, der parallel unterhalb zur Route Tannenwinkel verläuft. Am Wegesrand warten verschiedene Abwechslungen, wie eine großzügig ausgestattete Kneippanlage, ein besinnlicher Andachtsort oder auch eine Präsentation der wichtigsten örtlichen Gesteinsarten. Der Rückweg verläuft also kurzweilig, bevor sich die Runde beim Latschenwirt schließt (5,5 km).

Busvariante von Hinterreit nach Wolfschwang und retour über Latschenwirt

Direkt zum Latschenwirt gibt es keine Busverbindung, aber für die Busbenutzer ist die Haltestelle im Großgmainer Ortsteil Hinterreit ein guter Ausgangspunkt mit einer schönen Wegvariante zum Punkt Tannenwinkel. Gegenüber der Haltestelle, die sich an der Abzweigung zum Steinerwirt befindet, beginnt die ausgeschilderte Route 52 über Schwaig zum Tannenwinkel. An Höfen vorbei führt der Weg über eine kleine Steigung in den Wald. Wenig später zweigen wir zum Tannenwinkel nach rechts ab. Von diesem Aussichtspunkt (1,9 km ab Haltestelle) folgt der Weg der oben beschriebenen Route weiter. Der Rückweg zur Bushaltestelle in Hinterreit führt über den Parkplatz Latschenwirt retour.

33 Predigtstuhl und Karkopf

Predigtstühle gibt es sowohl in den Kirchen als auch in den Bergen so einige, aber der da so stolz oberhalb von Bad Reichenhall steht, ist schon ziemlich einzigartig. Die Idee, dort oben eine riesige Jesusstatue nach dem Vorbild der Statue in Rio de Janeiro zu errichten, ist wieder vom Tisch. Der Predigtstuhl (1 613 m) hat ja schon seine Attraktion: die älteste im Original erhaltene, ganzjährig verkehrende Großkabinenseilbahn der Welt. Seit 1928 befördert sie sicher die Gäste auf den Berg. Dort eröffnet sich dann eine schöne Auswahl an genussvollen Gipfelrundgängen. Wir peilen den Karkopf an (1 738 m): Er ist zwar nur unwesentlich höher, aber der abwechslungsreiche Weg dorthin muss zuerst die Schlegelmulde und noch weitere Geländestufen durchqueren.

Nach dem Ende des goldenen Zeitalters des Bädertourismus sollte die moderne Predigtstuhlbahn einen neuen touristischen Höhenflug für Bad Reichenhall einläuten. Es ging wieder bergauf in der Kurmetropole. Bis die Idee der Predigtstuhlbahn aber tatsächlich verwirklicht wurde, waren lange Standortdiskussionen nötig. Im Gespräch waren der Untersberg von Hallthurm aus, der Hochstaufen und die Reiteralpe. Warum es dann das vergleichsweise weniger bekannte Lattengebirge mit dem Predigtstuhl geworden ist, lag einerseits am touristischen

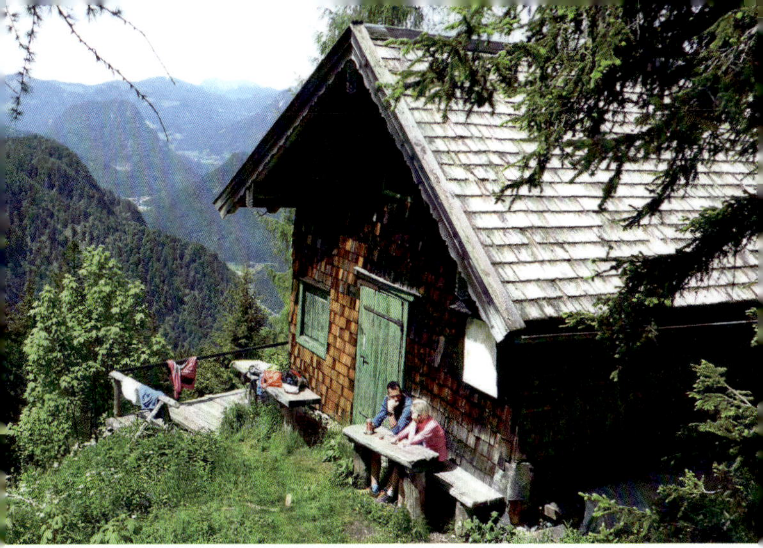

Gemütliche Rast bei der Oberen Schlegelalm.

Schwierigkeit	mittel
Steigung	450 hm
Länge	5 km
Gehzeit	2 ¼ Std.
Einkehr	Bergrestaurant, Almhütte auf der Schlegelmulde, Tel. +49 (0)8651 9685 14, www.predigtstuhlbahn.de
Anreise	Autobahn A 1, E 8, Abfahrt Bad Reichenhall, auf der B 20 nach Bad Reichenhall. Von der Umfahrung laut Beschilderung über die Saalachbrücke auf den kostenfreien Parkplatz bei der Talstation. **Öffentlicher Verkehr:** Bus 180 ab Salzburg Hbf. bis Haltestelle Bad Reichenhall, Tiroler Tor (Predigtstuhlbahn). Bahn S 3 ab Salzburg Hbf. bis Haltestelle Bad Reichenhall Kirchberg. 5 Min. Gehzeit. **Betriebszeiten Bahn:** Tel. +49 (0)8651 9685-0, www.predigtstuhlbahn.de

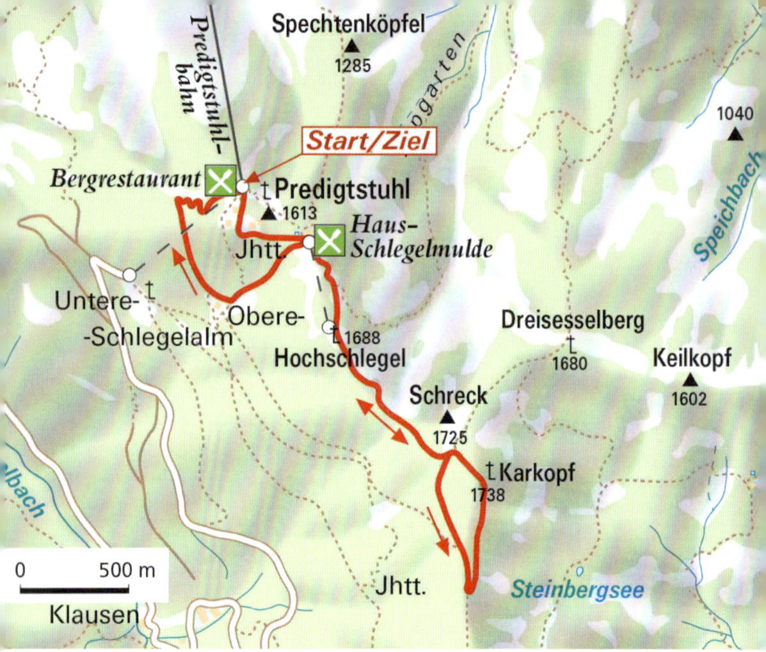

Konzept, denn Bad Reichenhall wollte sich nach dem Rückgang des hochpreisigen Kurtourismus ein neues, sportliches Profil verpassen. Außerdem sollte der neue bauliche Akzent weithin sichtbar und direkt vom Ort aus erreichbar sein und der aufkommende Wintertourismus miteinbezogen werden sollte. Von einem deutschen Davos war bald die Rede. Das muldenartige Plateau südlich des Predigtstuhls bot sich genauso für ausgedehnte Sommerspaziergänge wie für Wintersportaktivitäten an. Am 1. Juli 1928 war es dann so weit, die Bahn und das luxuriöse Gipfelhotel wurden mit großem Getöse eröffnet.

Von der Bergstation auf den Karkopf (1 738 m) und zurück

Der erste Höhepunkt dieser Bergtour ist die Fahrt mit der nostalgischen Predigstuhlbahn. Wenn die Panoramagondel in die Bergstation (1 560 m) einschwebt, fühlt man sich in eine vergangene Zeit versetzt. Mit viel Geschick wurde Altes mit Neuem verbunden, der Glanz von früher ist noch in zahlreichen, liebevoll erhalten gebliebenen Details spürbar. Nach einem kurzen nostalgischen Verharren richtet sich unser Blick nun aber in die Gegenrichtung. Ein viel frequentierter, einen Kilometer langer Gipfelrundweg führt auf den Predigtstuhl. Die Schilder „Panoramarundweg für Genießer" (blauer Pfeil) weisen den unkomplizierten Weg. Wir aber folgen dem Schild „Schlegelmulde". Dieser bequem angelegte Weg führt in einer Viertelstunde zur Almhütte in der Schlegelmulde (0,7 km). Von der einladenden Gastwirtschaft wandern wir auf dem Weg 477 Richtung Karkopf weiter. Der Weg führt in einer halben Stunde auf den Hochschlegel (1 688 m), auf den schon in der Frühzeit des alpinen Skilaufs ein origineller Lift führte. An einem 450 Meter langen Seil war ein Schlitten befestigt, der pro Fahrt acht Skifahrer befördern konnte. Dieses System aus dem Jahr 1937 wurde erst 1972 durch einen Sessellift ersetzt. 22 Jahre später wurde der Skibetrieb endgültig eingestellt. Jetzt setzt man im Winter vermehrt auf die Tourengeher. Für diese stetig wachsende Gruppe der Freizeitsportler wurde in der Schlegelmulde ein Tourengeher-Parcours eingerichtet. Vom Hochschlegel (1,2 km) geht es über eine kurze Steilstufe in den Schrecksattel und weiter zu einer Weggabelung (2,1 km).

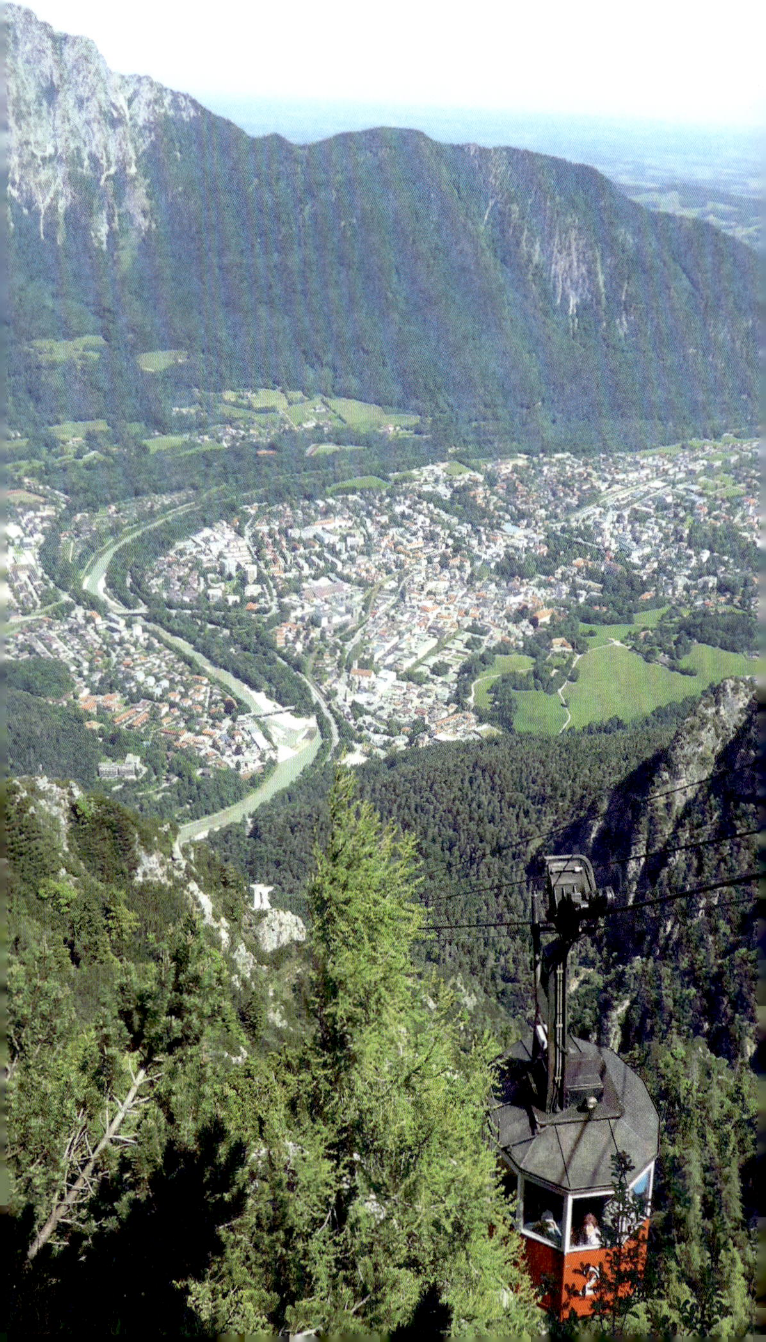

Nach links führt der Weg durch Latschengassen auf den Dreisesselberg (1 680 m). Er heißt so, weil hier die Territorien der Bayern, der Berchtesgadener und der Salzburger aufeinander trafen. Nach der Grenzberichtigung im Jahre 1851 steht der Dreisesselberg wieder zur Gänze auf bayerischem Gebiet. Die mit einem gelben Richtungspfeil versehene „Alpin-Route für Bergerfahrene" folgt dem Weg 479 Richtung Törlscharte und führt dann von der Südseite auf den Karkopf (1 738 m). Eine etwas kürzere Variante verläuft über die Nordseite auf den aussichtsreichen Gipfel (2,5 km) inmitten der Berchtesgadener Alpen. Der Rückweg zur Bergstation folgt der bereits bekannten Route.
Für diejenigen, die vom Predigtstuhl-Plateau nicht genug bekommen können, gibt es ab der Almhütte Schlegelmulde eine nette, etwas längere Variante zurück zur Bergstation. Vor der Almhütte zweigt ein markierter Weg Richtung Baumgarten ab. Nach diesem Abstieg über 130 Höhenmeter quert der Steig dann bei der Oberen Schlegelalm (1 440 m) wieder aufwärts hinüber zur Sesselifttrasse und weiter zur Bergstation mit der einzigartigen Kaffeeveranda. Zusätzliche Gehzeit 40 Minuten.

Wunderbare acht Minuten und 30 Sekunden schwebt die Gondel von der Talstation in Bad Reichenhall auf den Predigtstuhl.

34 Von Karlstein zum Thumsee

Der Thumsee westlich oberhalb von Bad Reichenhall ist ein viel besuchter Ort, der eigentlich das ganze Jahr über Saison hat. Im Sommer steht am Nordufer eine große, sonnige Badewiese zur Verfügung, in den kältesten Winterwochen treffen sich auf dem zugefrorenen See die Eisläufer. Eine einfache Seeumrundung ist zu jeder Jahreszeit möglich. Unser Zustieg aber führt an – bei schlechten Wegbedingungen auch unterhalb – der verwegenen Ruine Karlstein und der Pankrazkirche vorbei und folgt dem Soleleitungsweg zum idyllischen Thumsee. Bei der Besteigung der Felszacken erwartet uns ein grandioser Ausblick, der zugleich den strategischen Wert der Burg erkennen lässt.

Schwierigkeit	mittel
Steigung	160 hm
Länge	6,5 km
Gehzeit	2,5 Std.
Einkehr	Seewirt, Tel. +49 (0)8651 7688210, www.thumsee.de
Anreise	A 8 Abfahrt Bad Reichenhall. Von der Umfahrung Bad Reichenhall nach rechts Richtung Karlstein abzweigen. Zwei Kilometer weiter nach Karlstein, dort nach der Ampel nach rechts in die Schmalschlägerstraße. Kleiner Parkplatz nach 50 m auf der rechten Seite. **Öffentlicher Verkehr:** Bus 180 ab Salzburg Hbf. bis Bad Reichenhall Hbf., Bus 2 bis Bad Reichenhall Karlstein-Kaitl

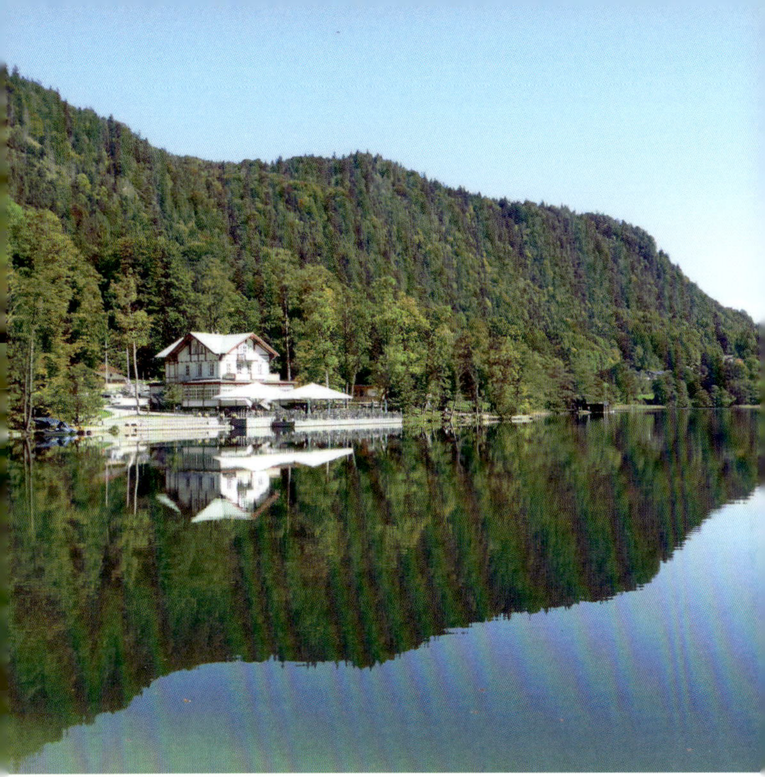

Der denkmalgeschützte Seewirt bietet edles Ambiente für feine Speisen.

Was für eine Begrüßung, wenn die Anfahrt von Bad Reichenhall Richtung Thumsee über den Ortsteil Karlstein erfolgt: Direkt vor uns auf einem steilen Felsen thront die Kirche St. Pankraz 145 Meter über dem Talboden. Dem Himmel noch ein Stück näher, jedoch über 300 Stufen relativ bequem erreichbar. Aber welch enormes handwerkliches Können die Errichtung in dieser exponierten Lage erforderte! Eine primitive Aufzugskonstruktion diente als Unterstützung, im Jahr 1689 war der barocke Bau dann vollendet. Der Aufwand

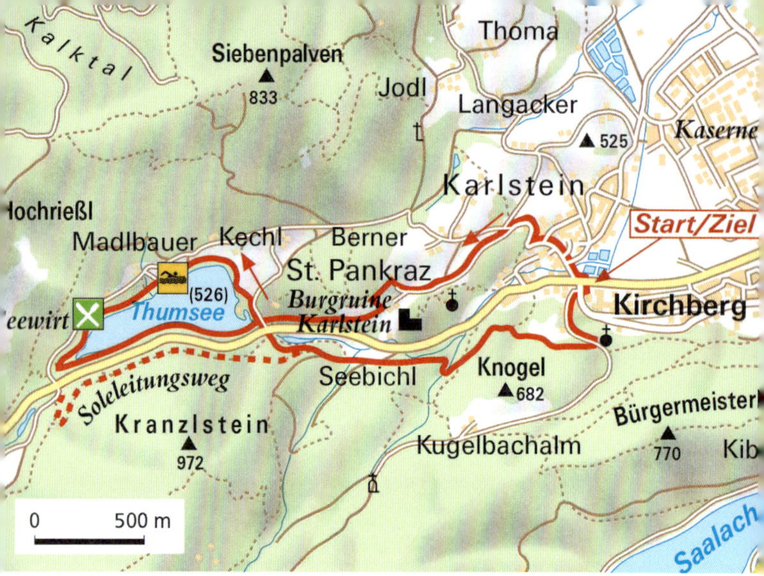

zahlte sich aus, zahlreiche Wallfahrer pilgerten zum Gotteshaus auf dem Pankrazfelsen und sorgten mit ihren Spenden für volle Kirchenkassen. Im 19. Jahrhundert war St. Pankraz zeitweise die reichste Kirche im ganzen Dekanat. Trotzdem war das markante Bauwerk auf dem Felsen kurzzeitig auch vom Abbruch bedroht, was die Karlsteiner Bauern aber zum Glück verhindern konnten.

Das ehemalige Schloss Karlstein auf dem westlich gegenüberliegenden Felsen hat jedenfalls über die Jahrhunderte mehr gelitten als die Kirche. Aber dieser Bau ist noch verwegener, auch um einige Meter höher gelegen und geht immerhin auf das Jahr 1150 zurück. Ein Konrad von Peilstein aus Niederösterreich hat die Burg im Auftrag des Salzburger Erzbischofs errichten lassen. Zu einer Zeit, als Streitigkeiten um das wertvolle Salz die Außenpolitik zwischen Salzburg und Bayern bestimmten. Die mittelalterlichen Burgen, von denen es rund um Reichenhall einige gab, dienten ganz einfach der weithin sichtbaren Machtdemonstration der Herrscherhäuser. Sehr viel später kam die Burg in den Besitz der mächtigen Familie Fröschl aus Marzoll.

Am Fuße des Burgbergs herrschte auch schon in der Bronzezeit (1800–1300 v. Chr.) reges Treiben. Elf große Wohnstätten wurden hier in der geschützten Beckenlage entdeckt, dazu kommen noch zahlreiche handwerkliche Geräte und Keramiken. Zu besichtigen sind die Funde im Stadtmuseum von Bad Reichenhall (Getreidegasse 4, Tel. +49 (0)8651775-0, geplante Wiedereröffnung im Jahr 2019).

Von Karlstein zum Thumsee

Ausgangspunkt ist der Parkplatz an der Schmalschlägerstraße in Karlstein. Wir folgen der Straße, die über einige Serpentinen auf die Nordseite der dominanten Pankrazerhebung führt. In dieser geschützten Hochebene wurden besonders viele Funde aus der Bronzezeit, der Urnenfelderzeit (1300–800) und der Latène-Zeit (500–15 v. Chr.) gemacht. Bei einer Abzweigung unter den Felsen beginnen die jeweils zwanzigminütigen Aufstiege (0,9 km). Links geht es über sichere Steinstufen zur St. Pankrazkirche, rechts verläuft der steile Steig zur Ruine Karlstein (550 m), die letzten Meter sogar über eine luftige Treppenkonstruktion quer über die Felswand. Achtung: Der Rücken als direkte Verbindung zwischen Kirche und Ruine ist nicht durchgehend begehbar! Von unten macht es einen anderen Eindruck, aber das Plateau, auf dem die Burganlage gebaut wurde, bietet eigentlich überraschend viel Platz und Möglichkeiten. Eine Zisterne ist noch vorhanden, dazu vermitteln das großzügig gestaltete Rundbogentor, die Umfassungsmauern aus dem 12. Jahrhundert und der Rundturm an der höchsten Stelle des Innenhofs einen lebendigen Eindruck vom einstigen Leben auf der Burg. Wieder zurück bei der Abzweigung am Fuß des Felsens setzen wir unseren Weg auf der Schmalschlägerstraße fort. Bald ist der höchste Punkt erreicht, am Ende der Zufahrt thront ein äußerst gediegenes, herrschaftliches Landhaus (1,2 km). Einige Meter weiter am Weg Richtung Thumsee steht dann das moderne Gegenstück, in das der mutige Architekt sogar einen ganzen Baum integriert hat. Wir folgen dem Soleleitungsweg hinab zum Wanderzentrum beim Thumsee (1,9 km).

Rund um den Thumsee und zurück nach Karlstein über den Soleleitungsweg

Die Seeumrundung muss nicht unbedingt auf dem Programm stehen, denn der Rückweg nach Karlstein verläuft gleich hier links abzweigend, auf der anderen Straßenseite am Seerosenteich vorbei entlang der Soleleitung. Aber der dreiviertelstündige Spaziergang um den See führt zu außergewöhnlich schönen Orten, so dass man darauf nicht verzichten sollte. Der ganze See ist ja in Privatbesitz, aber es finden sich genügend Zugänge und herrliche Rastgelegenheiten. Außerdem verläuft der Weg rechter Hand an schönen Einkehrstationen vorbei, die auffallendste dabei ist der Seewirt mit der großen Terrasse (2,8 km). In dieser idyllischen Gaststätte verbrachte Sigmund Freud im Jahre 1901 einen mehrwöchigen Aufenthalt. Der Psychoanalytiker schätzte die Ruhe, seine älteste Tochter Mathilde noch mehr den Sohn des Besitzers, in den sie sich verliebte. Es entstand zwar keine eheliche Beziehung daraus, aber die beiden erlebten sicher romantische Zeiten in dieser herrlichen Umgebung.

Wir wandern vom Seewirt an das Westufer weiter und haben dort zwei Möglichkeiten zur Auswahl (3,2 km): Entweder queren wir die Straße und folgen dann links abzweigend dem Soleleitungsweg, oder wir bleiben noch am schönen Thumseeufer und queren erst am Ostende beim großen Parkplatz auf die andere Straßenseite und gelangen nun auf den Soleleitungsweg Richtung Karlstein. Der Bau der Salzleitung von Reichenhall nach Rosenheim vor über 200 Jahren war ein bautechnisches Meisterwerk, von dem wir heute noch durch die herrlichen Salz-Wanderwege profitieren. Auch die hier wieder entdeckte Burg Amerang hatte indirekt etwas mit dem Salzweg zu tun, denn sie wurde als optische Machtdemonstration und als Gegenstück zur Burg Karlstein an der wichtigen Handelsstraße errichtet (5,5,km). So steckt der Wald voller Geheimnisse, bevor sich die Runde über eine der beiden möglichen Abzweigungen („Karlstein Wanderzentrum“) schließt (6,5 km).

35 Am Johannishögl

Bevor der Flachgau auf der östlichen Salzachseite beginnt und seinem Namen gerecht wird, erhebt sich noch ein kleiner, sanfter Höhenzug. Gebirge wäre wohl übertrieben, aber Högl passt haarscharf auf die hügelige Erhebung zwischen Ainring und Piding. Von allen Seiten führen Wege auf den malerischen Högl-Hügel, und die Wanderungen können ganz nach Belieben ausgedehnt werden. Ein sehr stiller Anstieg, mit einem optimalen Startpunkt für Bahnbenutzer, nimmt am Bahnhof Hammerau seinen Ausgang.

Schwierigkeit	leicht. Im oberen Teil der Runde ist Orientierungssinn gefragt, da die Markierung lückenhaft ist.
Steigung	250 hm
Länge	7 km
Gehzeit	2 ½ Std.
Einkehr	Berggasthof Johannishögl, Tel. +49 (0)8656 397, www.berggasthof-johannishoegl.de
Anreise	über den Grenzübergang Walserberg auf der A 8 bis Abfahrt Bad Reichenhall. Auf der B 20 Richtung Freilassing fünf Kilometer bis zur Abzweigung Bahnhof (links) in Hammerau, Parken beim Bahnhof. **Öffentlicher Verkehr:** Bahn S 3 ab Salzburg Hbf. bis Bhf. Hammerau

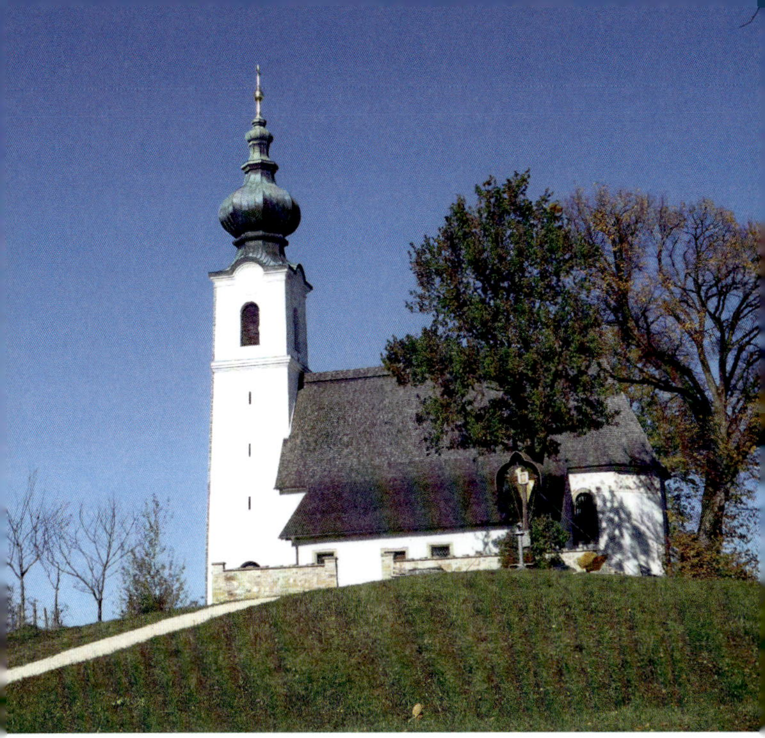

Die Kirche am Johannishögl (705 m).

So sanft das als Högl bezeichnete Gebiet nördlich von Piding äußerlich auch erscheint, so hart ist sein Kern. Hier befinden sich nämlich bedeutende Sandsteinbrüche, die für ihren qualitativ hochwertigen Stein berühmt sind. Die meisten der Höfe am Högl, von denen manche bis ins 13. Jahrhundert zurückgehen, sind mit kunstvoll verzierten Sandsteinportalen und Gesimsen ausgestattet. Das gut zu bearbeitende und widerstandsfähige Material findet sich auch in vielen Sakralbauten in der näheren und der weiteren Umgebung, wie etwa in

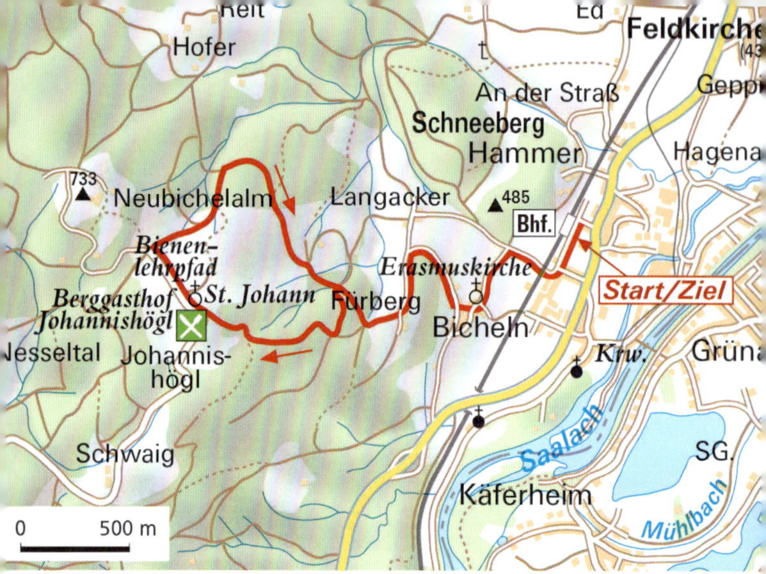

der Stiftskirche von St. Peter in Salzburg. Die Erzabtei war ja auch, neben dem Nonnberger Frauenkloster, einer der großen Grundbesitzer hier am Högl. Einen anderen, nicht weniger wichtigen Verwendungszweck, erfüllte der Högler Sandstein bei den früher weit verbreiteten Kugelmühlen. Die Schleifscheiben aus den Högler Brüchen hatten den allerbesten Ruf, denn dieser Sandstein garantierte durch seinen hohen Quarzanteil eine besonders lange Lebensdauer. Daher ist es auch nicht verwunderlich, dass die hochwertigen Schleif- und Wetzsteine von München bis nach Wien exportiert wurden.

Von Hammerau auf den Johannishögl

Ausgangspunkt ist der Bahnhof Hammerau. Unsere Route folgt zunächst 200 Meter der Bahnhofstraße Richtung Süden und quert dann über die Gleise nach rechts. Bei der folgenden Weggabelung zweigen wir nach links ab (Schild Bicheln) und erreichen nach wenigen Minuten das hübsche St.-Erasmus-Kirchlein in Bicheln (0,9 km). Der Chor und das Langhaus stammen aus dem frühen 15. Jahrhundert, erwähnenswert ist auch das Schutzmantelbild aus dem Jahre 1613, das aus der Wallfahrtskirche Feldkirchen hierher gelangte. Beim Irlbauer wenige Meter oberhalb zweigt unser

Vom Johannishögl öffnet sich ein grandioser Blick auf das Salzburger Becken.

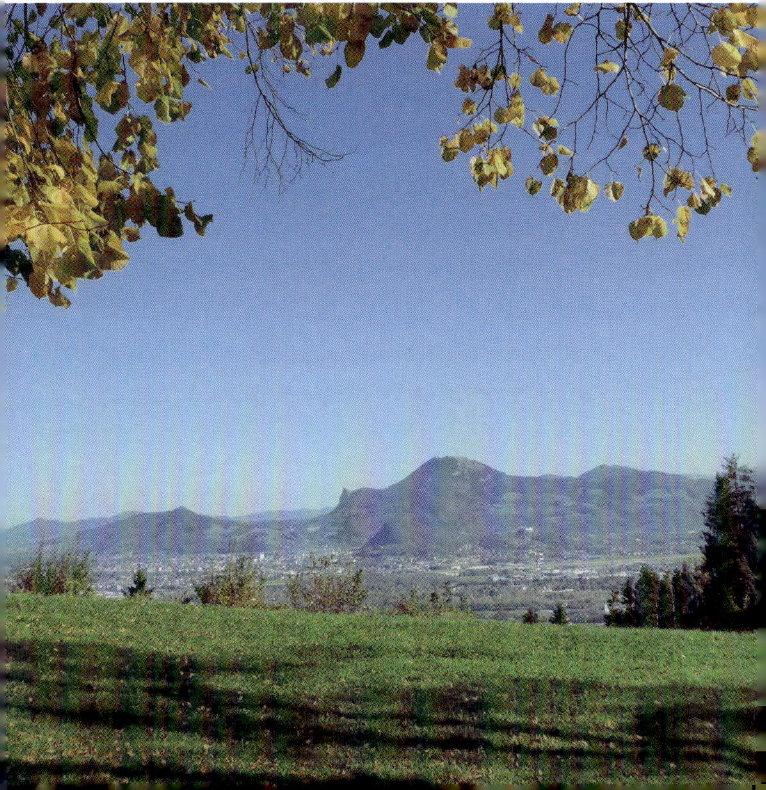

Weg 10 (Johannishögl) nach rechts ab und verläuft nun entlang der Zufahrtsstraße über einen Kilometer bis zum letzten Hof (1,9 km). In der Zeit um Weihnachten gibt es hier vor dem schön gelegenen Hof eine kunstvoll arrangierte Krippe zu bewundern. Wir folgen der Route quer über die Wiese in den Wald und bleiben dort auf der Forststraße. Bei der nächsten Gabelung geht es mit dem Schild „Johannishögl, Weg 10“ nach links und anschließend in einer langgezogenen Kurve nach rechts (2,3 km). Nun folgt ein steilerer Holzziehweg, der unter den letzten Forstarbeiten sichtlich gelitten hat. Aber der stellenweise morastige, aufgewühlte Abschnitt dauert nicht lange, schon bald zweigt ein trockener Waldpfad nach rechts ab. Einige alte Markierungspunkte sind erkennbar, bevor sich dann auch schon die malerische Silhouette der Johanniskirche als Wegweiser am Horizont abhebt. Der Steig mündet zwischen der Kirche und der Gastwirtschaft auf den sonnigen Höhenrücken (3 km). Besuchenswert sind beide Punkte, die kleine Johanniskirche allerdings ist meist versperrt, zu wertvoll sind die Schätze im Inneren. Aber durch ein kleines Guckloch können wir einen Blick in den großartigen Kirchenraum werfen, in dem es neben Fresken aus der gotischen und der romanischen Zeit auch einen Seitenaltar im Stil der Frührenaissance (um 1525) zu bewundern gibt, der wohl aus der Werkstatt des Gordian Guckh stammt.

Vom Johannishögl nach Hammerau

Nach der jeweiligen Einkehr in der Kirche und im Berggasthof folgt der Rückweg südlich unterhalb der Johanniskirche zunächst einem Bienenlehrpfad Richtung Neubichleralm. Dabei können wir einiges über das Leben und das Wesen der Bienen lernen. Interessant ist etwa, dass es bei uns nur neun Honigbienenarten gibt, aber alleine in Mitteleuropa über 700 verschiedene Wildbienenarten leben. Anders als die Honigbienen leben die meisten Wildbienen nicht in größeren sozialen Einheiten. Sie sind vor allem für die Bestäubung der Obstbäume von großer Bedeutung. Bei einer Weggabelung liegt links ein schöner Rastplatz samt Bienen-Infotafel, unser Abstieg aber führt nach rechts weiter und orientiert sich kurz an der beschilderten Mountainbike-Route 25. Diese führt in den Wald, bald tauchen auch wieder die vertrauten gelben Wegschilder auf. Wir folgen zunächst der Richtung Ainring, bei der nächsten Gabelung dann der Richtung Hammerau nach rechts (4 km). Dieser breite Waldweg führt auf den bereits bekannten Anstiegsweg hinüber (5 km), auf dem es über Fürberg und Bicheln an den Startpunkt Hammerau retour geht (7 km).

36 Der Höglwörther See und Anger

Auf die Augustinermönche ist Verlass: Sie wählten sichere und gleichzeitig schöne Plätze für ihre Klostergründungen. In Höglwörth steht die Klosteranlage auf einer schwer zugänglichen Halbinsel, aber in einer derart malerischen Lage, dass uns der Bau während der ganzen Seerunde in seinen Bann zieht. Einen Schönheitsfehler gibt es allerdings schon: Der Klosterbetrieb wurde bereits im Zuge der Säkularisation vor 200 Jahren eingestellt. Aber der Klosterwirt besteht noch, und hier im herrlichen Gastgarten lässt sich unter den Bäumen die himmlische Ruhe und das Bier des neuen Klosterbesitzers Wieninger aus Teisendorf in vollen Zügen genießen. Wer nach der kurzen Seeumrundung noch Lust auf einen idyllischen Dorfplatz hat, könnte nach Anger weiterwandern.

Das ehemalige Augustiner-Chorherrenstift Höglwörth steht am Ufer eines kleinen Sees, der in einer Senke liegt und für seine Besucher erst aus direkter Nähe ersichtlich wird. Das war auch so beabsichtigt, die versteckte Lage bot Schutz und der See die Nahrung für die Klosterbrüder. Allerdings gibt es schon einen weit außerhalb liegenden Punkt, von dem aus die Klosterkirche gut zu sehen ist. Von der Plainburg eröffnet sich solch eine direkte Sichtachse. Auch das war so gewollt, denn die Stifter des Klosters waren die Grafen von Plain, die ihren Stammsitz auf dieser mächtigen Burg oberhalb von

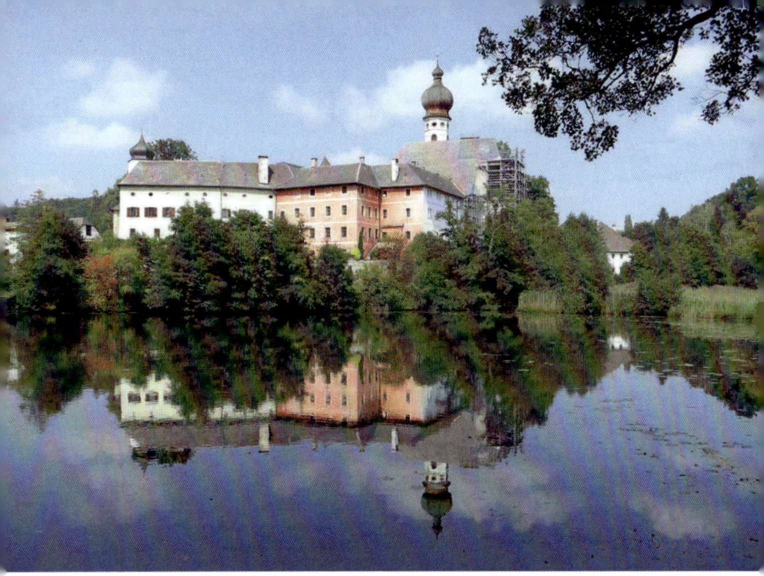

Das ehemalige Augustiner-Chorherrenstift Höglwörth wurde auf einer Halbinsel errichtet.

Schwierigkeit	leicht
Steigung	50 hm (Runde Anger)
Länge	5 km
Gehzeit	1 3/4 Std.
Einkehr	Klosterwirt, Tel. +49 (0)8656 255, www.klosterwirt-hoeglwoerth.de
Anreise	A 8, Abfahrt Bad Reichenhall, nach dem Kreisverkehr 500 m Richtung Bad Reichenhall bis zur Abzweigung Anger nach rechts. An Anger vorbei, nach 1,5 km links zum Höglwörther See (Klosterwirt) abzweigen. Parkplatz. **Öffentlicher Verkehr:** Bahn ab Salzburg Hbf. bis Teisendorf Bhf, Bus 829 bis Anger Ortsmitte.
Extratipp	Seebad Höglwörth, Eintritt frei, Tel. +49 (0)8656 598

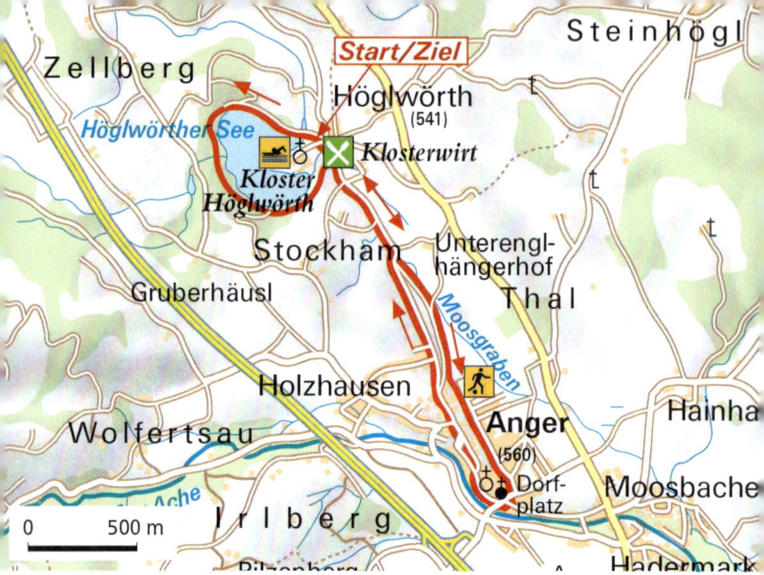

Großgmain hatten. Damals war das Kloster tatsächlich noch auf einer Insel im See platziert, so wie es die mittelhochdeutsche Bezeichnung auch ausdrückt (-wörth von mhd. weride, Insel). Die heute bestehende Verbindung zum Ufer wurde erst sehr viel später durch Aufschüttung hergestellt. Höglwörth war eines der kleinsten jener 17 Augustiner-Chorherrenstifte, die aus der Reformbewegung des Salzburger Erzbischofs Konrad I. (1106–1147) hervorgegangen sind. Das Salzburger Kloster kam erstmals 1810 mit dem gesamten Rupertiwinkel zu Bayern und entging so vorerst der Welle der bayerischen Klosteraufhebungen in den Jahren 1802 bis 1803. Per königlichem Dekret wurde das Stift dann aber doch im Jahre 1817 aufgelöst. Drei Jahre später wurde es von der Brauerfamilie Wieninger aus Teisendorf erworben, in deren Besitz sich die Anlage auch heute noch befindet. Etliche Zeichen und

Wappen erinnern im hervorragend gepflegten Gebäude noch an die Salzburger Vergangenheit.
Alle drei Jahre ist, salopp formuliert, im abgeschiedenen ehemaligen Kloster der Teufel los. Nach wochenlangen Vorarbeiten wird in der Osterzeit das größte Ostergrab von ganz Oberbayern der Öffentlichkeit präsentiert Bis zu 15 000 Besucher kommen in diesen Tagen in die kleine Klosterkirche zum fünf Meter breiten, acht Meter hohen und mit 80 bunten Glaskugeln beleuchteten Heiligen Grab – das nächste Mal voraussichtlich im Jahr 2020.

Rund um den Höglwörther See
Ausgangspunkt ist der große Parkplatz gegenüber der Gastwirtschaft. In das Innere der Klosteranlage sind es nur wenige Meter über den einzig möglichen Zugang. Der Boden im Hof ist wie seit ewigen Zeiten mit runden Bachsteinen gepflastert, die massiven Tore, der Brunnen, das akkurat geschlichtete Brennholz, all das macht den Eindruck, als ob gleich der Bruder Pförtner aus der Kammer kommt.
Nach diesem kleinen Seitenblick in eine vergangene Zeit geht es aber wirklich los. Der Weg führt über eine Brücke und dann in wenigen Minuten am Ufer entlang zum Seebad (0,5 km). In der warmen Jahreszeit ist Badezeug im Rucksack kein Fehler, der kleine Moorsee erreicht bald badetaugliche Temperaturen. Eine weitere Einstiegsstelle gibt es dann auf der anderen Seeseite. Empfindliche Gemüter dürften sich vielleicht an den Schlingpflanzen stoßen, die so hin und wieder

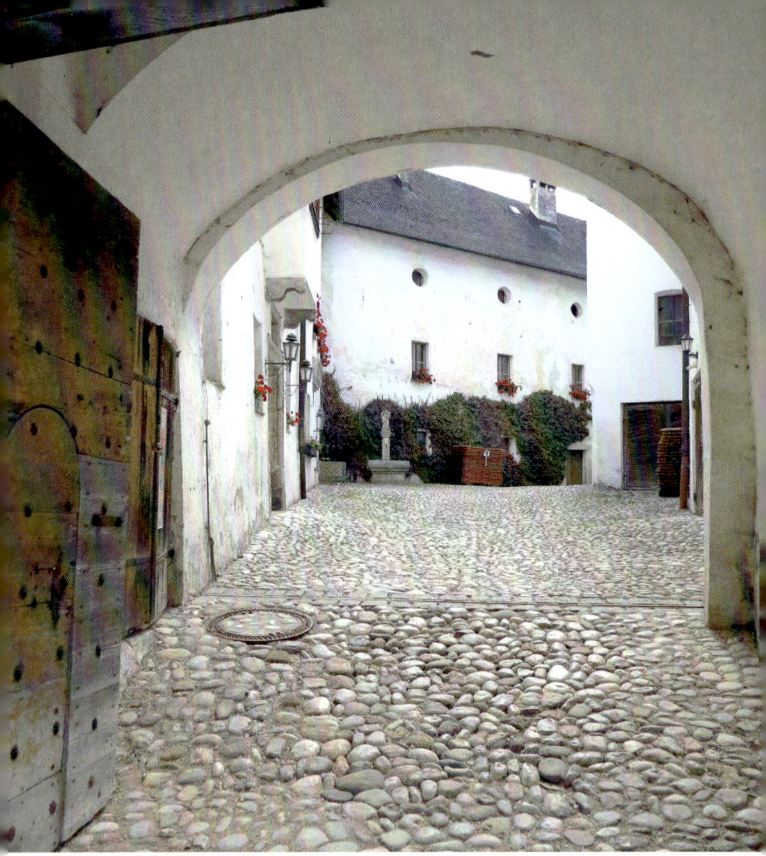

Ein Blick in den Innenhof des ehemaligen Chorherrenstifts. Viele Details, wie etwa das steinerne Brunnenwappen, erinnern noch an die einstigen Besitzer aus Salzburg.

den Bauch beim Schwimmen kitzeln. Der See ist auch ausgesprochen fischreich: Hechte, Waller, Zander, Aale, Karpfen, Barsch, Schleien und Weißfische finden hier einen guten Lebensraum. Am Seebad vorbei geht es über den Schornbach weiter, der sowohl eine stiftseigene Bäckermühle als auch ein

Kraftwerk mit Energie versorgte. Nach dem Wegabschnitt im Wald folgt wieder offenes Gelände mit Wiesen und einer weiteren Einstiegsstelle in den See (1,4 km). Bevor sich die 40-minütige Runde wieder schließt, zweigt bei Bedarf eine gut einstündige Verlängerungsvariante Richtung Anger nach rechts ab (1,7 km).

Von Höglwörth nach Anger

Von der Seerunde zweigt der Klosterweg nach Anger nach rechts ab. Der Zugang hierher ist natürlich auch direkt vom Parkplatz Klosterwirt aus möglich. Die kürzeste Verbindung nach Anger folgt dem eineinhalb Kilometer langen Klosterweg, eine andere Variante zweigt bald nach links ab und bleibt vorerst im Talboden. Am Sportplatz vorbei wandern wir in diesem Fall zu einer weiteren Abzweigung, die steil nach rechts auf den Dorfplatz hinaufführt (3,3 km). König Ludwig I. hielt den malerischen Ort mit dem begrünten, namensgebenden Anger für den schönsten in ganz Bayern. Auf jeden Fall ein Ort zum Verweilen, ruhigen Durchatmen und Staunen. Entweder auf dem gleichen, oder auf dem jeweils alternierenden Weg geht es wieder retour zum Höglwörther See (5 km).

37 Wege um den Aschauer Weiher

Hoch droben zwischen Bischofswiesen und Berchtesgaden, rund um den Aschauerweiher, ist zu jeder Jahreszeit etwas los. Im Winter ziehen die Langläufer auf den perfekt gepflegten Loipen ihre Runden, im Sommer steht das einzigartige Naturbad Aschauerweiher im Zentrum des Interesses. Im Herbst und im Frühling ist es vielleicht etwa ruhiger, das sind auch die Monate, in denen es entlang des knapp drei Kilometer langen Naturerlebniswegs am meisten zu entdecken gibt. Wer dann noch Lust auf weitere sagenhafte Eindrücke hat, kann ja den zwei Kilometer langen Märchenpfad anschließen.

Schwierigkeit	leicht
Steigung	jeweils 80 hm
Länge	2,7 km Naturlehrpfad und 2 km Märchenpfad
Gehzeit	jeweils 1 Std.
Einkehr	Aschauerweiherwirt, Tel. +49 (0)171 2312 881, www.gaststaette-aschauerweiherwirt.de
Anreise	A 10, Abfahrt Salzburg Süd und weiter nach Berchtesgaden. Am Ortsanfang, gegenüber dem Salzbergwerk, nach rechts Richtung Aschauer Weiher. Parkplatz Dietfeld (Märchenpfad) nach 2,5 Kilometer rechts, zentraler Parkplatz Aschauerweiherbad (Naturerlebnisweg) wenig später.
Extratipp	Aschauerweiherbad, Bischofswiesen, Tel. +49 (0)8652 3366, www.naturbad.info-berchtesgaden.com

Mit der Hochebene rund um den Aschauerweiher liegt ein wahres Naturjuwel im Gemeindegebiet von Bischofswiesen. Die Marktgemeinde weiß dieses Glück zu schätzen, und hat für die Besucher eine naturverträgliche und intelligente Infrastruktur geschaffen, die es den Gästen ermöglicht, in diese Wunderwelt einzutauchen.

Hier am allmählichen Übergang vom submontanen Buchenmischwald zum montanen Bergmischwald ist die Vielfalt an unterschiedlichen Lebensräumen ja besonders groß. Der Themenweg führt konkret zu diesen Punkten und erklärt an Ort und Stelle die Besonderheiten. Einiges wird uns bekannt vorkommen, viele Erklärungen aber werden wir mit Erstaunen zur Kenntnis nehmen. Dazu gehört auch das Naturbad Aschauerweiher, vor dem wir am Beginn des Weges stehen. Mit über 4 000 Quadratmeter Wasserfläche ist es eines der größten Naturbäder Deutschlands und kommt ganz ohne Chemikalien aus. Die Reinigung übernehmen speziell dafür geeignete Pflanzen, die nicht nur hocheffizient arbeiten, sondern oft auch noch wunderschön anzusehen sind. Die Schwertlilie etwa filtert mit ihren feinen Wurzeln die gelösten Nährstoffe aus dem Wasser und spielt somit eine wichtige Rolle bei der biologischen Wasserreinigung. Wie das System genau funktioniert, zeigt die Station 9, die direkt zwischen der pflanzlichen Kläranlage und der Badefläche platziert ist. Wie es sich aber anfühlt, in diesem glasklaren Wasser mit Blick auf das Blumenmeer und den Watzmann zu schwimmen, sollten Sie an einem schönen Badetag unbedingt einmal selbst ausprobieren.

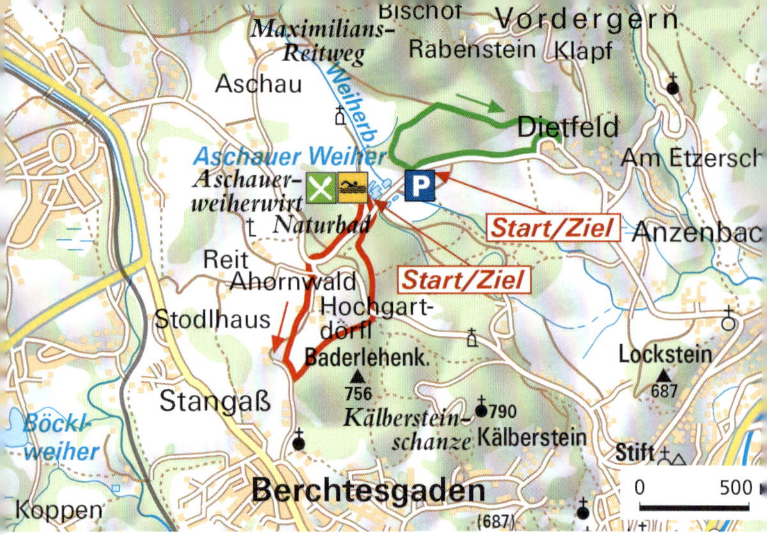

Der Naturerlebnisweg Bischofswiesen

Ausgangspunkt ist der große Parkplatz vor dem Naturbad Aschauerweiher. Eine Einführungstafel macht mit der Wegführung vertraut, gleich vis-à-vis werden die Anpassungstricks des Sumpfwaldes erklärt. Der Weg führt nun rechts abzweigend ein kurzes Stück entlang der Aschauerweiherstrasse und überquert diese. Bei dem lichten Ahornwäldchen wird auf die Besonderheit der Laubnutzung hingewiesen. Der ausgeschilderte Weg führt nun einige Höhenmeter bergauf und eröffnet damit atemberaubende Ausblicke auf Watzmann, Hochkalter und Lattengebirge. Einzigartig ist auch die nun folgende Verzahnung der unterschiedlichen Lebensräume. An die Feuchtwiesen schließen sich die für die Artenvielfalt so wichtigen Magerwiesen an. Eine wahre Augenweide sind auch die denkmalgeschützten Höfe, deren Besitzer ja diese wunderbare Vielfalt erst ermöglichen. Die nährstoffarme Magerwiese verträgt keine Intensivdüngung, und die Feuchtwiese sollte nicht zu oft, aber regelmäßig gemäht werden, sonst droht die Überwucherung mit Hochstauden. Für die ertragsorientierten Landwirte natürlich eine Herausforderung. Auch die Haselnusshecke macht Schatten und schmälert den Heuertrag, aber sie schützt vor Wind und bietet über 100 Tierarten eine Lebensgrundlage. Alleine von den Haselnussblättern ernähren sich 44 verschiedene Schmetterlingsarten.

Nach dem kurzen Abstieg zweigt der Weg scharf nach links ab und führt am Waldrand entlang wieder steil bergauf (1,3 km). Auch hier, an dieser Grenzzone zwischen Licht und Schatten, gibt es viel zu sehen. Genauso wie bei der nächsten Station, die mitten im schönsten Bergmischwald liegt. Der hohe Brennholzbedarf für die Salinen führte in den vergangenen Jahrhunderten zu einer massiven Veränderung der Waldstruktur im Berchtesgadener Land. Dass es hier noch besonders viele Tannen gibt, hat seinen Grund. Das feuchtigkeitsresistentere Tannenholz war für den Erd- und Wasserbau reserviert.

Der Weg trifft wieder auf die Aschauerweiherstraße und begleitet diese nach rechts bis zur Abzweigung beim Parkplatz Dietfeld (2,1 km). Bei der nächsten Weggabelung verläuft der Naturlehrpfad nach links weiter, womit sich der Kreis beim Naturbad schließt (2,7 km). Eine andere Möglichkeit ist die Extrarunde über den Märchenpfad, der hier nach rechts abzweigt.

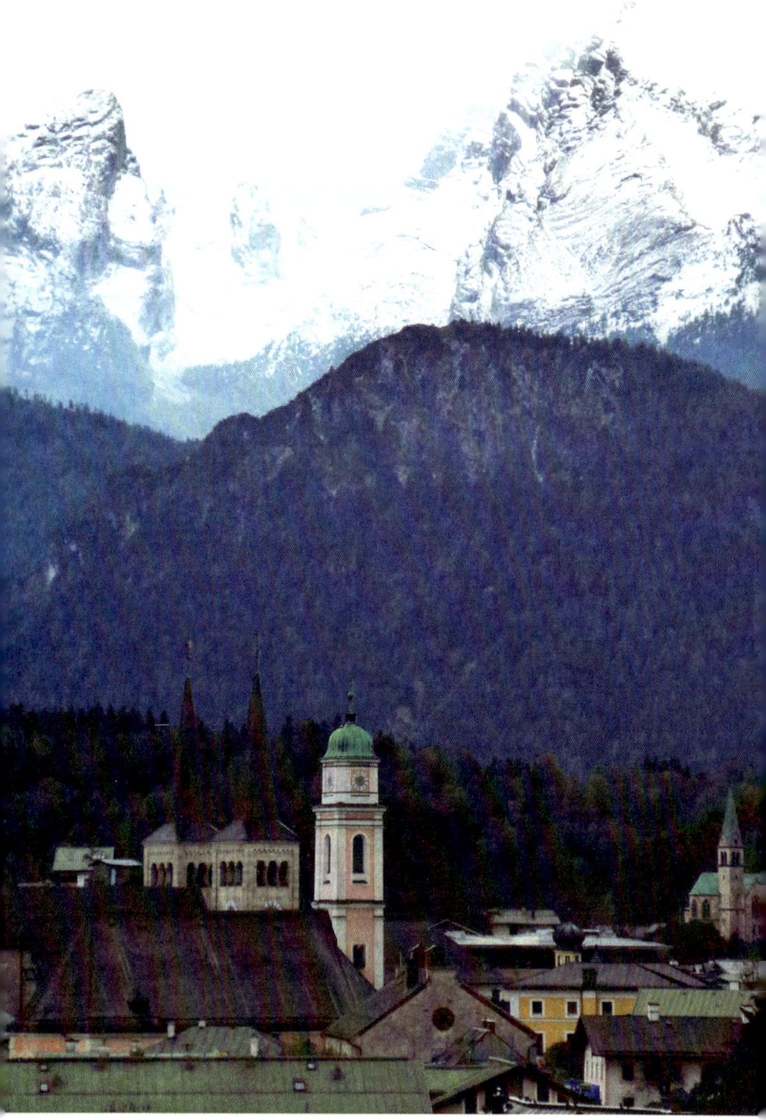

Berchtesgaden ist eine Symbiose aus Kultur und Natur.

Der Märchenpfad Bischofswiesen

Natürlich ist der Märchenpfad in erster Linie für die Kinder und Familien gedacht, aber die fantasievollen Holzfiguren bereiten auch den Erwachsenen sichtlich Freude. Der günstigste Startpunkt zu diesem Ausflug in die Welt der Märchen ist der Parkplatz Dietfeld, der sich 200 Meter vor der Abzweigung zum zentralen Aschauerweiher-Parkplatz auf der rechten Straßenseite befindet. Der zehnminütige Zugang vom großen Parkplatz folgt dem Naturlehrpfad entweder entlang der Straße oder links am Bad vorbei. Gleich zu Beginn beim Parkplatz Dietfeld ist die originelle Holzwurzel-Skulptur der „Steinernen Agnes“ aufgestellt, die es ja in Wirklichkeit als beeindruckende Felsformation im Lattengebirge gibt. Und schon geht es hinein in den dunklen Wald, der durch die herumliegenden, wilden Felsblöcke noch mystischer wirkt. Geschickt sind die besten Plätze mit den jeweiligen Figuren versehen, das Märchen zum Nachlesen gibt es jeweils auf der Tafel daneben – auch das der bedauernswerten Agnes, mehr wird hier nicht verraten. Damit niemand verloren geht, ist der Weg ausgezeichnet beschildert und führt entlang der Aschauerweiherstraße (1,6 km) ohne Hexerei wieder retour zum Startpunkt (2 km).

38 Gerner Höhenweg und Geschirrkopf

Zwei Wege, wie sie unterschiedlicher nicht sein könnten: Der eine ist der Gerner Höhenweg und erfreut sich wegen seiner unkomplizierten Wegführung großer Beliebtheit unter den Wanderern. Der andere folgt zwar auch im ersten Abschnitt dem Gerner Höhenweg, dann aber zweigt er in die Gegenrichtung ab und damit wird es sehr einsam und auch ein wenig anspruchsvoller. Lohnend sind beide Wege am Fuße des Untersberges, der Ausgangspunkt ist der gleiche. Wie beim Wein kommt es halt auf die Vorlieben darauf an: lieblich oder herb-trocken.

Schwierigkeit	leicht bzw. mittel (Geschirrkopfrunde)
Steigung	250 hm (Gerner Höhenweg), 350 hm (Geschirrkopfrunde)
Länge	6 km (Gerner Höhenweg), 8 km (Geschirrkopfrunde)
Gehzeit	2 ½ Std. (Gerner Höhenweg), 3 ½ Std. (Geschirrkopfrunde)
Einkehr	Gasthof Dürrlehen, +49 (0)8652 3473, www.duerrlehen.de; Wirtshaus Bachgütl, Tel. +49 (0)8652 3486
Anreise	A 10, Abfahrt Salzburg Süd. Nach Berchtesgaden, gegenüber Salzbergwerk nach rechts Richtung Maria Gern abzweigen. Zwei Parkplätze nach 1,5 Kilometer unterhalb der Kirche. **Öffentlicher Verkehr:** Bus 840 ab Salzburg Hbf., Bus 837 ab Salzbergwerk bis Maria Gern

Über unserem Ausgangspunkt thront die Wallfahrtskirche Maria Gern. Die paar zusätzlichen Schritte hinauf zur Rokokokirche sind zu empfehlen, denn hier gibt es feinste bayerische Handwerkskunst zu bewundern. Ursprünglich stand hier eine kleine Kapelle, die wegen der wachsenden Zahl der Wallfahrer in den Jahren 1708 bis 1710 durch einen Kirchenneubau ersetzt wurde. Sehenswert ist neben den wertvollen Altären mit dem Gnadenbild, den Deckenfresken und den kunstvollen, schmiedeeisernen Trenngittern auch die wunderschöne barocke Krippe, die sich etwas versteckt im Hintergrund befindet.

Der Berchtesgadener Hochthron ist die dominierende Berggestalt in Obergern.

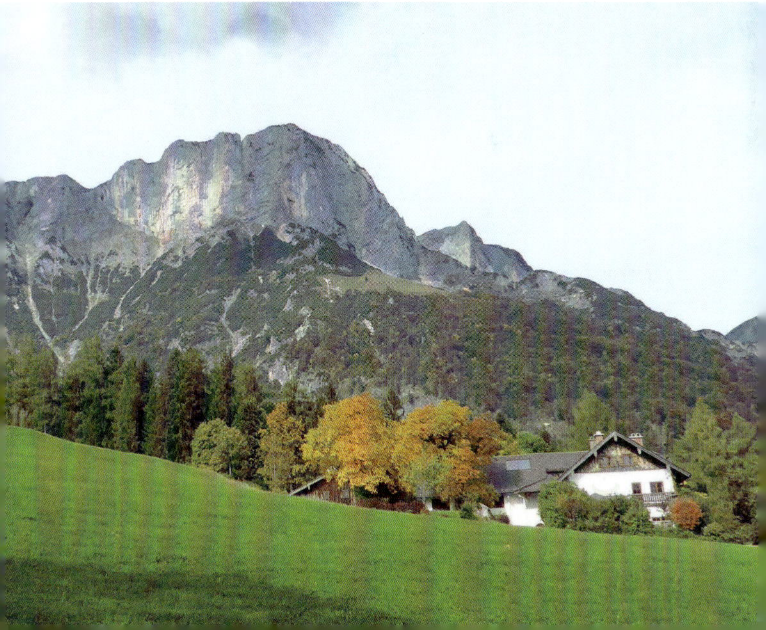

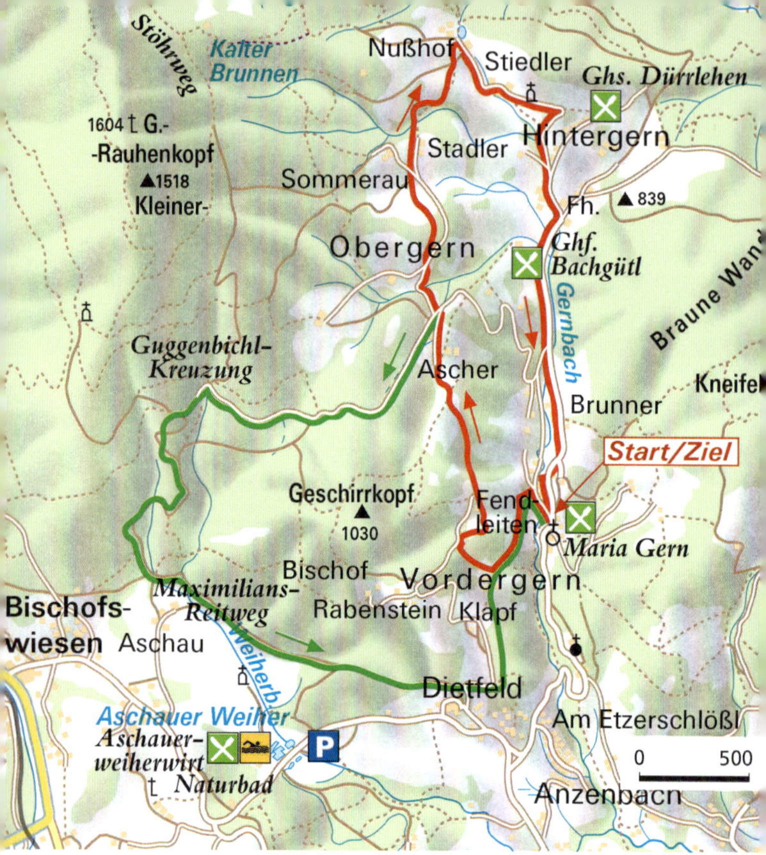

Von Maria Gern nach Obergern

Vom unteren Parkplatz in Maria Gern überqueren wir den Gernbach und folgen der Route 19 nach links bergauf. Zunächst geht es der Zufahrt entlang, dann zweigt ein schmaler Steig ab und führt zum malerischen Hof Fendleiten. Er ist eines der ältesten Anwesen des Tals und steht auf einer steilen Leiten genau mit Blick auf die gegenüberliegende Wallfahrtskirche. Ebene Plätze gibt es wenige, aber es fehlt an nichts in diesem kleinen Paradies oberhalb von Maria Gern. Weiter geht es auf dem Pfad zum nächsten Gehöft (1 km), und hier zweigt unser Gerner Höhenweg nun nach rechts Richtung Obergern und Hintergern ab. Die häufig anzutreffende, mittelhochdeutsche Ortsbezeichnung „Gern“ beschreibt übrigens ganz einfach eine dreieckige Fläche. Wir vervollständigen unser Wanderdreieck nun und folgen dem Weg 19 zum gut geschützt in einer Mulde gelegenen Ascherlehen. Ab hier benützen wir wieder einmal die Zufahrt und gelangen zu einer Weggabelung (2 km). Nun trennen sich die Routen: der Gerner Höhenweg führt geradeaus weiter, die längere Variante um den Geschirrkopf zweigt nach links Richtung Guggenbichl-Kreuzung ab.

Variante 1:
Von Obergern über den Gerner Höhenweg und Hintergern nach Maria Gern

Eine kurze Rückwegvariante nach Maria Gern zweigt bei der Weggabelung gleich nach rechts ab und erreicht in 40 Minuten den Ausgangspunkt. Die rund doppelt so lange Variante folgt aber weiterhin dem Gerner Höhenweg Richtung Hintergern, zuerst entlang der schmalen Zufahrtsstraße, später dann auf einem schönen Wald- und Wiesenweg. Bei einer T-Kreuzung zweigt unsere Route nach rechts ab und führt an gepflegten Anwesen und einem Lamagehege vorbei in den Talboden (4,5 km). Entweder mit dem kleinen, kurz davor nach links abzweigenden Umweg über den im Talschluss gelegenen Gasthof Dürrlehen, oder auf der direkten Linie folgen wir dem Weg Richtung Maria Gern. Bald lädt die Gastwirtschaft Bachgütl zu einem Besuch ein, bevor sich die Runde am Bach entlang über die verkehrsberuhigte Straße in Maria Gern schließt (6 km).

Variante 2:
Von Obergern rund um den Geschirrkopf nach Maria Gern

Von der Weggabelung in Obergern folgen wir dem links abzweigenden, leicht aufwärts führenden Forstweg, der nach einer halben Stunde auf die Guggenbichl-Kreuzung trifft. Hier verzweigen sich die Routen in die Wege 468 (Stöhrhaus, 4 Std.) und 467 (Rauher Kopf, 2,5 Std.). Unsere Route zweigt wenige Meter später nach links (3,5 km) auf den steil talwärts verlaufenden Weg Richtung Bischofswiesen ab. Nach einer halben Gehstunde in der idyllischen Talebene angelangt (4,6 km), führt die Route nach links auf dem aussichtsreichen Maximilians-Reitweg weiter. Ein fotogener Wasserfall zieht die Aufmerksamkeit auf sich, aber auch die Familie Watzmann und das Hochkaltermassiv mit den uralten Ahornbäumen im Vordergrund sind begehrte Fotomotive. Auch im dunklen Wald, der bald folgt, gibt es Interessantes zu entdecken. Links und rechts befinden sich entlang des Märchenwegs einige entzückende Holzfiguren aus den bekanntesten heimischen Sagen. An Wolf und Rotkäppchen vorbei gelangen wir zu einer Kreuzung (6,4 km) und wandern hier im scharfen Winkel links bergauf. Über diese Zufahrt geht es

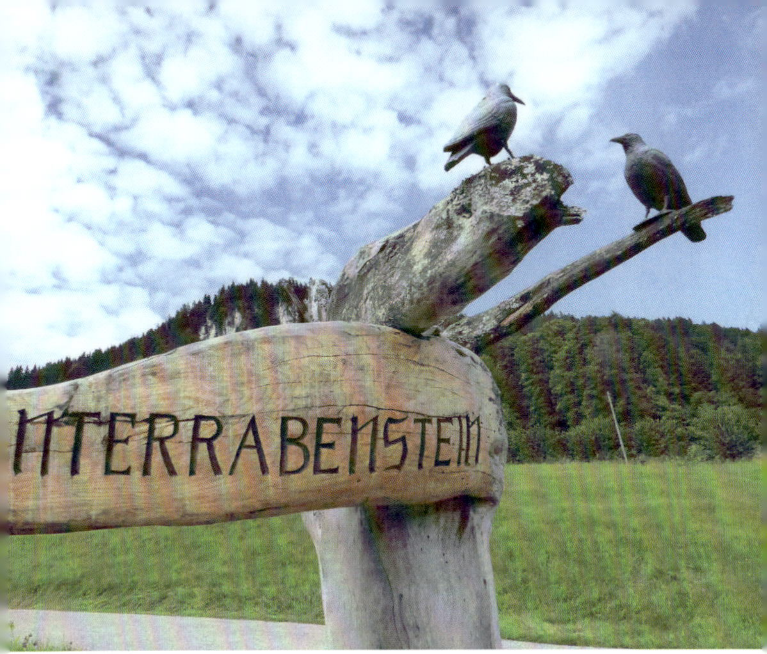

In der Sagenwelt spielen die Raben vom Untersberg eine ganz besondere Rolle.

nach Rabenstein, wo tatsächlich auf einem Ast die täuschend echt wirkenden Rabenvögel sitzen und auf die Wanderer herabblicken. Ob sie wohl aus dem Untersberg hierher geflogen sind? Von hier aus sind es nur noch einige Minuten bis zu jenem Punkt (7, 3 km), an dem sich die Runde wieder schließt. Auf dem bereits bekannten Weg geht es am Hof Fendleiten vorbei nach Maria Gern zurück (8 km).

39 Der Tote Mann

Wie vor 200 Jahren der Salztransport zwischen Berchtesgaden und Bad Reichenhall funktionierte, ist schon faszinierend. Die Wanderung folgt den Spuren des weißen Goldes auf der damals angelegten Soleleitungstrasse Richtung Söldenköpfl. Weil dieser Abschnitt auf der sonnenüberfluteten Südseite des Toten Mannes (1 390 m) verläuft, ist die Begehung vor allem im Spätherbst bis hinein in den schneearmen Winter besonders beliebt.

Schwierigkeit	mittel
Steigung	400 hm (kl. Runde), 900 hm (Toter Mann)
Länge	6 km (kl. Runde), 11 km (Toter Mann)
Gehzeit	2,5 Std. (kl. Runde), 4 Std. (Toter Mann)
Einkehr	Berggasthof Söldenköpfl, Tel. +49 (0)8652 2383, www.berggaststätte-söldenköpfl.de; Berggasthof Gerstreit, Tel. +49 (0)8657 497, www.berggasthof-gerstreit.de
Anreise	A 10, Abfahrt Salzburg Süd. Über Grödig-St.Leonhard nach Berchtesgaden und Richtung Ramsau 5 km weiter nach Engedey. Parkplatz links an der Abzweigung Richtung Schönau. **Öffentlicher Verkehr:** Bus 840 Salzburg Hbf. bis Berchtesgaden Busbhf., Bus 846 bis Haltestelle Ilsank.

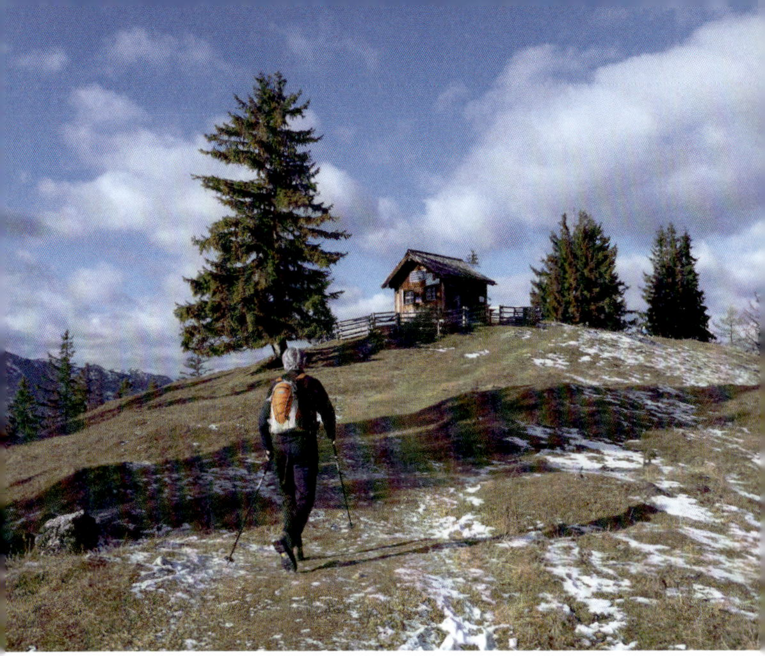

Die letzten Meter zur unbewirtschafteten Bezoldhütte auf dem Toten Mann.

Der Ausgangspunkt Engedey klingt zwar nach pannonischer Tiefebene, ist aber ein Ortsteil der Gemeinde Bischofswiesen. Seit dem 14. Jahrhundert gehört die kleine Siedlung bereits zu dieser bayerischen Urgnotschaft. Rund um Berchtesgaden schlossen sich damals die Bauern zu ursprünglich acht verschiedenen Gnotschaften (vermutlich von Genossenschaft) zusammen, um so besser ihre Rechte wahren zu können. In Engedey befindet sich seit 1817 eine geniale Wassersäulenhebemaschine, dank derer die Sole aus Berchtesgaden zum 356 Meter höher gelegenen Söldenköpfl gepumpt wurde. Von dort gelangte das weiße Gold weiter

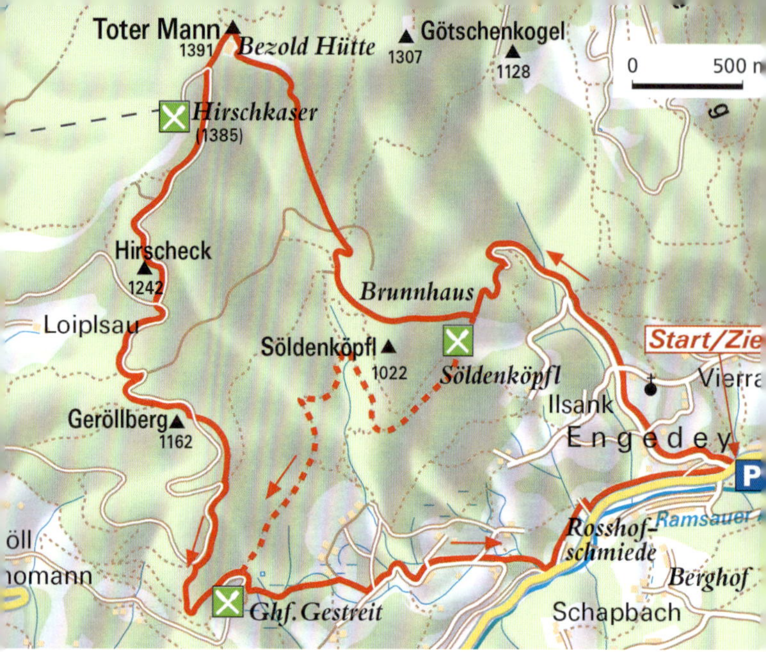

zur Saline Bad Reichenhall. Dieser Soleleitungsweg zwischen Berchtesgaden und Bad Reichenhall war bei weitem nicht die kürzeste, aber die sicherste Verbindung. Die Ideallinie über Hallthurm hätte nämlich salzburger bzw. österreichisches Staatsgebiet durchquert und das war speziell in der unruhigen Zeit mitten in der Neugestaltung Europas keine günstige Option. So wählte der Soleleitungsarchitekt Georg Friedrich von Reichenbach (1771–1826) die längere, aber zur Gänze auf bayerischem Gebiet verlaufende Trasse über die Ramsau. Im Jahre 1851 wurde der etwas unlogische, Haken schlagende Grenzverlauf durch Gebietstäusche zwar korrigiert, aber die Soleleitung war schon längst gebaut. Sehr zur Freude der heutigen Wanderer.

Von Engedy über das Söldenköpfl auf den Toten Mann

Ausgangspunkt in Engedey ist der Parkplatz an der Abzweigung Richtung Schönau, links neben der Brücke. Wir überqueren die Ramsauer Straße, gegenüber der Busstation setzt die gelbe Wegbeschilderung auf das Söldenköpfl ein. Der erste Teil des steilen Anstiegs führt durch Siedlungsgebiet, dann auf einem neu trassierten Weg durch den Graben und schließlich über einige Kehren zum Berggasthof Söldenköpfl (1,9 km, 955 m Seehöhe, Gehzeit 1 Std.). Dort verdient nicht nur die herrliche Aussichtsterrasse Beachtung, auf der die legendär großen Kuchenstücke serviert werden, sondern auch das historische Brunnhaus auf der Bergseite. Eine raffinierte Kombination aus einer Wassersäulenmaschine und einer Kolbenpumpe beförderte die Sole über einen Höhenunterschied von 356 Metern in diesen Hochbehälter. Von hier aus ging die Reise dann beinahe flach weiter über Gerstreit und Zipfhäusl zum Behälter Schwarzbachwacht. Wer schon genug Höhenmeter in den Beinen hat, kann es der Sole gleichtun und die Route hier um die Hälfte abkürzen. Der Weg folgt in diesem Fall einfach links abzweigend dem flachen, 1,5 Kilometer langen Soleleitungsweg nach Gerstreit.

Die wesentlich längere Variante orientiert sich am Weg 68, der mit raschem Höhengewinn und trotz Bewaldung mit viel Sonnenschein nach 1,5 Stunden auf dem Toten Mann (1 391 m) endet (4,2 km). Von vier Richtungen führen Wege auf den Toten Mann, der seinen eigentümlichen Namen vermutlich auf Grund der hier fehlenden, für die Almwirtschaft notwendigen Quellen hat.

Vom Toten Mann über Gerstreit nach Engedy

Am Toten Mann steht die kleine, unbewirtschaftete Bezoldhütte. Eine Einkehrmöglichkeit bietet der beinahe gleich hohe Hirschkaser südlich vis-à-vis (20 Min. Gehzeit). Auch unser Abstieg

Dieser alte Troadkasten mit Blick auf das Göllmassiv steht wenig unterhalb beim Berggasthof Gerstreit.

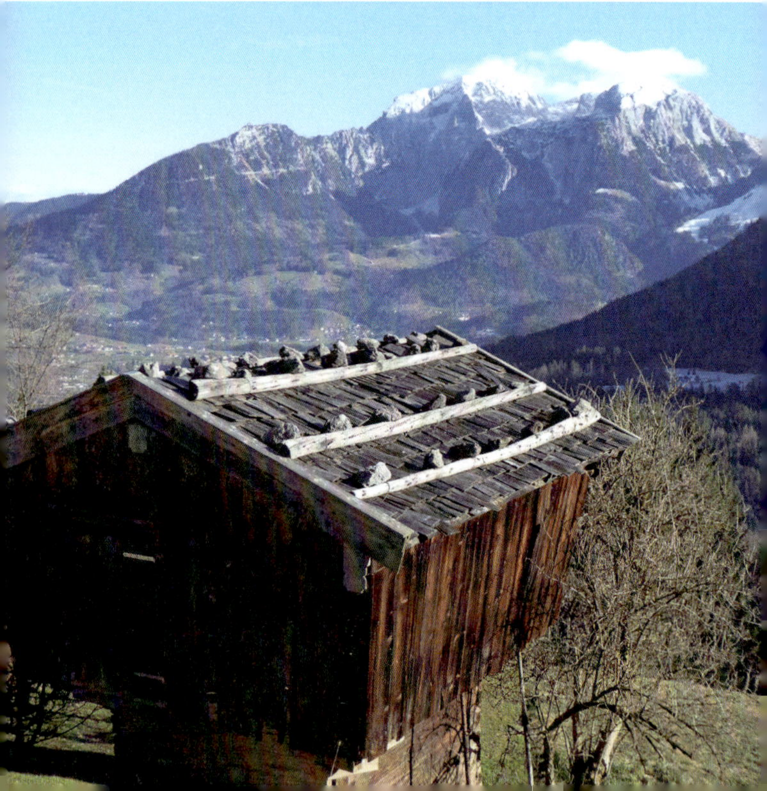

folgt zunächst dem Weg in den Sattel, zweigt dann aber auf die Route 67 nach Gerstreit ab. Großteils über breite, bequeme Trassen, erst im Schlußteil über einen steileren Pfad, endet dieser Abschnitt beim schön gelegenen Berggasthof Gerstreit (7,7 km).
Der weitere Abstieg folgt nun dem Weg 1a (Roßhofschmiede), der zwischen Parkplatz und Gasthof abzweigt. Phasenweise ist der Weg etwas steiler angelegt, dann verläuft er wieder entlang einer bequemen Zufahrt.
Im Talboden zweigen wir nach links ab und wandern auf einem separat führenden Fußweg entlang der Ramsauer Straße zur Roßhofschmiede weiter (10,2 km). Da hier ein Salzhandelsweg vorbeiführte, war diese Einrichtung für die Pferdefuhrwerke besonders wichtig und sogar bis 1943 in Betrieb. Außerdem war die Schmiede ein beliebtes Motiv der im Raum Hintersee–Ramsau besonders aktiven Maler der Romantik. Auch das bald folgende, alte Brunnhaus Ilsank zeigt noch viele interessante Details. Heute wird in dem auffälligen, pagodenartigen Gebäude hochwertiges Holzspielzeug hergestellt. Wenig später ist unser Ausgangspunkt erreicht (11 km).

40 Von der Ramsau zum Zipfhäusl

Immerhin befindet sich hier im Gebiet der bayerischen Ramsau mit dem 2 713 Meter hohen Watzmann der höchste, gänzlich auf eigenem Staatsgebiet stehende Berg Deutschlands. Aber im romantischen Bergsteigerdorf Ramsau warten auch viele kleinere, genussvolle Streifzüge, wie etwa die Wanderung über die sonnigen Südhänge, die dem alten Zustieg durch den Schluchtenweg hinauf zum Soleleitungsweg folgt.

Schwierigkeit	leicht
Steigung	250 hm
Länge	4,7 km
Gehzeit	2 Std.
Einkehr	Gasthaus Zipfhäusl, Tel. +49 (0)8657 278; Hotel Hindenburglinde, Tel. +49 (0)8657 550, www.hindenburglinde.de
Anreise	A 10, Abfahrt Salzburg Süd. Über St. Leonhard auf der B 305 nach Berchtesgaden und weiter Richtung Ramsau. Gebührenpflichtige Parkplätze im Ortsgebiet. **Öffentlicher Verkehr:** Bus 840 ab Salzburg Hbf., bis Haltestelle Berchtesgaden Busbhf., Bus 846 bis Haltestelle Ramsau Kirche

Das erste Mal urkundlich erwähnt wird die bayerische Ramsau im Jahre 1295. Der Warenaustausch über den Hirschbichl zwischen Berchtesgaden und dem Pinzgau reicht aber viel

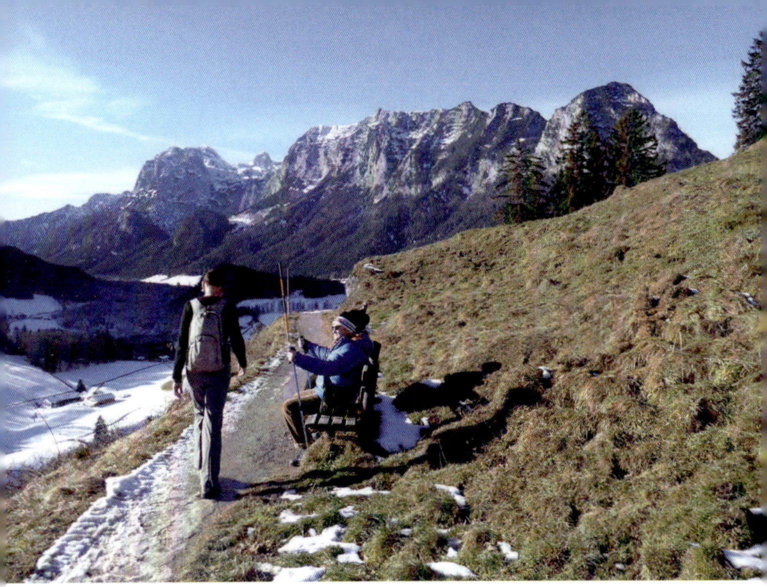

Durch die sonnige Streckenführung ist der Soleleitungsweg auch im Winter sehr beliebt. Von gegenüber grüßt die Reiter Alpe.

weiter zurück, der Salzhandelsweg wurde schon in der keltischen Zeit benützt. Neben die Taverne für die Fuhrleute gesellte sich im Jahre 1512 dann jene Pfarrkirche, deren Ansicht das berühmte Wahrzeichen der Ramsau wurde. Die Federzeichnungen von Wilhelm Busch und die romantischen Gemälde von Ferdinand Waldmüller oder Friedrich Gauermann machten die Region bekannt, aber auch ein amerikanischer Präsident sorgte für zusätzliche Werbung, als er das berühmte Kirchenmotiv für die Weihnachtspost aus dem Weißen Haus verwendete. Trotz aller Berühmtheit, im Kern ist die Ramsau aber der bodenständige Bergsteigerort geblieben, als den er sich in letzter Zeit wieder verstärkt darstellt.

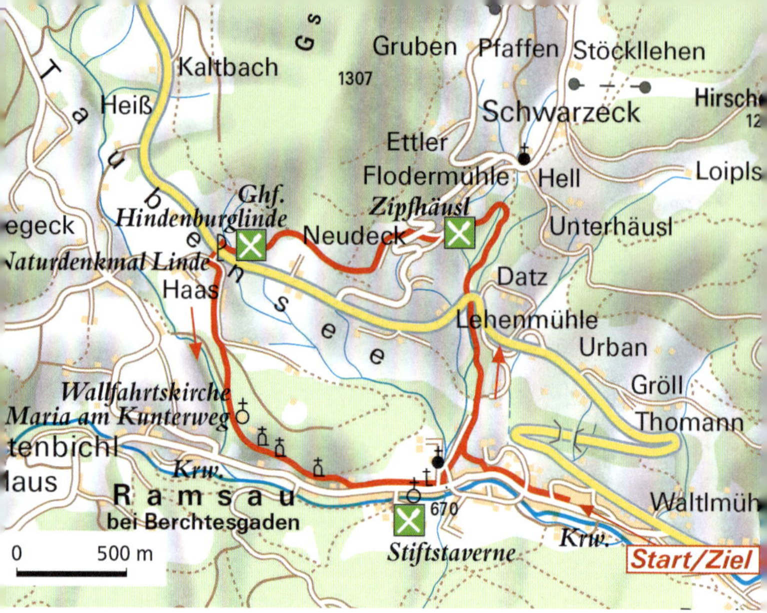

Von Ramsau über den Schluchtenweg zum Zipfhäusl

Der Ausgangspunkt befindet sich östlich unterhalb der Kirche, hier zweigt der Schluchtenweg 66 Richtung Zipfhäusl ab. Der gut gesicherte und ausgebaute Weg orientiert sich am Schwarzeckbach, nur bei Vereisungsgefahr rund um die winterliche Zeit empfiehlt sich die bald abzweigende Variante über Möslerlehen (Weg 66 a). Der Schluchtenweg führt an bizarren Auswaschungen vorbei zur Lehenmühle (1 km). Bereits im Jahr 1562 wird sie urkundlich erwähnt, bis 1920 war sie als Mautmühle in Betrieb. An einer eindrucksvollen Wasserwehr vorbei wandern wir durch eine Unterführung auf die andere Straßenseite und folgen dem weiteren Fußweg zum wunderbar aussichtsreich gelegenen Berggasthof Zipfhäusl (913 m, 1,7 km).

Vom Berggasthof Zipfhäusl über den Kunterweg nach Ramsau

Hier folgen wir dem Weg 65 („Ramsau Ortsmitte über Hindenburglinde"), der zuerst entlang der Soleleitung verläuft und dann Richtung Hindenburglinde nach links abzweigt. Beim nächsten Hof führt der kurze Verbindungsweg zu dieser rund 1 100 Jahre alten Baumikone nach rechts weiter (2,8 km). Die Hindenburglinde hat eine Höhe von über 30 Metern, der Stammumfang einen Meter über dem Boden misst elfeinhalb Meter. Das gleichnamige Hotel neben der Linde macht dagegen beinahe einen spielerisch kleinen Eindruck. Ein Lindenhäusl stand bereits 1875 an dieser Stelle, seit 1950 wird es als Berggasthof und Hotel Hindenburglinde geführt. Der Weg 65 überquert die Straße und führt an schönen Höfen vorbei zur einsamen Kunterwegkirche (3,7 km). Sie wurde vom Salzburger Baumeister Sebastian Stumpfegger im Stile des bayerischen Rokoko in überaus harmonischer Weise förmlich in die Waldlandschaft hinein komponiert. Interessant aus historischer Sicht sind auch die Deckengemälde im Innern, in denen die Vertreibung der Protestanten aus der Fürstpropstei Berchtesgaden thematisiert wird. Die Runde zurück in den Ort folgt dem Kunterweg. Die Kreuzweg-Stationen und die barocken Kapellen erinnern an den Pilgerweg, der Name „Kunter" (österr. „Kleinvieh") aber ist ein Hinweis auf die ursprüngliche Nutzung als Viehsteig. An der im Jahre 1500 erbauten, ehemaligen fürstpröpstlichen Stiftstaverne vorbei schließt sich die Runde im Ort Ramsau.

Index

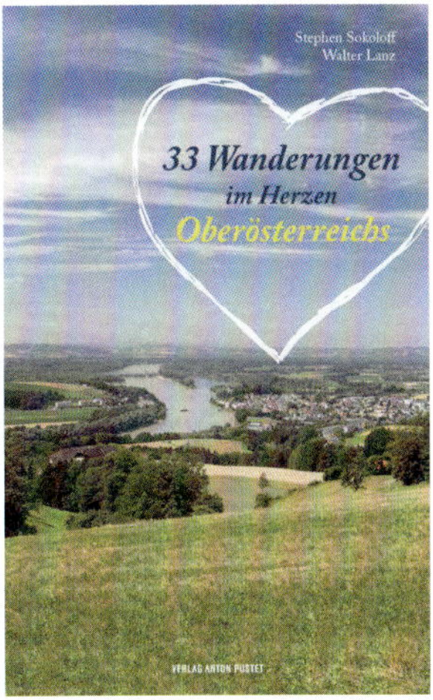

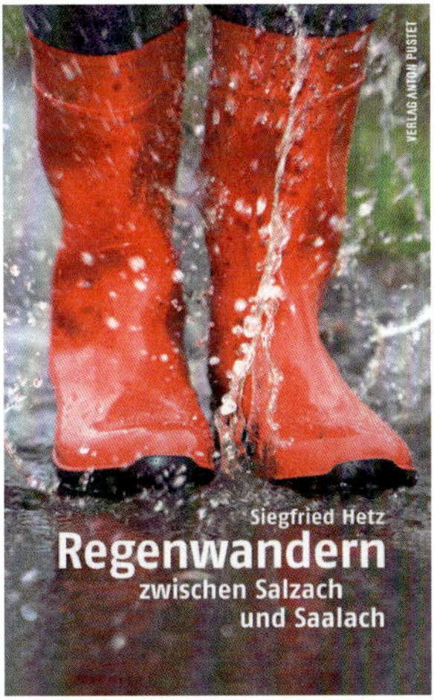

Walter Lanz, Stephen Sokoloff
33 Wanderungen im Herzen Oberösterreichs

Beschauliche, erlebnisreiche Touren im Zentralraum Oberösterreichs unter dem Motto „Wandern und Genießen".

224 S., französische Broschur
durchgehend farbig bebildert
11,5 x 18 cm
978-3-7025-0842-5, € 22,–

Siegfried Hetz
Regenwandern zwischen Salzach und Saalach

Kein Schlechtwetter-Programm, sondern ein aufmerksamer Blick auf Mensch und Natur, wenn's nass ist.

160 S., französische Broschur
durchgehend farbig bebildert
11,5 x 18 cm
978-3-7025-0820-3, € 22,–

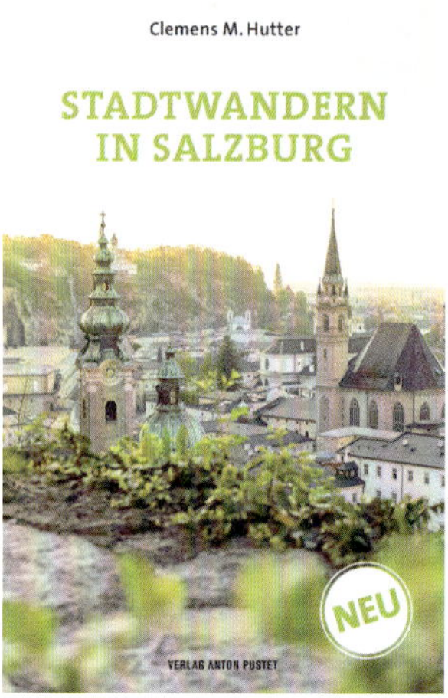

Clemens M. Hutter
Stadtwandern in Salzburg

Das neue **Stadtwandern** bietet 28 entschleunigte Spaziergänge durch zwei Jahrtausende, um zu schauen und zu staunen.

200 S., französische Broschur
durchgehend farbig bebildert
11,5 x 18 cm
978-3-7025-0857-9, € 22,–
eBook: 978-3-7025-8042-1

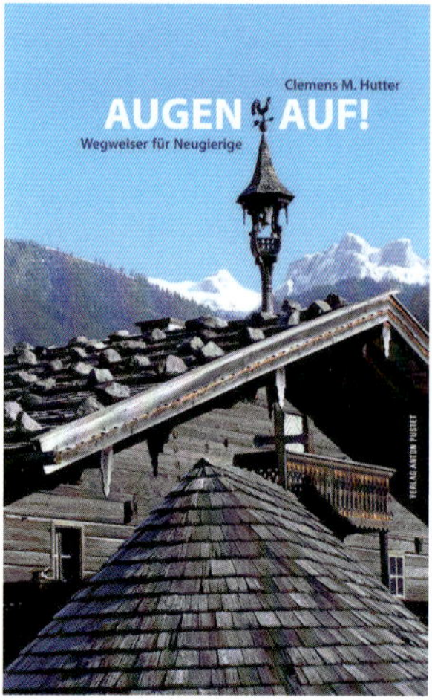

Clemens M. Hutter
Augen auf!
Wegweiser für Neugierige

Spazieren mit den Augen ist Spurenlesen in der Vergangenheit und bietet neuen spannenden Denkstoff.

256 S., französische Broschur
durchgehend farbig bebildert
11,5 x 18 cm
978-3-7025-0774-9, € 22,–